해커스공무원 (연미정)

綱 큰 개념을 그리면서! 目 세부 개념까지 연계 정리!

강목 한국사

합격노트

해커스공무원

강목 한국사?
선생님, 강목이 무엇인가요?
강목을 하면 한국사
만점 받을 수 있나요?

'강목'이란 큰 개념을 그린 다음,
연계된 세부 개념을 정리하는 학습법이에요.
『해커스공무원 연미정 강목 한국사 합격노트』와 함께
공부하면 한국사 만점 달성할 수 있을 거예요!

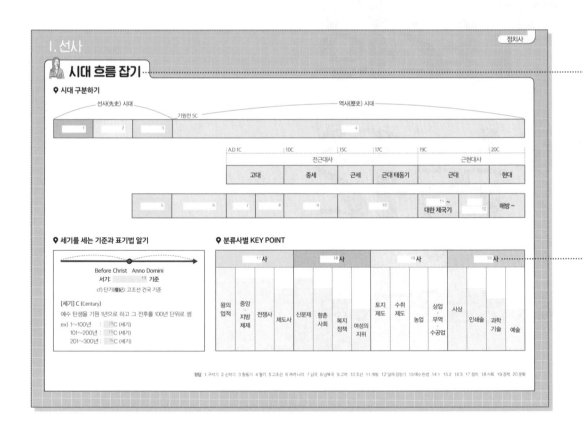

'시대 흐름 잡기'로 흐름과 뼈대 잡기!

정치사, 사회사, 경제사, 문화사의 분류사별로 구성된
본문 학습에 앞서, 각 시대의 흐름과 뼈대를 잡아요.

핵심 키워드 '빈칸' 채우기!

빈칸으로 구성되어 있는 핵심 키워드를 스스로
채우며 학습하고, 학습한 개념을 확실하게 암기했는지
점검해보세요.
빈칸의 정답은 페이지 하단에서 확인할 수 있어요.

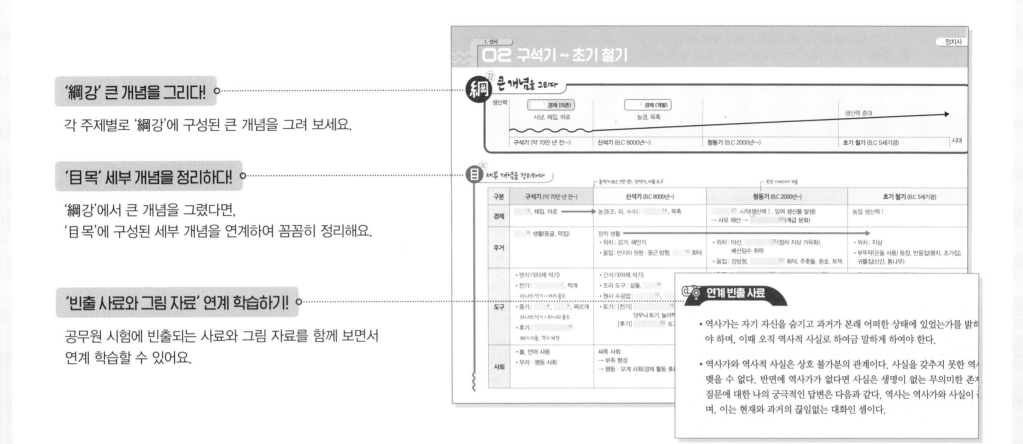

합격생 선배들의 강목 한국사 생생 후기

2020년 9급 한국사 수강 후기
이○진

머릿속에 흐름을 잡는 것이 제일 어려워서 다 외워야 하나 걱정이었는데 선생님 강의 듣고 정치사부터 큰 줄기 흐름이 잡히니 지엽적인 것도 거부감 없이 반복 몇 번 하면 저절로 암기가 되어요! 강목노트!!!! 정말 너무너무 최고예요! 직접 빈칸 채우니까 가만히 강의 듣고 줄 치는 것보다 더 더 집중도 되어요! 또한 내 글씨가 있으니 더 애착이 가고 저만의 노트가 되어서 너무 좋아요. 강목노트 구성도 정말!!! 한눈에 들어와서 저만 알고 싶어요 ㅎㅎㅎ

2020년 서울시 9급 기계직 합격
송○인

역알못 공대생에게 한국사의 흐름을 잡게 해준 연미정 선생님 문과와 거리가 먼 공대생이었던 저는 방대하고 암기할 부분이 많은 한국사 과목은 저에게 부담이었습니다.

그런데 강목노트는 먼저 큰 나무(강목) 부분을 알려주고 가지들을 자연스럽게 알려주실 수 있게 구성이 되어 있어서 무작정 암기보다는 자연스럽게 이해가 되고 외울 수 있었습니다.

그리고 무엇보다 정말 필요한 가지 부분에 대한 개괄이 있어서 그런지 외우는 양에 부담이 많지 않아 자연스럽게 회독량도 늘어서 좋았습니다.

2020년 지방직 9급 김○소 `한국사 100점`

연미정 선생님의 수업을 한마디로 표현하자면, 깔끔하고 군더더기 없는데 있을 건 정말 '다 갖춘' 강의입니다.

뼈를 확실하게 세운 다음에 살을 붙여주시는데 이렇게 학습하는 것이 제대로 배우는 거구나 하고 몸소 느꼈습니다.

너무 장황하지도 않고, 그렇다고 지엽적인 내용이 없는 것도 아니고, 공무원 시험에 필요한 스킬과 팁까지 정말로 딱 필요한 것만 있어요.
강목노트는 저한텐 정말 빛과 소금입니다..!

노트 필기를 따로 안 해도 될 정도로 구조화가 잘 되어있고 깔끔해서 계속 보게 돼요.

2020년 서울 공채 소방 공무원 합격
박○중 `한국사 100점`

연미정 샘은 한국사를 정식으로 공부해 본 적이 없던 저를 무려 100점을 맞게 해주셨습니다. 소방 한국사에 맞는 알찬 강의와 강목노트가 저에게 정말 큰 힘이 되었습니다. 소방에 맞는 기출 자료 선별, 문제 풀이 요령, 사료 기출 특강까지 정말 너무너무 도움이 많이 됐습니다.

2020년 경기 공채 소방 공무원 합격
정○찬 `수험 기간 6개월 미만 단기 합격`

저는 태어나서 역사를 처음 공부해봤습니다. 중고등 학생 때 공부를 잘 안 해서... 진짜 한국사 처음 해본 만큼 가장 힘들었습니다. 소방 한국사는 다른 순경 일행 한국사랑은 많은 차이점이 있어요. 저는 연미정 선생님 강의를 들었는데, 그분은 이 사실에 집중해서 강의하셨습니다.

아무튼 저는 연미정 선생님을 믿고 따라가 보니 시험 자체가 보이기 시작했습니다. '보라고 하는 걸 봐라' 6개월 준비하는 동안 들은 말 중 세 손가락 안에 꼽는 명언입니다. 확실히 역사는 범위가 아주 넓고 파도 파도 끝이 없어서 내용을 잘 압축해서 머릿속에 가져가는 게 중요한 것 같습니다.

綱目 韓國史

"연미정 강목 한국사만 믿고 따라오세요."

'강목'綱目, 역사를 서술하는 방식이자, 연미정식 한국사 수업 방법입니다.

'무엇이 중요한지' 감이 잡히지 않는 수험생,
'묻지마식 암기' 수업에 지친 수험생,
'내용 나열식' 필기노트로 학습이 어려운 수험생

다양한 어려움을 겪고 있는 수험생들을 위해
『해커스공무원 연미정 강목 한국사 합격노트』를 만들게 되었습니다.

첫째, 시대 도입부와 각 주제마다 한국사의 뼈대가 제시됩니다.
　　　이를 통해 시대별 큰 흐름과 주요 내용을 쉽고 빠르게 이해할 수 있게 됩니다.

둘째, 시험장에서 바로 떠오를 수 있도록, 방대한 한국사 개념들을 고심하여 구성·배치하였습니다.

셋째, 빈칸을 채워가며 기본 개념부터 지엽적인 개념까지 알차게 학습하실 수 있습니다.

뼈대를 만들고 살을 채워가는 단계별 학습을 통해
여러분들은 한국사 고득점을 얻는 성취감을 맛볼 수 있을 겁니다.

수험생 여러분의 합격을 기원합니다!

2021년 7월 연미정 드림

차례

정치사

I. 선사

선사 시대 흐름 잡기

01 역사란 무엇인가? 11
02 구석기 ~ 초기 철기 12
03 최초의 국가 고조선 15
04 초기 철기 여러 나라 16

II. 고대

고대 시대 흐름 잡기

01 삼국의 성립과 발전 (1~4세기) 19
02 삼국의 성립과 발전 (5세기) 20
03 삼국의 성립과 발전 (6세기) 22
04 가야의 발전과 멸망 24
05 삼국의 항쟁과 분열 (7세기) 25
06 삼국의 통치 체제와 신라의 비석 26
07 고구려의 대외 항쟁과 신라의 삼국 통일 27
08 통일 신라의 발전과 멸망 (남북국 시대) 28
09 발해의 발전과 멸망 (남북국 시대) 31
10 통일 신라와 발해(남북국)의 통치 체제 33

III. 고려

고려 시대 흐름 잡기

01 고려 초기 왕의 업적 35
02 고려의 중앙 통치 조직 36
03 고려의 지방 행정 조직과 군사 조직 38
04 문벌 귀족 사회의 성립과 동요 39
05 무신 정변과 무신 정권 40
06 고려의 대외 관계 42
07 고려 말 원의 내정 간섭과 개혁 정치 43
08 신흥 세력의 성장과 고려의 멸망 45
09 고려의 왕조별 업적 총정리 46

IV. 조선

조선 시대 흐름 잡기

01 조선 초기 왕의 업적 49
02 조선의 중앙 정치 조직 52
03 조선의 지방 행정 조직 53
04 조선의 군사 조직 54
05 사림의 대두와 사화 56
06 조선 초기의 대외 관계 57
07 임진왜란 58
08 정묘호란과 병자호란 60
09 조선 후기 붕당의 전개 61
10 조선 후기 붕당의 변질 (환국) 63
11 조선 후기의 탕평 정치기 64
12 조선 후기의 세도 정치기 65

V. 근대

근대 시대 흐름 잡기

01 흥선 대원군의 국내·국외 정치 67
02 개항과 불평등 조약의 체결 68
03 개화파와 위정척사파의 흐름 70
04 임오군란 (1882) 71
05 갑신정변 (1884) 72
06 동학 농민 운동 (1894) 74
07 갑오개혁과 을미개혁 75
08 독립 협회 77
09 대한 제국과 광무개혁 78
10 독도와 간도 79
11 국권 침탈 과정 81
12 항일 의병 운동과 애국 계몽 운동 83
13 열강의 경제 침탈과 경제적 구국 운동 84
14 개화기 문화 총정리 86

VI. 일제 강점기

일제 강점기 시대 흐름 잡기

01 일제 강점기의 식민 통치 91
02 일제 강점기의 경제 수탈 92
03 1910년대 민족 독립운동 94
04 3·1 운동 (1919) 96
05 대한민국 임시 정부 97
06 1920년대 만주의 무장 투쟁 98
07 의열단과 한인 애국단 99
08 1920년대 실력 양성 운동 100
09 1920년대 사회 운동 102
10 1920년대 학생 운동과 민족 유일당 운동 104
11 1930년대 항일 무장 투쟁 106
12 1930년대 이후 대한민국 임시 정부 107
13 일제의 식민지 교육 정책과 문화 정책 108
14 민족 문화 수호 운동 109

VII. 현대

현대 시대 흐름 잡기

01 해방 직전의 정치 상황 113
02 해방 이후의 활동과 정치 상황 114
03 대한민국 정부 수립 과정 116
04 제헌 국회의 활동 118
05 북한 정부의 수립과 6·25 전쟁 120
06 민주주의의 시련과 발전 122
07 시기별 경제·사회·문화 129
08 시기별 남북 관계 131

사회사

I. 고대
고대 시대 흐름 잡기
01 고대의 사회 모습   135
02 신라의 골품 제도와 반란   136

II. 고려
고려 시대 흐름 잡기
01 고려의 신분 제도   138
02 고려의 사회 제도와 법률·풍속   139
03 혼인과 여성의 지위   140

III. 조선
조선 시대 흐름 잡기
01 조선의 신분 제도   142
02 조선의 향촌 사회 모습과 사회 정책   144

경제사

I. 고대
고대 시대 흐름 잡기
01 고대의 경제 정책과 대외 무역   148

II. 고려
고려 시대 흐름 잡기
01 고려의 토지 제도와 수취 제도   150
02 고려의 경제 정책과 대외 무역   152

III. 조선
조선 시대 흐름 잡기
01 조선의 토지 제도와 수취 제도   155
02 조선의 경제 변화   157
    [농업·상업·수공업·광업]

문화사

I. 고대
고대 시대 흐름 잡기
01 고대의 불교와 도교·풍수지리설   162
02 고대의 고분과 문화유산   164
03 고대의 유학   166
04 고대의 문화 전파와 과학 기술·예술   167

II. 고려
고려 시대 흐름 잡기
01 고려의 불교와 도교·풍수지리설   170
02 고려의 유학 교육 기관   172
03 고려의 관리 등용 제도   173
04 고려의 불교 문화유산   174
05 고려의 역사서   176
06 고려의 과학 기술과 예술   178
07 고려의 청자와 공예   179

III. 조선
조선 시대 흐름 잡기
01 조선 전기 과학 기술의 발달   181
02 한글 창제와 조선 전기 편찬 사업   182
03 조선의 교육 기관과 관리 등용 제도   184
04 조선 전기의 건축·예술·문학   186
05 조선 시대 성리학의 흐름과 학파 형성   188
06 조선 전기 성리학의 융성 [16세기]   189
07 조선 후기 성리학의 교조화와 양명학 수용   190
08 조선 후기 실학의 발달 [17~18세기]   191
09 조선 후기 새로운 사상의 등장   193
10 조선 후기 과학 기술의 발달   194
11 조선 후기 국학 연구   195
12 조선 후기의 서민 문화·건축·예술   197

부록
01 유네스코 세계 문화유산   199
02 유네스코 세계 기록유산과 무형 문화유산   200

정치사

Ⅰ. 선사 ⋯⋯⋯ Ⅱ. 고대 ⋯⋯⋯ Ⅲ. 고려 ⋯⋯⋯ Ⅳ. 조선 ⋯⋯⋯ Ⅴ. 근대 ⋯⋯⋯ Ⅵ. 일제 강점기 ⋯⋯⋯ Ⅶ. 현대

시대 흐름 잡기

📍 시대 구분하기

선사(先史) 시대 — 역사(歷史) 시대

기원전 5C

| ___ 1 | ___ 2 | ___ 3 | ___ 4 |

| A.D 1C | 10C | 15C | 17C | 19C | 20C |

전근대사 / 근현대사

| 고대 | 중세 | 근세 | 근대 태동기 | 근대 | 현대 |

| ___ 5 | ___ 6 | ___ 7 | ___ 8 | ___ 9 | ___ 10 | ___ 11 ~ 대한 제국기 | ___ 12 | 해방 ~ |

📍 세기를 세는 기준과 표기법 알기

Before Christ   Anno Domini

서기: ___ 13 기준

cf) 단기(檀紀): 고조선 건국 기준

[세기] C (Century)

예수 탄생을 기원 1년으로 하고 그 전후를 100년 단위로 셈

ex) 1~100년   :   ___ 14 C (세기)
    101~200년 :   ___ 15 C (세기)
    201~300년 :   ___ 16 C (세기)

📍 분류사별 KEY POINT

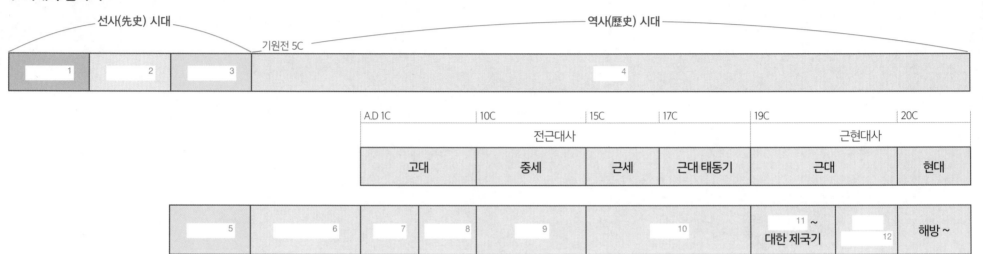

___ 17 사				___ 18 사				___ 19 사				___ 20 사			
왕의 업적	중앙·지방 체제	전쟁사	제도사	신분제	향촌 사회	복지 정책	여성의 지위	토지 제도	수취 제도	농업	상업·무역·수공업	사상	인쇄술	과학 기술	예술

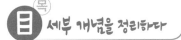 큰 개념을 그리다

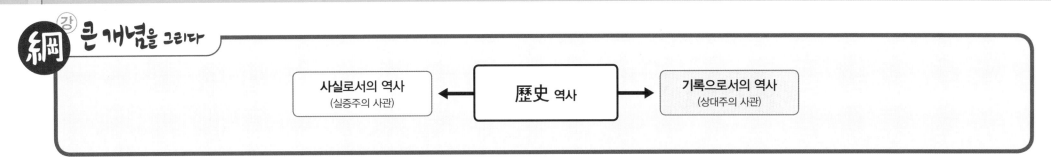

| 사실로서의 역사
(실증주의 사관) | ← | 歷史 역사 | → | 기록으로서의 역사
(상대주의 사관) |

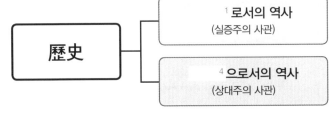 세부 개념을 정리하다

1) 역사의 의미

歷史

- **[1] 로서의 역사** (실증주의 사관)
  - 과거의 [2], 과거 사건들의 집합체
  - [3] '역사가는 자신을 숨기고 사실로 하여금 말하게 하라'

- **[4] 으로서의 역사** (상대주의 사관)
  - [5] 되어 기록된 과거, 역사가가 [6]
  - 크로체 '모든 역사는 현재의 역사', 콜링우드 '과거 행위자의 사상을 상상으로 재연'

- 절충주의: [7] '현재와 과거의 끊임없는 대화'

2) 사료와 사료 비판

사료의 종류
- 1차 사료 : 과거 사람들이 남긴 [8] 과 [9]
- 2차 사료 : 주로 후대 역사가들이 정리한 가공된 [10]

사료 비판
- 외적 비판 : 사료 그 자체의 [11], 가공 여부
- 내적 비판 : 사료 내용의 [12] 분석

3) 한국사의 보편성과 특수성

① 세계사적 [13] (국가와 민족을 초월한 세계 인류의 공통점)
- 자유와 평등·민주와 평화 등 전 인류의 공통된 가치를 추구

② 민족의 [14] (우리 민족만의 고유한 성질)
- 불교 : 인도와 다른 한국 불교의 현세 구복적, 호국적 성향 등
- 유교 : 중국·일본에 비해 가족 질서가 뿌리 깊게 정착함,
  중국 유학이 인(仁)을 강조한 반면, 한국의 유교는 충(忠), 효(孝), 의(義)를 강조
- 기타 : 두레·계·향도 등 우리 민족만의 특수한 공동체 조직이 발달함

연계 빈출 사료

- 역사가는 자기 자신을 숨기고 과거가 본래 어떠한 상태에 있었는가를 밝히는 것을 자신의 지상 과제로 삼아야 하며, 이때 오직 역사적 사실로 하여금 말하게 하여야 한다.
  – 랑케

- 역사가와 역사적 사실은 상호 불가분의 관계이다. 사실을 갖추지 못한 역사가는 뿌리가 없기 때문에 열매를 맺을 수 없다. 반면에 역사가가 없다면 사실은 생명이 없는 무의미한 존재일 뿐이다. 역사란 무엇일까? 이 질문에 대한 나의 궁극적인 답변은 다음과 같다. 역사는 역사가와 사실이 끊임없이 겪는 상호 작용의 과정이며, 이는 현재와 과거의 끊임없는 대화인 셈이다.
  – 카(E. H. Carr)

정답 1 사실 2 모든 사건 3 랑케 4 기록 5 조사 6 재구성 7 카(E.H.Carr) 8 유물 9 유적 10 사료 11 진위 여부 12 신뢰성 13 보편성 14 특수성

02 구석기 ~ 초기 철기

綱(강) 큰 개념을 그리다

생산력

	1 경제 (의존)		3 경제 (개발)			생산력 증대
사냥, 채집, 어로			농경, 목축		4	
	2					

| 구석기 (약 70만 년 전~) | 신석기 (B.C 8000년~) | 청동기 (B.C 2000년~) | 초기 철기 (B.C 5세기경) | 시대 |

目(목) 세부 개념을 정리하다

┌ 중석기 (B.C 1만 년) : 잔석기, 이음 도구   ┌ 북방 시베리아 계통

구분	구석기 (약 70만 년 전~)	신석기 (B.C 8000년~)	청동기 (B.C 2000년~)	초기 철기 (B.C 5세기경)
경제	5 , 채집, 어로 →	농경(조, 피, 수수) : 14 , 목축	27 시작(생산력↑, 잉여 생산물 발생) → 사유 재산 → 28 (계급 분화)	농업 생산력↑
주거	6 생활(동굴, 막집)	정착 생활 • 위치 : 강가, 해안가 • 움집 : 반지하 원형 · 둥근 방형, 15 화덕	• 위치 : 야산, 29 (점차 지상 가옥화), 배산임수 취락 • 움집 : 장방형, 30 화덕, 주춧돌, 환호, 목책	• 위치 : 지상 • 부뚜막(온돌 사용) 등장, 반움집(평지, 초가집), 귀틀집(산간, 통나무)
도구	• 뗀석기(타제 석기) • 전기 : 7 , 찍개 하나의 석기 = 여러 용도 • 중기 : 8 , 9 찌르개 하나의 석기 = 하나의 용도 • 후기 : 10 쐐기 이용, 격지 제작	• 간석기(마제 석기) • 조리 도구 : 갈돌, 16 • 원시 수공업 : 17 , 18 • 토기 : [전기] 19 토기, 덧무늬 토기, 눌러찍기무늬 토기 [후기] 20 토기	• 청동기 : 31 , 32 • 석기 : 농기구 → ex) 33 , 돌도끼, 홈자귀 • 토기 : 덧띠새김무늬 토기, 34 토기, 35 토기, 36 토기, 송국리식 토기	• 철기 : 농기구↑ (생산력↑) • 청동기 : 독자적 문화(42 , 43 , 44) • 토기 : 민무늬 토기, 45 토기, 덧띠 토기
사회	• 불, 언어 사용 • 무리 · 평등 사회	씨족 사회 → 부족 형성 → 평등 · 모계 사회(경제 활동 多)	• 37 사회 → 국가의 형성(족장, 선민사상) • 남녀의 역할 분화 : 남성은 전쟁, 여성은 집안일 • 무덤 : 38 (북방식 · 남방식, 유네스코 세계유산), 돌널무덤, 돌무지무덤	• 중국과의 교류 : 46 , 오수전, 반량전, 47 (경남 창원 다호리) • 무덤 : 널무덤(토광묘), 독무덤(옹관묘)

신앙	–	• ____21____ (만물) • ____22____ (동식물)	• 샤머니즘(무당) • 조상 숭배		바위그림 암각화	• ____48____ 대곡리 반구대 바위그림 (신석기 or 청동기) : 거북, 사슴, 작살에 꽂힌 고래 등 사실적 묘사 → 사냥, 고기잡이 수확 기원 묘사
예술	고래와 물고기를 새긴 조각품 (공주 석장리, 단양 수양개)	흙으로 빚은 얼굴상(강원 양양 오산리), ____23____ 가면(부산 동삼동), 짐승의 뼈, 이빨로 만든 치레걸이 장식품	–			• ____49____ 양전동 알터(장기리) 바위그림 (청동기) : 동심원, 십자형 등 기하학적 무늬 표현 → 태양 숭배, 농업의 풍요 기원
유적지	• 경기 ____11____ 전곡리 : 아슐리안형 주먹 도끼 출토 • 충남 ____12____ 석장리 : 전기~후기 구석기 유적 • 충북 청원 두루봉 동굴 : ____13____ , 꽃가루 출토	• ____24____ 동삼동 : 패총 유적, 빗살무늬 토기, 일본산 흑요석 출토 • 서울 ____25____ : 신석기 집터, 빗살무늬 토기 등 출토 • 황해도 봉산 지탑리 : 탄화된 ____26____ (조, 피, 수수) 발견	• 경기 여주 흔암리 : ____39____ 발견 • 충남 부여 ____40____ : 탄화미, 송국리식 토기, 비파형 동검 출토 • 울산 검단리 : ____41____ 로 둘러싸인 마을 터 발견			• 울주 천전리 바위그림 (후기 신석기~삼국 · 통일 신라) : 선사 시대~신라 화랑들의 자취 기록

[선사 시대 유물과 유적지]

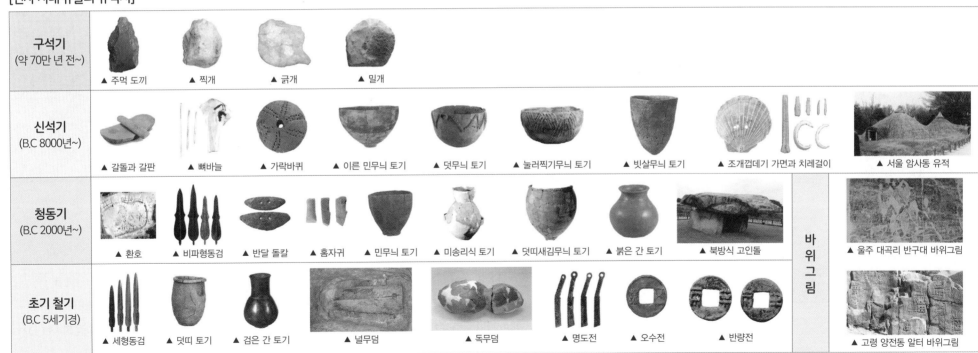

구석기 (약 70만 년 전~)	▲ 주먹 도끼 ▲ 찍개 ▲ 긁개 ▲ 밀개								
신석기 (B.C 8000년~)	▲ 갈돌과 갈판 ▲ 뼈바늘 ▲ 가락바퀴 ▲ 이른 민무늬 토기 ▲ 덧무늬 토기 ▲ 눌러찍기무늬 토기 ▲ 빗살무늬 토기 ▲ 조개껍데기 가면과 치레걸이 ▲ 서울 암사동 유적
청동기 (B.C 2000년~)	▲ 환호 ▲ 비파형동검 ▲ 반달 돌칼 ▲ 홈자귀 ▲ 민무늬 토기 ▲ 미송리식 토기 ▲ 덧띠새김무늬 토기 ▲ 붉은 간 토기 ▲ 북방식 고인돌
초기 철기 (B.C 5세기경)	▲ 세형동검 ▲ 덧띠 토기 ▲ 검은 간 토기 ▲ 널무덤 ▲ 독무덤 ▲ 명도전 ▲ 오수전 ▲ 반량전

바위그림 ▲ 울주 대곡리 반구대 바위그림 / ▲ 고령 양전동 알터 바위그림

정답 1 자연 2 밭농사 3 생산 4 벼농사 5 사냥 6 이동 7 주먹 도끼 8 밀개 9 긁개 10 슴베찌르개 11 연천 12 공주 13 흥수 아이 14 밭농사 15 중앙 16 갈판 17 뼈바늘 18 가락바퀴 19 이른 민무늬 20 빗살무늬 21 애니미즘 22 토테미즘 23 조개껍데기 24 부산 25 암사동 26 좁쌀 27 벼농사 28 빈부 격차 29 구릉 지대 30 한쪽 벽면 31 비파형동검 32 거친무늬 거울 33 반달 돌칼 34 민무늬 35 미송리식 36 붉은 간 37 계급 38 고인돌 39 탄화미 40 송국리 41 환호 42 거푸집 43 세형동검 44 잔무늬 거울 45 검은 간 46 명도전 47 붓 48 울주 49 고령

02 구석기 ~ 초기 철기

[선사 시대 유적지 (심화)]

구석기 유적지	중석기 유적지	신석기 유적지	청동기 유적지

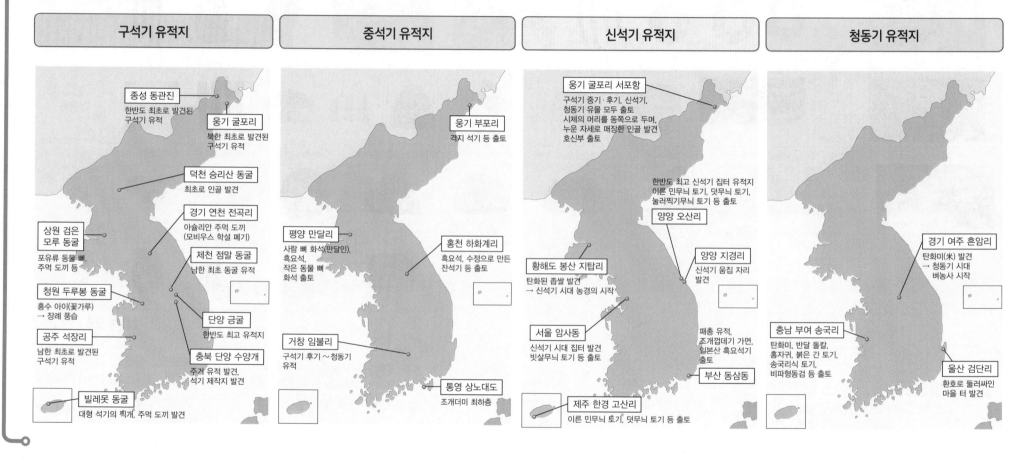

구석기 유적지

종성 동관진
한반도 최초로 발견된 구석기 유적

웅기 굴포리
북한 최초로 발견된 구석기 유적

덕천 승리산 동굴
최초로 인골 발견

경기 연천 전곡리
아슐리안 주먹 도끼
(모비우스 학설 폐기)

상원 검은 모루 동굴
포유류 동물 뼈, 주먹 도끼 등

제천 점말 동굴
남한 최초 동굴 유적

청원 두루봉 동굴
흥수 아이(꽃가루)
→ 장례 풍습

단양 금굴
한반도 최고 유적지

공주 석장리
남한 최초로 발견된 구석기 유적

충북 단양 수양개
주거 유적 발견, 석기 제작지 발견

빌레못 동굴
대형 석기의 찍개, 주먹 도끼 발견

중석기 유적지

웅기 부포리
격지 석기 등 출토

평양 만달리
사람 뼈 화석(만달인), 흑요석, 작은 동물 뼈 화석 출토

홍천 하화계리
흑요석, 수정으로 만든 잔석기 등 출토

거창 임불리
구석기 후기 ~ 청동기 유적

통영 상노대도
조개더미 최하층

신석기 유적지

웅기 굴포리 서포항
구석기 중기·후기, 신석기, 청동기 유물 모두 출토
시체의 머리를 동쪽으로 두며, 누운 자세로 매장한 인골 발견
호신부 출토

한반도 최고 신석기 집터 유적지
이른 민무늬 토기, 덧무늬 토기, 눌러찍기무늬 토기 등 출토

양양 오산리

양양 지경리
신석기 움집 자리 발견

황해도 봉산 지탑리
탄화된 좁쌀 발견
→ 신석기 시대 농경의 시작

서울 암사동
신석기 시대 집터 발견
빗살무늬 토기 등 출토

패총 유적, 조개껍데기 가면, 일본산 흑요석기 출토

부산 동삼동

제주 한경 고산리
이른 민무늬 토기, 덧무늬 토기 등 출토

청동기 유적지

경기 여주 흔암리
탄화미(米) 발견
→ 청동기 시대 벼농사 시작

충남 부여 송국리
탄화미, 반달 돌칼, 홈자귀, 붉은 간 토기, 송국리식 토기, 비파형동검 등 출토

울산 검단리
환호로 둘러싸인 마을 터 발견

03 최초의 국가 고조선

綱(강) 큰 개념을 그리다

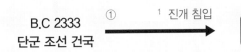

B.C 2333
단군 조선 건국
→ ① ¹ 진개 침입 → B.C 2C 초 철기 본격 수용 ² 조선 성립 → ② ³ 침입 → B.C 108 고조선 멸망

目(목) 세부 개념을 정리하다

1) 고조선의 세력 범위 : 랴오닝(요령) 지방을 중심으로 성장하여 평양을 중심으로 한반도까지 발전

고조선 관련 기록			고조선의 세력 범위를 알려주는 유물
[중국 측]	**[우리나라 측]**		① _____ ⁸ 동검
• _____ ⁴ (고조선 최초 기록, 제나라와 교역 기록)	• _____ ⁵ (일연)	• 『응제시주』 (세조, 권람)	② 북방식(탁자식) _____ ⁹
• 『산해경』 / 『한서』 「지리지」 (8조법 중 3개 조항 기록)	• _____ ⁶ (이승휴) • 『세종실록』 「지리지」 (단종)	• 『동국여지승람』 (성종, 노사신) • _____ ⁷ (성종, 서거정)	③ _____ ¹⁰ 토기 ④ _____ ¹¹ 거울

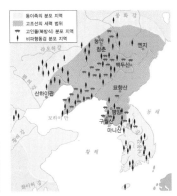

2) 단군 신화를 통해 살펴본 고조선의 사회 모습

① _____ ¹² : '널리 인간을 이롭게 한다'는 통치 이념
② _____ ¹³ : 환웅 부족은 하늘의 자손임을 강조
③ _____ ¹⁴ : 풍백·우사·운사가 주관
④ _____ ¹⁵ : 곰을 숭배하는 부족이 환웅 부족과 연합
⑤ _____ ¹⁶ : 단군(제사장) + 왕검(정치적 군장)

※ 8조법
• 살인죄 : 살인자는 즉시 사형에 처한다 → _____ ¹⁷ 중시
• 상해죄 : 상해한 자는 곡물로 보상한다 → _____ ¹⁸ 중시, _____ ¹⁹ 사회
• 절도죄 : 남의 물건을 도둑질한 자는 소유주 집의 노예가 됨, 자속하려는 자는 50만 전을 내놓아야 한다 → _____ ²⁰, _____ ²¹ 사회
• 기타 : 여성의 정절 중시 → _____ ²² 사회

3) 고조선의 건국과 멸망 과정

하 (요, 순) 은·주 춘추·전국   진·한 교체기   ┌예 _____ ³⁵ (군장)가 한에 투항,   ┌우거왕이 한 사신 _____ ³⁷ 살해
                                                             한이 _____ ³⁶ 설치

B.C 2333 ─○─ B.C 4C ─○─ B.C 3C 초 ──────○── B.C 2C 초 ─ B.C 128 ──────○──── B.C 109 ──────────○──── B.C 108

단군 조선 건국
(_____ ²³ 조선)

요서를 경계로 _____ ²⁴ 와 대립

연나라 _____ ²⁵ 침입, 요동 지역 상실
(→ _____ ²⁶ 지역으로 수도 이동)
→ 부왕, 준왕 왕위 세습,
_____ ²⁷, _____ ²⁸, _____ ²⁹ 등 관직 마련

_____ ³⁰ 이주,
위만 조선 성립(B.C 194, 준왕 남하)
: _____ ³¹ 본격 수용, _____ ³², _____ ³³ 정복,
_____ ³⁴ (예·진과 한의 직접 교역 차단)

_____ ³⁸ 나라의 침입
→ 1차 패수 전투 승리
→ 1년간 항쟁(온건파 VS 강경파)
→ 강경파 우거왕 X, 성기 X
  └ 조선상 역계경 진국으로 남하

고조선 멸망(_____ ³⁹ 함락)
→ _____ ⁴⁰ 설치
(낙랑, 진번, 임둔, 현도)
→ 법 조항 _____ ⁴¹ 여 조로 증가

정답 1 연나라 2 위만 3 한나라 4 『관자』 5 『삼국유사』 6 『제왕운기』 7 『동국통감』 8 비파형 9 고인돌 10 미송리식 11 거친무늬 12 홍익인간 13 선민사상 14 농경 사회 15 토테미즘 16 제정일치 사회 17 인간의 생명 18 노동력 19 농경 20 사유 재산 21 계급 22 가부장제 23 기자 24 연나라 25 진개 26 대동강 27 상 28 경 29 대부 30 위만 31 철기 32 진번 33 임둔 34 중계 무역 35 남려 36 창해군 37 섭하 38 한 39 왕검성 40 한 4군(한 군현) 41 60

04 초기 철기 여러 나라

綱 큰 개념을 그리다

目 세부 개념을 정리하다

구분	부여 (만주 송화강 평야)	고구려 (졸본 산간)	옥저 (함경도 동해안)	동예 (강원도 동해안)
정치	• ____1 연맹체 – 왕(대군장) → 중앙 – 대가(__2 · __3 · __4 · __5) → 사출도 – 관리(대사자, 사자) • 특징: 1C __6 사용 → 왕권이 높지 않음	• ____7 연맹체 – __8 (왕족), __9 (왕비족), 소노부, 순노부, 관노부 – 왕 ○(1C 왕호 사용) – 대가(__10 , __11) – 관리(__12 , __13 , __14)	• __15 X • 군장 국가 : __16 , __17 후가 통치	
경제 특징	__18 (하호가 생산 활동 담당)	약탈 경제 → __19 (약탈 창고) from 옥저, 동예	토지 비옥, 농경 발달, 해산물 풍부 but __20 에 공납	
경제 특산물	말, 주옥, 모피	맥궁(각궁)	소금, __21	• 단궁, 과하마, 반어피 • 방직 기술
풍속	• __22 (12배 배상), __23 (노동력 보호) • 점법(부여 : __24 VS 고구려 : 부여와 비슷한 점복) • 장례(부여 : 여름에 __25 을 넣어 장사, 국왕 장례에 __26 사용 VS 고구려 : 금, 은 등 재물을 후하게 후장, 무덤 앞에 __27 을 심음) • __28 , 흰옷 숭상 • __29 (한 초기 역법) • 간음자, 투기가 심한 부인 → 사형 (__30)	• __31 (일종의 데릴사위제) • 중대 범죄자 사형, 가족은 노비	• __32 (일종의 매매혼) • __33 (가족 공동 무덤)	• 씨족 사회 전통 풍습 : __34 , __35 • 집터 : 철(凸)자형, 여(呂)자형

연계 빈출 사료

부여

구릉과 넓은 못이 많아 동이 지역 중에서 가장 넓고 평탄한 곳이다. 토질은 오곡을 가꾸기에는 알맞지만 과일은 생산되지 않는다. 사람들 체격이 매우 크고, 성품이 강직하고 용맹하며, 근엄하고 후덕하여 다른 나라를 노략질하지 않았다. …… 사람이 죽으면 여름철에는 모두 얼음을 사용하여 장사를 지냈다.

고구려

큰 산과 깊은 골짜기가 많고 평원과 연못이 없어서 계곡을 따라 살며, 골짜기 물을 식수로 마셨다. 좋은 밭이 없어서 힘들여 일구어도 배를 채우기는 부족하였다. 사람들의 성품은 흉악하고 급해서 노략질하기를 좋아하였다.

옥저

고구려 개마대산 동쪽에 있는데 개마대산은 큰 바닷가에 맞닿아 있다. 지형은 동북간이 좁고 서남간은 길어서 천리 정도는 된다. 북쪽은 읍루, 부여와 남쪽은 예맥과 접해 있다. …… 옥저는 큰 나라 사이에서 시달리고 괴롭힘을 당하다가 마침내 고구려에 복속되었다.

동예

남쪽으로는 진한과 북쪽으로는 고구려, 옥저와 맞닿아 있고, 동쪽으로는 큰 바다에 닿았으니 오늘날 조선 동쪽이 모두 그 지역이다. …… 해마다 10월이면 하늘에 제사를 지내는데 밤낮으로 술 마시며 노래 부르고 춤추니, 이를 '무천'이라고 한다.

삼한

각기 장수(長帥)가 있어 세력이 큰 자는 스스로 신지라 부르고 그다음 세력을 읍차라 한다. …… 5월이 되어 씨를 다 뿌리고 나면 귀신에게 제사를 올린다. 이때는 모든 사람들이 모여서 노래하고 춤추며 술을 마시고 놀아 밤낮을 쉬지 않는다. …… 10월에 농사일이 끝나면 또 한 번 이렇게 논다.

– 『삼국지』「위서」동이전

구분	삼한 (한반도 남부)
정치	• ___1___(54) + ___2___(12) + ___3___(12) = 소국 연맹체 　└ 마한의 목지국 지배자가 ___4___(진왕)으로 추대 • 군장(왕 X) : [大군장] ___5___, ___6___ [小군장] 부례, 읍차
경제	• ___7___ 발달 → 저수지 축조(김제 벽골제, 제천 의림지) • 변한 : ___8___ 多(___9___, ___10___에 수출, 화폐로 사용 : ___11___)
풍속	• ___12___ 사회(천군, 소도, 솟대), ___13___(공동 작업) • ___14___와 문신(진한, 변한) • 주거 : 귀틀집, 초가집, 흙방(토실) • 무덤 : 주구묘, 옹관묘 • 장례 : 소나 말 순장(마한), 새 깃털 매장(진한, 변한)

[여러 나라의 제천 행사와 멸망 과정 비교]

구분	부여 (만주 송화강 평야)	고구려 (졸본 산간)	옥저 (함경도 동해안)	동예 (강원도 동해안)	삼한 (한반도 남부)
제천행사	12월 ___15___ (수렵 사회 전통)	10월 ___16___ • 국동대혈 • 조상 숭배 　(주몽, 유화)	기록 X	10월 ___17___	• 5월 수릿날 → ___18___ • 10월 계절제 → ___19___
멸망	3C 선비족 침입 ↓ ⓖ ___20___ 때 동부여 X ↓ ⓖ ___21___ 때 고구려에 복속	고대 국가로 성장	ⓖ 태조왕 때 고구려에 복속	고구려에 복속	• 마한 → 백제국 → ___22___ ┐ 고대 • 진한 → 사로국 → ___23___ ┘ 국가 • 변한 → 구야국 → ___24___ 연맹 왕국

정답 1 마한 2 진한 3 변한 4 마한왕 5 신지 6 견지 7 벼농사 8 철 9 낙랑 10 왜 11 덩이쇠 12 제정 분리 13 두레
14 편두 15 영고 16 동맹 17 무천 18 단오 19 추석 20 광개토 대왕 21 문자왕 22 백제 23 신라 24 가야

시대 흐름 잡기

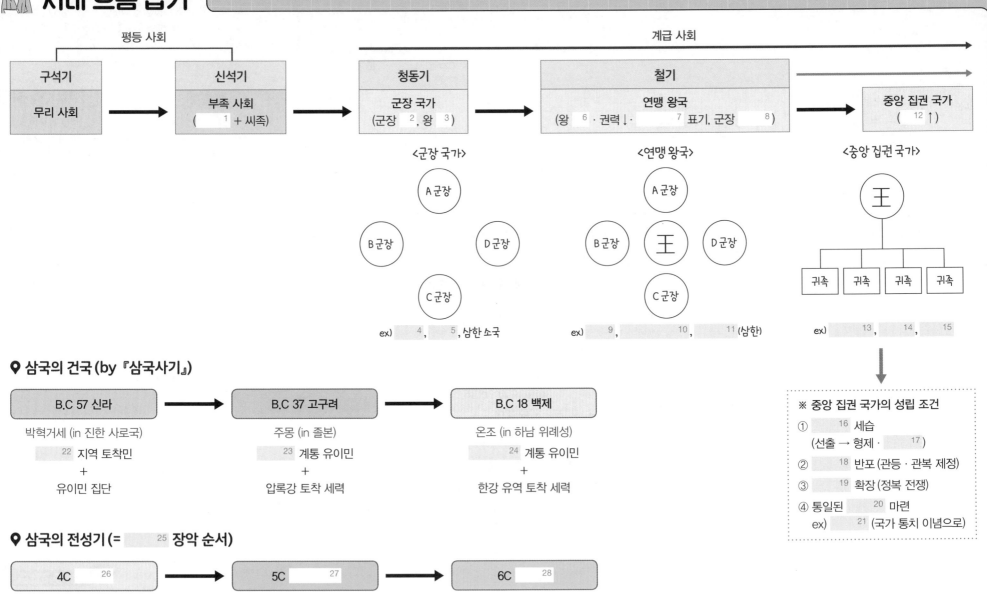

평등 사회 | 계급 사회

구석기	신석기	청동기	철기	중앙 집권 국가
무리 사회	부족 사회 (　1 + 씨족)	군장 국가 (군장 2, 왕 3)	연맹 왕국 (왕 6 · 권력↓ · 　7 표기, 군장 8)	(　12 ↑)

<군장 국가>

A 군장

B 군장   D 군장

C 군장

ex) 　4, 　5, 삼한 소국

<연맹 왕국>

A 군장

B 군장   王   D 군장

C 군장

ex) 　9, 　10, 　11 (삼한)

<중앙 집권 국가>

王

귀족 | 귀족 | 귀족 | 귀족

ex) 　13, 　14, 　15

📍 삼국의 건국 (by 『삼국사기』)

B.C 57 신라	B.C 37 고구려	B.C 18 백제
박혁거세 (in 진한 사로국) 　22 지역 토착민 + 유이민 집단	주몽 (in 졸본) 　23 계통 유이민 + 압록강 토착 세력	온조 (in 하남 위례성) 　24 계통 유이민 + 한강 유역 토착 세력

※ 중앙 집권 국가의 성립 조건
① 　16 세습
(선출 → 형제 · 　17)
② 　18 반포 (관등 · 관복 제정)
③ 　19 확장 (정복 전쟁)
④ 통일된 　20 마련
ex) 　21 (국가 통치 이념으로)

📍 삼국의 전성기 (= 　25 장악 순서)

4C 　26	5C 　27	6C 　28

정답 1 씨족 2 O 3 X 4 옥저 5 동예 6 O 7 소속부 8 자치 9 부여 10 초기 고구려 11 목지국 12 왕 13 고구려 14 백제 15 신라 16 왕위 17 부자 18 율령 19 영토 20 종교 21 불교 22 경주 23 부여 24 고구려 25 한강 26 백제 27 고구려 28 신라

網 큰 개념을 그리다

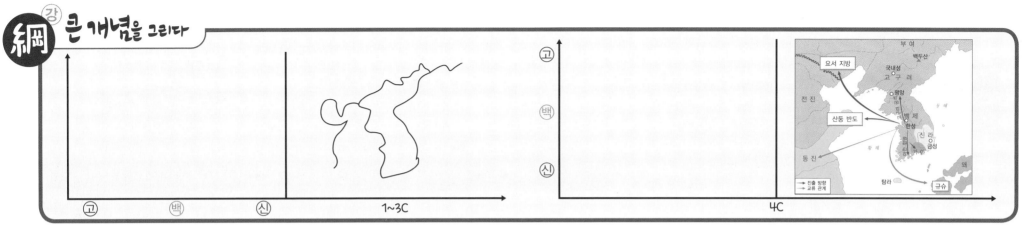

고 · 백 · 신 · 1~3C

고 · 백 · 신 · 4C

目 세부 개념을 정리하다

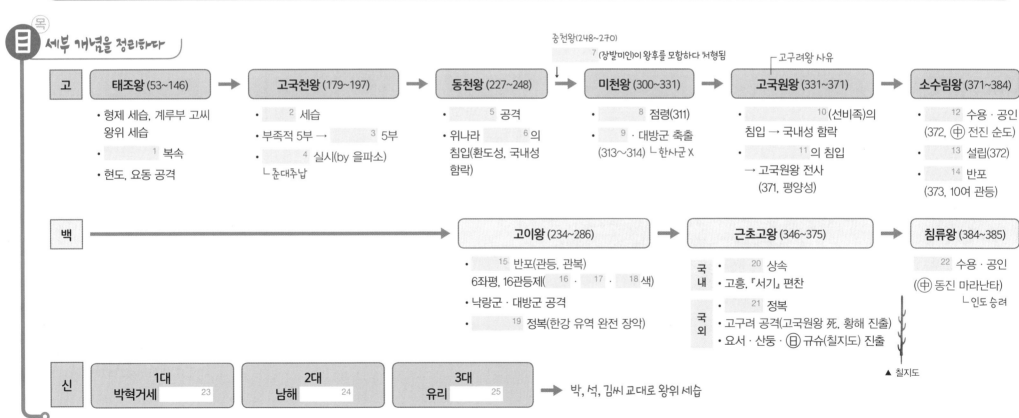

중천왕(248~270)

7 (장발미인)이 왕후를 모함하다 처형됨

┌ 고구려왕 사유

| 고 | **태조왕 (53~146)** | **고국천왕 (179~197)** | **동천왕 (227~248)** | **미천왕 (300~331)** | **고국원왕 (331~371)** | **소수림왕 (371~384)** |

고 **태조왕 (53~146)**
- 형제 세습, 계루부 고씨 왕위 세습
- [1] 복속
- 현도, 요동 공격

고국천왕 (179~197)
- [2] 세습
- 부족적 5부 → [3] 5부
- [4] 실시(by 을파소)
  └ 춘대추납

동천왕 (227~248)
- [5] 공격
- 위나라 [6]의 침입(환도성, 국내성 함락)

미천왕 (300~331)
- [8] 점령(311)
- [9] · 대방군 축출 (313~314) └ 한사군 X

고국원왕 (331~371)
- [10] (선비족)의 침입 → 국내성 함락
- [11]의 침입 → 고국원왕 전사 (371, 평양성)

소수림왕 (371~384)
- [12] 수용 · 공인 (372, ⊕ 전진 순도)
- [13] 설립(372)
- [14] 반포 (373, 10여 관등)

백 ──────────────→ **고이왕 (234~286)** → **근초고왕 (346~375)** → **침류왕 (384~385)**

고이왕 (234~286)
- [15] 반포(관등, 관복) 6좌평, 16관등제([16] · [17] · [18] 색)
- 낙랑군 · 대방군 공격
- [19] 정복(한강 유역 완전 장악)

근초고왕 (346~375)
국내
- [20] 상속
- 고흥, 『서기』 편찬

국외
- [21] 정복
- 고구려 공격(고국원왕 死, 황해 진출)
- 요서 · 산동 · 🗾 규슈(칠지도) 진출

▲ 칠지도

침류왕 (384~385)
[22] 수용 · 공인 (⊕ 동진 마라난타) └ 인도 승려

신 | **1대 박혁거세** [23] | **2대 남해** [24] | **3대 유리** [25] | → 박, 석, 김씨 교대로 왕위 세습

정답 1 (동)옥저 2 부자 3 행정적 4 진대법 5 서안평 6 관구검 7 관나부인 8 서안평 9 낙랑 10 전연 모용황 11 근초고왕 12 불교 13 태학 14 율령 15 율령 16 자 17 비 18 청 19 목지국 20 부자 21 마한 22 불교 23 거서간 24 차차웅 25 이사금

02 삼국의 성립과 발전 (5세기)

綱(강) 큰 개념을 그리다

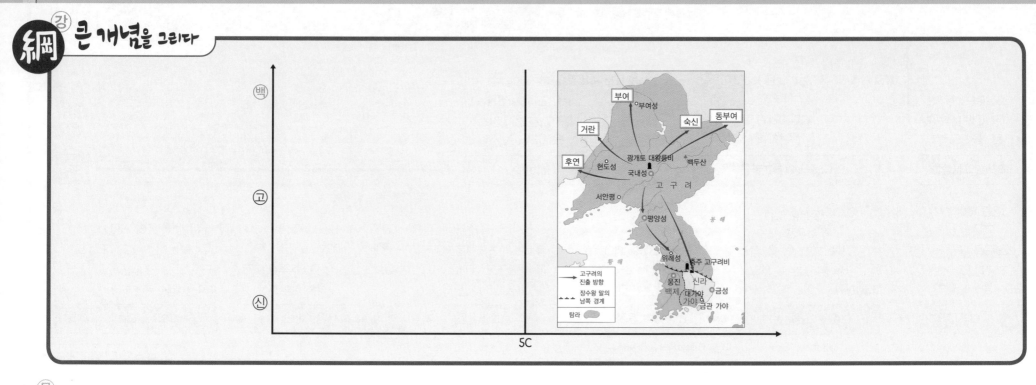

目(목) 세부 개념을 정리하다

고	광개토 대왕 (391~413)	→	장수왕 (413~491)	→	문자왕 (491~519)

광개토 대왕 (391~413)
- 연호 : ___1___
- 후연, 비려, 숙신 정벌
- 한성 공격(백)(___2___ 항복)
  ㄴ 한강 이북 진출
- (신)(내물 마립간) 구원 :
  ___3___ 격퇴(400)
  ㄴ ___4___ 가야 쇠퇴
- ___5___ 정벌(410)

장수왕 (413~491)
- 남·북조 균형 외교, 흥안령(몽골) 진출
- ___6___ 천도(남하) ↔ 나·제 동맹
- (백)___7___ 함락(개로왕 전사)
  ↓ cf) 죽령~남양만 [충주(중원) 고구려비]
- (백) 웅진 천도

문자왕 (491~519)
- ___8___ 복속
- (고구려 최대 영토 확보)

※ 호우명 그릇
- 신라와 고구려의 관계를 보여주는 대표적인 유물
- 경주 호우총에서 발굴
  '乙卯年國岡上廣開土地好太王壺杅十'
  (을묘년국강상광개토지호태왕호우십)
- 광개토 대왕의 이름이 새겨져 있음
- 광개토 대왕릉비와 서체 유사
- 장수왕 때 만든 그릇으로 추측
  (광개토 대왕의 장례가 끝나고 415년에 신라 사신이 받아왔을 것으로 추측)

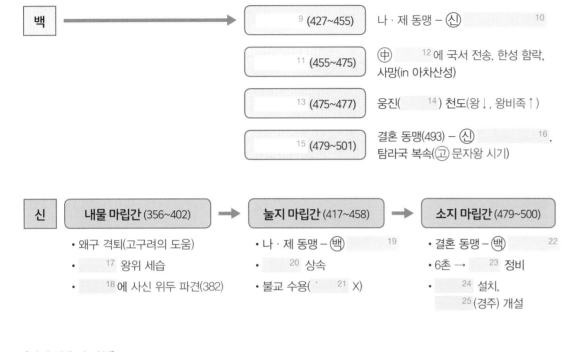

백

→ ____9____ (427~455) 나·제 동맹 – (신) ____10____

____11____ (455~475) (中) ____12____ 에 국서 전송, 한성 함락, 사망(in 아차산성)

____13____ (475~477) 웅진(____14____) 천도(왕↓, 왕비족↑)

____15____ (479~501) 결혼 동맹(493) – (신) ____16____, 탐라국 복속(⑩ 문자왕 시기)

신

| 내물 마립간 (356~402) | → | 눌지 마립간 (417~458) | → | 소지 마립간 (479~500) |

• 왜구 격퇴(고구려의 도움)
• ____17____ 왕위 세습
• ____18____ 에 사신 위두 파견(382)

• 나·제 동맹 – (백) ____19____
• ____20____ 상속
• 불교 수용(' ____21____ X)

• 결혼 동맹 – (백) ____22____
• 6촌 → ____23____ 정비
• ____24____ 설치, ____25____ (경주) 개설

[신라 왕호의 변천]

왕호	시기	의미
거서간	1대 박혁거세	군장
차차웅	2대 남해	제사장
이사금	3대 유리~흘해	연장자
마립간	17대 내물~소지	대군장
왕	22대 지증~경순	중국식 왕호(한화 정책)

※ 고구려 비석

1) 광개토 대왕릉비

• 비문의 내용
 – 전반적인 내용 : 고구려 건국 신화, 추모왕(동명왕)·유리왕·대무신왕 계보
 – 광개토 대왕의 ____26____ 기록 : 만주 정복, 신라에 침입한 왜구 격퇴, 백제·동부여·숙신 정벌 및 64개 성(城)과 1,400개 촌(村)을 공격한 내용 정리
 – ____27____ (守墓人, 능지기)의 숫자와 차출 방식·관리 규정 기록
 – ____28____ 표출 : 조공(朝貢), 순(巡, 황제가 나라 안팎을 둘러보는 것), 주몽을 하늘의 아들(天帝之子)로 표현하며 천손 의식 표출

• 신묘년(辛卯年) 기사의 해석 "倭以辛卯年來渡海破百殘△△△羅以爲臣民"
 ① 임나일본부설 : "왜가 신묘년에 바다를 건너와서 백제와 신라 등을 물리치고 신민으로 삼았다."
 ② 고구려 입장 : '도해파'(渡海破)의 주어를 고구려로 봄
  → 광개토 대왕릉비는 고구려가 세운 것이므로 주체를 고구려로 해석
 ③ 백제 입장 : '파백'(破百)의 파(破)를 고(故)로 봄
  → 신민을 삼은 주체를 백제로 해석

2) 충주 (중원) 고구려비

• 고구려의 중원 진출 입증, '신라토내당주(新羅土內幢主)'(____29____ 신라 주둔)
• 고구려가 신라를 '동이', 신라 왕을 '매금(寐錦)'이라고 지칭, 고구려가 신라 왕(매금)에게 의복 하사

3) 지안 고구려비

• 중국 지린성 지안시 마셴(麻線)촌에서 2012년 7월 29일에 발견
• 화강암 재질의 비석, 수묘비로 추정(수묘인은 함부로 사고 팔 수 없다.)

정답 1 영락 2 아신왕 3 왜구 4 금관 5 동부여 6 평양 7 한성 8 부여 9 비유왕 10 눌지 마립간 11 개로왕 12 북위 13 문주왕 14 공주 15 동성왕 16 소지 마립간 17 김씨 18 전진 19 비유왕 20 부자 21 공인 22 동성왕 23 6부 24 우역 25 시장 26 정복 활동 27 수묘인 28 천하 의식 29 고구려군

03 삼국의 성립과 발전 (6세기)

綱 큰 개념을 그리다

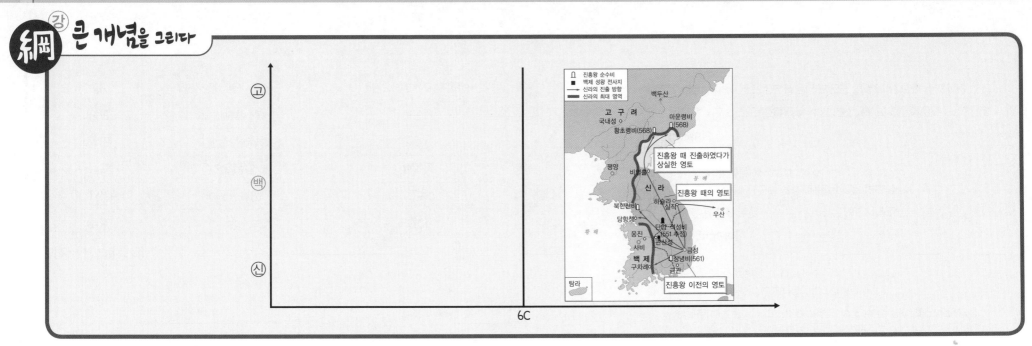

目 세부 개념을 정리하다

| 고 | → | 안원왕 (531~545) | → | ⬜ 1 (545~559) | → | 평원왕 (559~590) |

백제와 신라에 한강을 빼앗김

| 백 | 무령왕 (501~523) | → | 성왕 (523~554) | → | 창왕 (= 위덕왕) (554~598) |

무령왕 (501~523)
- ⬜ 2 설치
- ⊕ 남조의 양나라와 수교
  ex) ⬜ 3, ⬜ 4 (526~536)
- 日 에 유학 전파(단양이, 고안무)

성왕 (523~554)

국내
- ⬜ 5 (부여) 천도
- 국호 : ⬜ 6
- 체제 : 중앙(⬜ 7), 수도(5부), 지방(5방)

국외
- 한강 수복 노력 ┬ 신라와 연합 : ⬜ 8 회복(551)
  - 진흥왕의 배신 : ⬜ 9 상실(553)
  - 신라 VS 백제 : ⬜ 10 전투(충북 옥천) → 성왕 死(554)

＊ 독산성 전투(548, 고구려가 백제의 독산성 공격
  → 신 진흥왕의 지원으로 승리)

창왕 (= 위덕왕) (554~598)

창왕명 석조사리감
(충남 부여 능산리 절터에서
발견)

03 삼국의 성립과 발전(6세기)

신

지증왕 (500~514) →

- (11) 장려, (12) 금지(502)
- 한화 정책 : 국호 '(13)'(503), 왕호 '(14)'
- 지방 제도 : 주 · 군제(주에 (15) 파견)
  ex) 실직주 - 군주 (16) 파견
- (17)(경주), (18)(509, 감독 기관) 설치
- (19) 정벌(512, by 이사부)
- (20) 소경 설치(514)

법흥왕 (연호 : 건원) (514~540) →

- (21) 설치, 상대등 설치
- (22) 반포(울진 봉평 신라비)
- (23)관등제 정비
- 공복 제정
  ((24) · (25) · (26) · (27)색)
- (28) 정비
- (29) 순교(불교 공인)
- (30)(이뇌왕)와 결혼 동맹(522)
- (31) 정복(532, 김구해 항복)

진흥왕 (연호 : 개국, 대창, 홍제) (540~576) →

국내
- (32) 정비, (33)(재정 담당) 설치
- 불교 교단 정비 : (34)(승려 혜량), (35), (36) 정비
- 거칠부, (37) 편찬(545)

국외
- 한강 (38) 장악 : 백제와의 연합으로 장악(551, (39) 적성비 건립)
- 한강 (40) 장악 : 백제 공격(554, by 김무력)
  → 한강 장악((41) 설치, (42) 순수비 건립)
  → (43)을 통해 중국과 직접 교역
- (44) 정복(562) : 비화가야 정복 → 창녕비 건립 → (45) 정복
- 고구려 공격 : 황초령비, 마운령비 건립

진지왕 (576~579)

화백 회의에서 폐위됨

[진흥왕 순수비]

순수비	시기	의의
(46)	진흥왕 (568년 이후 추정)	• 한강 (47)로의 진출 사실을 알려주는 순수비 • 1816년 추사 (48)가 발견하여 고증
(49)	진흥왕 22년 (561)	• 가야 지방으로의 진출 사실(비화가야 정복)을 알려주는 비석 • 대등, 군주, 촌주 등 관리 명칭 기록, 통일 이전 신라의 지방 관제와 군사 제도를 보여줌
(50)	진흥왕 29년 (568)	• (51) 지방으로의 진출 사실을 알려주는 순수비 • '대창' 연호 사용 • 황초령비는 윤정현이 발견, 추사 (52)가 고증 • 마운령비는 1929년 최남선이 고증
마운령비		

정답 1 양원왕 2 22담로 3 무령왕릉 4 양직공도 5 사비 6 남부여 7 22부 8 하류 9 하류 10 관산성 11 우경 12 순장 13 신라 14 왕 15 군주 16 이사부 17 동시 18 동시전 19 우산국 20 아시촌 21 병부 22 율령 23 17 24 자 25 비 26 청 27 황 28 골품제 29 이차돈 30 대가야 31 금관가야 32 화랑도 33 품주 34 국통 35 주통 36 군통 37『국사』 38 상류 39 단양 40 하류 41 신주 42 북한산 43 당항성 44 대가야 45 대가야 46 북한산비 47 하류 48 김정희 49 창녕비 50 황초령비 51 함경도 52 김정희

04 가야의 발전과 멸망

綱 큰 개념을 그리다

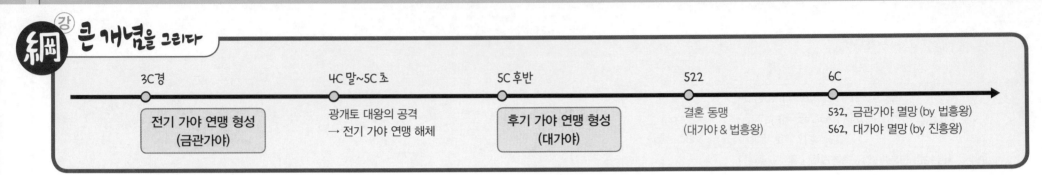

3C경	4C 말~5C 초	5C 후반	522	6C
전기 가야 연맹 형성 (금관가야)	광개토 대왕의 공격 → 전기 가야 연맹 해체	후기 가야 연맹 형성 (대가야)	결혼 동맹 (대가야 & 법흥왕)	532, 금관가야 멸망 (by 법흥왕) 562, 대가야 멸망 (by 진흥왕)

目 세부 개념을 정리하다

1) 가야의 성립
- 낙동강 하류(<u>1</u>) 지역에서 성장, 해상을 통해 유입된 유이민 + 토착 세력 결합
- 6가야 연맹체 : <u>2</u> , <u>3</u> , 성산가야, 고령가야, 아라가야, 소가야

2) 가야의 발전과 쇠퇴

전기 가야 연맹 (3C경, 금관가야)	→	후기 가야 연맹 (5C 후반, 대가야)

전기 가야 연맹 (3C경, 금관가야)
- **건국** : 시조 <u>4</u> (구지가, 부인 인도 아유타국 허황후), <u>5</u> 지역에서 금관가야 건국(42)
- **발전** : 3C경 집단 간 통합 → 금관가야를 중심으로 연맹 왕국 발전(<u>6</u> 연맹 형성)
  * <u>7</u> 의 난(209, 8개 소국이 가야에 침입, 신라가 구원)
- **쇠퇴** : 4C 초 백제, 신라의 팽창으로 가야 세력 약화
- **해체** : 4C 말~5C 초 고구려 <u>8</u> 의 공격으로 전기 가야 연맹 몰락
- **특징** : <u>9</u> 발달(철의 생산과 해상 교통을 이용하여 낙랑, 대방, 日 규슈 지방 연결)
- **유적** : <u>10</u> 고분군(청동솥, 철제 갑옷)

후기 가야 연맹 (5C 후반, 대가야)
- **성립** : 시조 <u>11</u> (뇌질주일, 수로왕의 형), <u>12</u> 의 대가야를 중심으로 후기 가야 연맹 형성
  → 5C 후반 중국 <u>13</u> 와 수교, 백제·신라와 동맹하여 고구려에 대항
- **발전** : 6C 초 백제·신라와 대등하게 다툴 만큼 성장, 소백산맥 <u>14</u> 진출, 신라와 <u>15</u> 동맹 체결(522)
  └ 이뇌왕 - (신) <u>16</u> (이찬 비조부의 누이)
- **유적** : <u>17</u> 고분군(수레형 토기, 금동관)

▲ 청동솥   ▲ 철제 갑옷

▲ 수레형 토기   ▲ 금동관

3) 가야의 멸망
① 금관가야 멸망(532, by <u>18</u>)
② 대가야 멸망(562, by 진흥왕) : <u>19</u> 전투 참전 → 대패 → 멸망(이사부, 화랑 <u>20</u> 참여) * <u>21</u> (대가야 멸망 직전 가야금을 가지고 신라에 투항)

정답 1 변한 2 금관가야 3 대가야 4 김수로 5 김해 6 전기 가야 7 포상8국 8 광개토 대왕 9 중계 무역 10 김해 대성동 11 이진아시왕 12 고령 13 남제 14 서쪽 15 결혼 16 법흥왕 17 고령 지산동 18 법흥왕 19 관산성 20 사다함 21 우륵

05 삼국의 항쟁과 분열 (7세기)

綱(강) 큰 개념을 그리다

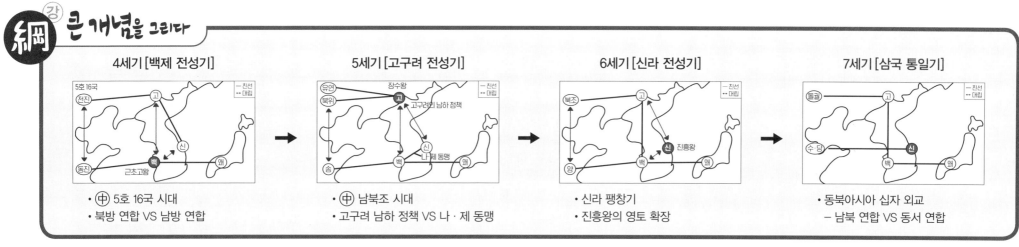

4세기 [백제 전성기]

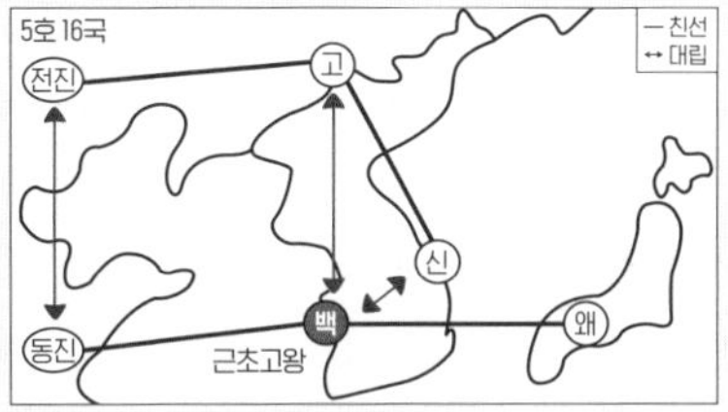

- ㊥ 5호 16국 시대
- 북방 연합 VS 남방 연합

→

5세기 [고구려 전성기]

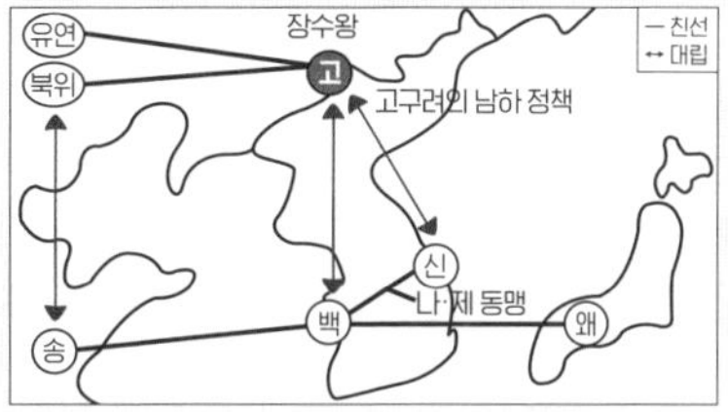

- ㊥ 남북조 시대
- 고구려 남하 정책 VS 나 · 제 동맹

→

6세기 [신라 전성기]

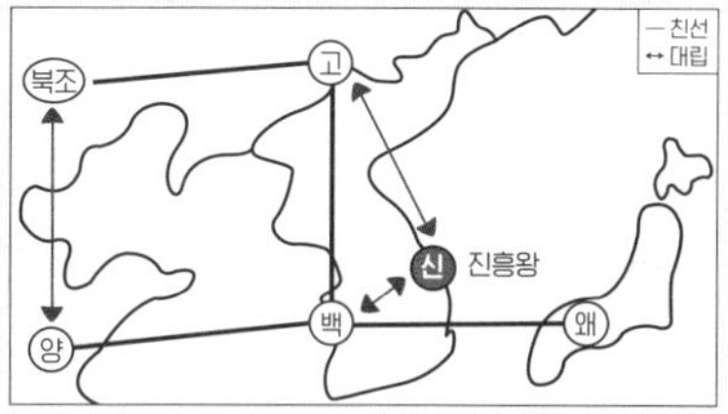

- 신라 팽창기
- 진흥왕의 영토 확장

→

7세기 [삼국 통일기]

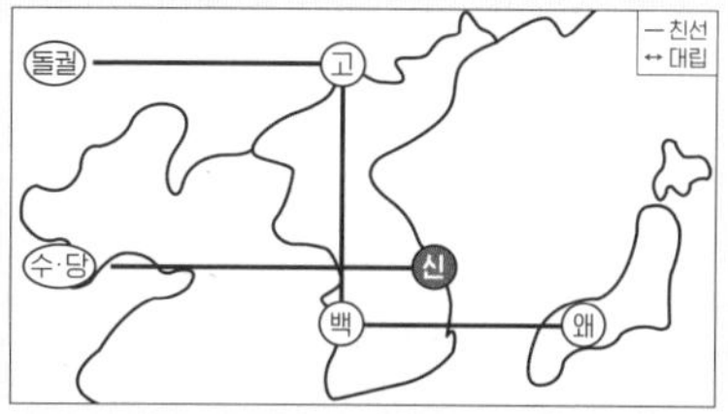

- 동북아시아 십자 외교
  – 남북 연합 VS 동서 연합

目(목) 세부 개념을 정리하다

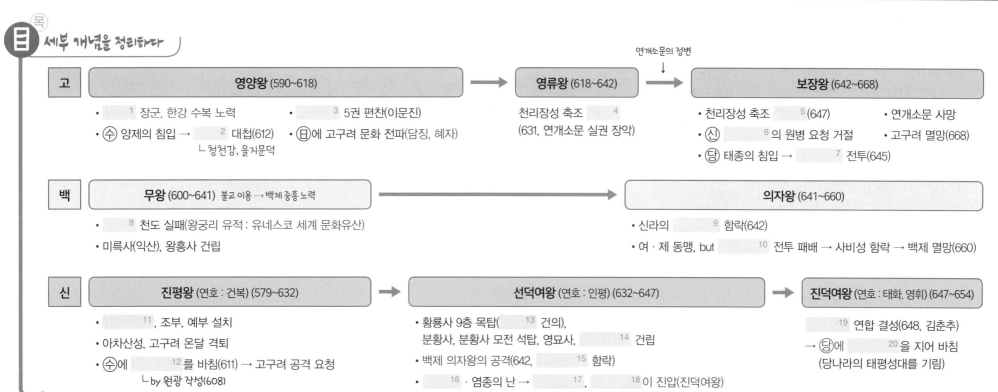

고

영양왕 (590~618) → **영류왕** (618~642) → (연개소문의 정변) → **보장왕** (642~668)

영양왕
- ____1 장군, 한강 수복 노력
- ㊌ 양제의 침입 → ____2 대첩(612)
  └ 청천강, 을지문덕
- ____3 5권 편찬(이문진)
- ㊐에 고구려 문화 전파(담징, 혜자)

영류왕
- 천리장성 축조 ____4
  (631, 연개소문 실권 장악)

보장왕
- 천리장성 축조 ____5(647)
- ㊖ ____6의 원병 요청 거절
- ㊛ 태종의 침입 → ____7 전투(645)
- 연개소문 사망
- 고구려 멸망(668)

백

무왕 (600~641) 불교 이용 → 백제 중흥 노력 → **의자왕** (641~660)

무왕
- ____8 천도 실패(왕궁리 유적 : 유네스코 세계 문화유산)
- 미륵사(익산), 왕흥사 건립

의자왕
- 신라의 ____9 함락(642)
- 여 · 제 동맹, but ____10 전투 패배 → 사비성 함락 → 백제 멸망(660)

신

진평왕 (연호 : 건복) (579~632) → **선덕여왕** (연호 : 인평) (632~647) → **진덕여왕** (연호 : 태화, 영휘) (647~654)

진평왕
- ____11, 조부, 예부 설치
- 아차산성, 고구려 온달 격퇴
- ㊌에 ____12를 바침(611) → 고구려 공격 요청
  └ by 원광 작성(608)

선덕여왕
- 황룡사 9층 목탑(____13 건의),
  분황사, 분황사 모전 석탑, 영묘사, ____14 건립
- 백제 의자왕의 공격(642, ____15 함락)
- ____16 · 염종의 난 → ____17, ____18이 진압(진덕여왕)

진덕여왕
- ____19 연합 결성(648, 김춘추)
  → ㊛에 ____20을 지어 바침
  (당나라의 태평성대를 기림)

정답 1 온달 2 살수 3 『신집』 4 시작 5 완성 6 김춘추 7 안시성 8 익산 9 대야성 10 황산벌 11 위화부 12 걸사표 13 자장 14 첨성대 15 대야성 16 비담 17 김춘추 18 김유신 19 나당 20 태평송

06 삼국의 통치 체제와 신라의 비석

1. 삼국의 통치 체제

구분		고구려	백제	신라
중앙 관제	관등	[1] 여 관등	[3] 관등	• 경위제(중앙) : [6] 관등 • 외위제(지방) : 11관등
		• [2] (족장) 계열 • 사자(조세 징수) 계열	• [4] 계열 • [5], 덕 계열	• 찬 계열 : [7], 이찬 • 나마 계열 : [8], 나마
	수상	[9] (→ [10]) cf) 발해(대내상)	[11]	[12]
		3년마다 회의를 통해 수상을 선출		
	합의 기구	[13] 회의	[14] 회의	[15] 회의(만장일치제)
	관부	[16] (내무), [17] (외무), [18] (재정)	• 한성 : 6좌평 • 사비 : 성왕, [19] 설치 (내관 12부, 외관 10부)	10부(집사부 포함)
일원화	지방 조직	수도	[20] 부	[21] 부	[22] 부
		지방 (지방관)	5부([23]) | 성([24], 도사)	5방(방령) | 군(군장)	5주(군주) | 군(당주)
		특수 행정 구역	[25] (국내성, 평양성, [26]) *3경 - 풍수지리 X 한성 - 서울 X, 황해도 재령	[27] (무령왕)	2소경 • 국원소경(진흥왕 → 중원경, 경덕왕) : 충주 • 북소경(선덕여왕 → 동원경, 고려 태조) : 강릉 * 아시촌 소경(지증왕) : 경남 함안
	군사 조직	군사	유사시 대모달, 말객 지휘 (각 성주가 병력 보유)	방령이 700~1,200명 군사 지휘	• 중앙 : 서당(모병, 직업군) • 지방 : 6정, 군주, 당주 지휘

2. 신라의 비석 (금석문)

포항 중성리 신라비 (501, [28])	• [29] 신라 최고(最古) 비석 • 재물(또는 토지 등 재산)과 관련된 소송의 평결 내용 기록
포항 (영일) 냉수리 신라비 (503, 지증왕)	• 절거리라는 인물의 [30] 분쟁에 대한 판결 내용, 신라의 옛 국가명인 '사라(斯羅)'의 명칭과 지명, 관등명이 기록 • 화백 회의에 참석하는 모든 구성원들을 왕이라고 칭함 cf) 지증왕의 즉위 전 호칭 '지도로 갈문왕'
울진 봉평 신라비 (524, 법흥왕)	• 신라 영토로 편입된 울진 지역 거벌모라의 남미지 주민들의 저항에 대해 '6부 회의'를 열고 처벌하는 내용 기록 • 공동하교, 소속부 명칭 → 진흥왕(적성비 : [31]) • 복속민에 대한 기록 : [32] (奴人), 국가의 공민 (公民)과 차별 • [33] 관등과 외위(지방민에게 수여한 관등) 기록, 520년(법흥왕 7)에 [34] 반포 기록 • 530년대 이전에 국왕의 칭호가 '매금왕(寐錦王)'
영천 청제비 (536, 법흥왕)	• 청못(저수지) 축조를 위해 7,000명을 동원했다는 내용 기록 • 당시의 [35] 동원 체계 짐작 가능
[36] 적성비 (551년 추정, 진흥왕)	• 단양 적성을 점령하고 세운 비석 • 적성을 공략한 장수들을 도와 공을 세운 적성 출신 야이차와 그 가족의 포상 기록
[37] 신성비 (591, 진평왕)	• 경주 남산의 신성을 쌓을 때 '3년 이내에 성이 무너 지면 처벌한다'는 서약과 [38] 동원 내용 기록

정답 1 10 2 형 3 16 4 좌평 5 솔 6 17 7 이벌찬 8 대나마 9 대대로 10 대막리지 11 상좌평 12 상대등 13 제가 14 정사암 15 화백 16 내평 17 외평 18 주부 19 22부 20 5 21 5 22 6
23 욕살 24 처려근지 25 3경 26 한성 27 22담로 28 지증왕 29 현존 30 재산 31 단독하교 32 노인 33 17 34 율령 35 노동력 36 단양 37 남산 38 부역

綱 큰 개념을 그리다

```
¹ 대첩 (수 VS 고구려)          ³ □□ 멸망 (660)                          신라의 삼국 통일
        ↓              나·당 연합      ↓              나 VS 당 전쟁        (676, 문무왕)
² 전투 (당 VS 고구려)          ⁴ □□ 멸망 (668)
```

目 세부 개념을 정리하다

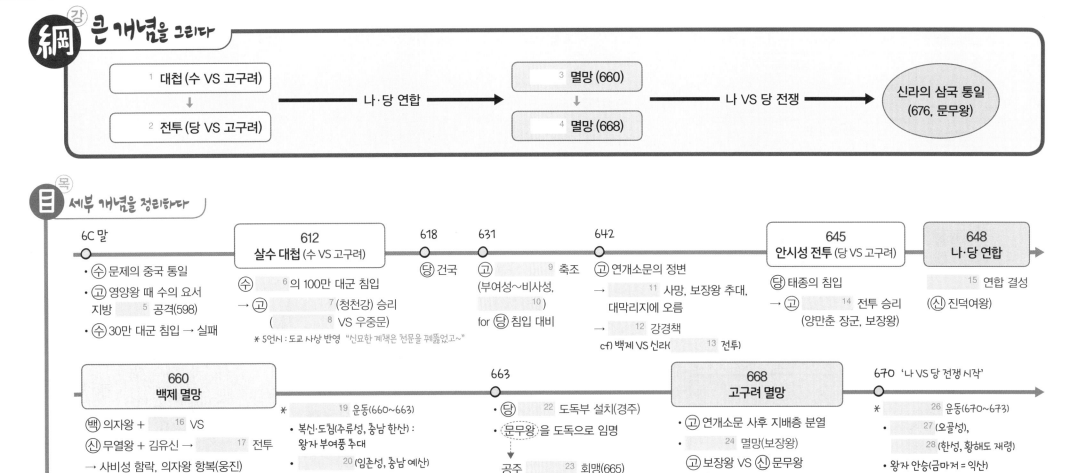

6C 말
- 수 문제의 중국 통일
- 고 영양왕 때 수의 요서 지방 ⁵□□ 공격(598)
- 수 30만 대군 침입 → 실패

612 살수 대첩 (수 VS 고구려)
- 수 ⁶□□ 의 100만 대군 침입
- → 고 ⁷□□□ (청천강) 승리
  (⁸□□□ VS 우중문)
- ＊ 5언시 : 도교 사상 반영 "신묘한 계책은 천문을 꿰뚫었고~"

618
- 당 건국

631
- 고 ⁹□□□ 축조
  (부여성~비사성, ¹⁰□□□)
  for 당 침입 대비

642
- 고 연개소문의 정변
  → ¹¹□□□ 사망, 보장왕 추대,
  대막리지에 오름
  → ¹²□□ 강경책
  cf) 백제 VS 신라 (¹³□□□ 전투)

645 안시성 전투 (당 VS 고구려)
- 당 태종의 침입
  → 고 ¹⁴□□□ 전투 승리
  (양만춘 장군, 보장왕)

648 나·당 연합
- ¹⁵□□ 연합 결성
  (신 진덕여왕)

---

660 백제 멸망
- 백 의자왕 + ¹⁶□□ VS
- 신 무열왕 + 김유신 → ¹⁷□□□ 전투
- → 사비성 함락, 의자왕 항복(웅진)
- → 당 660, ¹⁸□□ 도독부(공주) 설치
  664, (부여융)을 도독으로 임명

663
- ＊ ¹⁹□□ 운동(660~663)
- 복신·도침(주류성, 충남 한산) :
  왕자 부여풍 추대
- ²⁰□□□ (임존성, 충남 예산)
- ²¹□□ 전투(663) : 日의 지원 → 실패

- 당 ²²□□ 도독부 설치(경주)
- (문무왕)을 도독으로 임명
  ↓
  공주 ²³□□ 회맹(665)

668 고구려 멸망
- 고 연개소문 사후 지배층 분열
- ²⁴□□ 멸망(보장왕)
- 고 보장왕 VS 신 문무왕
  → 고 평양성 함락
  → 당 ²⁵□□ 도호부 설치(평양)

670 '나 VS 당 전쟁 시작'
- ＊ ²⁶□□□□ 운동(670~673)
- ²⁷□□ (오골성),
  ²⁸□□□ (한성, 황해도 재령)
- 왕자 안승(금마저 = 익산)
  + 신 지원

671
- ²⁹□□ 전투
  (나 VS 당)
- ³⁰□□□□ 설치(사비)

672
- 웅진 도독부,
  요동 이동
  (사실상 X)

674
- 신 가 금마저에 ³¹□□□ 건국(안승 왕)
- ＊ 신문왕 때 안승에게 진골 신분 부여, 경주 안치(683)
- 당 이 ³²□□□ (문무왕 동생)을 신라왕으로 봉함

675 ³³□□□ 전투 (육군)
└ 경기도 연천
- 당 이근행의 20만 대군 격파,
  신라 승리

676 ³⁴□□□ 전투 (수군)
└ 금강 하구
- 당 설인귀의 수군 격파, 신라 승리
- 안동 도호부, 요동 이동(676)

신라의 삼국 통일 (676, ³⁵□□□)
- ³⁶□□ ~ ³⁷□□□
  cf) 당 인정(735, 성덕왕)

정답 1 살수 2 안시성 3 백제 4 고구려 5 선제 6 양제 7 살수 대첩 8 을지문덕 9 천리장성 10 연개소문 11 영류왕 12 대당 13 대야성 14 안시성 15 나당 16 계백 17 황산벌 18 웅진 19 백제 부흥 20 흑치상지
21 백강 22 계림 23 취리산 24 고구려 25 안동 26 고구려 부흥 27 고연무 28 검모잠 29 석성 30 소부리주 31 보덕국 32 김인문 33 매소성 34 기벌포 35 문무왕 36 대동강 37 원산만

08 통일 신라의 발전과 멸망(남북국 시대)

綱 큰 개념을 그리다

[남북국 시대]

[신라의 시대 구분]

구분	통일 이전		통일 이후			
	상대		중대		하대	
『삼국사기』	(1 ~ 2)		(3 ~ 4)		(5 ~ 6)	
『삼국유사』 불교식 왕명	상고 (지증왕)	중고 (7)	하고			
왕 혈통	성골		진골(무열 직계)		진골(내물 방계)	

[신라의 중대와 하대의 권력 구조 변화]

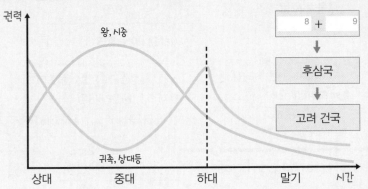

구분	중대 (진골, 무열 직계)	하대 (진골, 내물 방계)
정치	전제 왕권기	왕위 쟁탈기
조력자	집사부 10 (중시)	상대등
경제	11 지급 (12 폐지)	녹읍 부활
지지층	13 (忠)	6두품 이탈(호족 성장)
시스템	14 제도(중앙)	시스템 붕괴 → 17 (지방)
	골품제	18 (실패)
	15 서당(민족 융합)	후백제, 후고구려 건국
이념	16 유행	선종 유행

目 세부 개념을 정리하다

중대 (진골, 무열 직계) : 전제 왕권기			
무열왕 (__1__ , 654~661)	**문무왕 (661~681)**	**신문왕 (681~692)**	**효소왕 (692~702)**

7C
• 최초의 __2__ 출신 왕
• 중국식 시호 사용 : 태종(묘호) __3__ (시호)
• __4__ 설치 : 관리 감찰 기구
• __5__ 정복(660) • 중시(시중)의 기능 ↑
• __6__ 폐지
• __7__ 설치(658, 삼척) : 말갈 방어
	• __8__ (676)
	(__9__ 정복 → 나·당 전쟁 → 통일)
	• __10__ 파견(지방관 감찰)
	• 군주(__11__) → __12__
	＊문무왕릉(수중릉)
		• 왕권 강화 : 진골 귀족↓, __13__ 의 난(681) 진압,
		     __14__ 설립(682, 6두품↑), __15__ 지급(687)
		     → __16__ 폐지(689), __17__ 천도 시도(689)
		• 정통성 강화 : 감은사, 만파식적 설화, 5묘제 실시
		• 체제 정비 ┌ 중앙 : 공장부, 예작부 설치 → __18__ 완성
		           ├ 지방 : __19__ 주 __20__ 소경 완비
		           └ 군사 : __21__ 서당 __22__ 정 편성, 시위부(왕 친위 부대) 강화
			__23__ , __24__ 설치
			(감독 기구로 남시전,
			서시전 설치)

성덕왕 (702~737)	**경덕왕 (742~765)**		**혜공왕 (765~780)**

8C
• 공자의 화상을 국학에 안치(717)
• __25__ 지급(722)
• __26__ 과 국교 재개(당 + 신라 → 발해 공격)
• 상원사 종 주조(725) : 현존 우리나라 최고(最古) 종
• __27__ 제시 : 관리들이 지켜야 할 계율 덕목
	• __28__ 부활(757)
	• 한화 정책 : 군현, 중앙의 관직명을 중국식으로 변경(중시 → __29__)
	• 국학 → __30__ (감) 개칭 : 박사·조교 설치
	• __31__ · __32__ 창건 • __33__ 주조 시작
	• 당에 헌상한 __34__ 제작 • __35__ (충담사가 지은 향가)
			• 왕권 약화, 진골 귀족↑
			• __36__ 의 난
			  → __37__ 의 난(768) : 김양상의 정권 장악
			  → __38__ 의 난(780) : 김양상이 진압(→ __39__ 피살)
			• 성덕 대왕 신종 __40__ (771)

하대 (진골, 내물 방계)				
선덕왕 (김양상, 780~785)	**원성왕 (김경신, 785~798)**	**헌덕왕 (809~826)**	**흥덕왕 (826~836)**	**진성여왕 (887~897)**
8C 후반 ~ 9C • __41__ 중심의 귀족 연합 정치 → 왕권 약화 • __42__ 개편(780) • __43__ 설치(782, 황해도)	• 내물왕계 왕위 계승 • __44__ 실시 • 총관(문무왕) → __45__ 개칭 (행정적 성격 강화)	• __46__ 의 난(822) : (父) 김주원이 왕위 계승에 실패하자 웅천주(__47__) 도독 김헌창이 반란(국호 : __48__ , 연호 : 경운) • __49__ 의 난(825) : 김헌창의 (子), 고달산(경기 여주)에서 반란 → 무열왕계 진골이 6두품으로 강등	• 완도에 __50__ 설치 (828, __51__) → __52__ , 장보고의 난 • 산둥 반도에 __53__ 건립, 국제 무역 주도(사절단 파견 - 唐 견당매물사, 日 회역사) • __54__ 금지령 반포(834)	• __55__ 편찬(888) 대구 화상, 각간 위홍이 편찬한 향가집 • __56__ 의 난(889) • 견훤의 무진주 봉기(892) • 궁예, 양길의 부하로 등장(892) • __57__ 의 시무 10조(894) • __58__ 의 난(896)

정답 1 김춘추 2 진골 3 무열 4 사정부 5 백제 6 갈문왕제 7 북진 8 삼국 통일 9 고구려 10 외사정 11 지증왕 12 총관 13 김흠돌 14 국학 15 관료전 16 녹읍 17 달구벌 18 14부 19 9 20 5 21 9 22 10 23 남시 24 서시 25 정전 26 당 27 백관잠 28 녹읍 29 시중 30 태학 31 불국사 32 석굴암 33 성덕 대왕 신종 34 만불산 35 안민가 36 대공·대렴 37 96각간 38 김지정 39 혜공왕 40 완성 41 상대등 42 어룡성 43 패강진 44 독서삼품과 45 도독 46 김헌창 47 공주 48 장안 49 김범문 50 청해진 51 장보고 52 문성왕 53 법화원 54 사치 55 『삼대목』 56 원종과 애노 57 최치원 58 적고적

08 통일 신라의 발전과 멸망(남북국 시대)

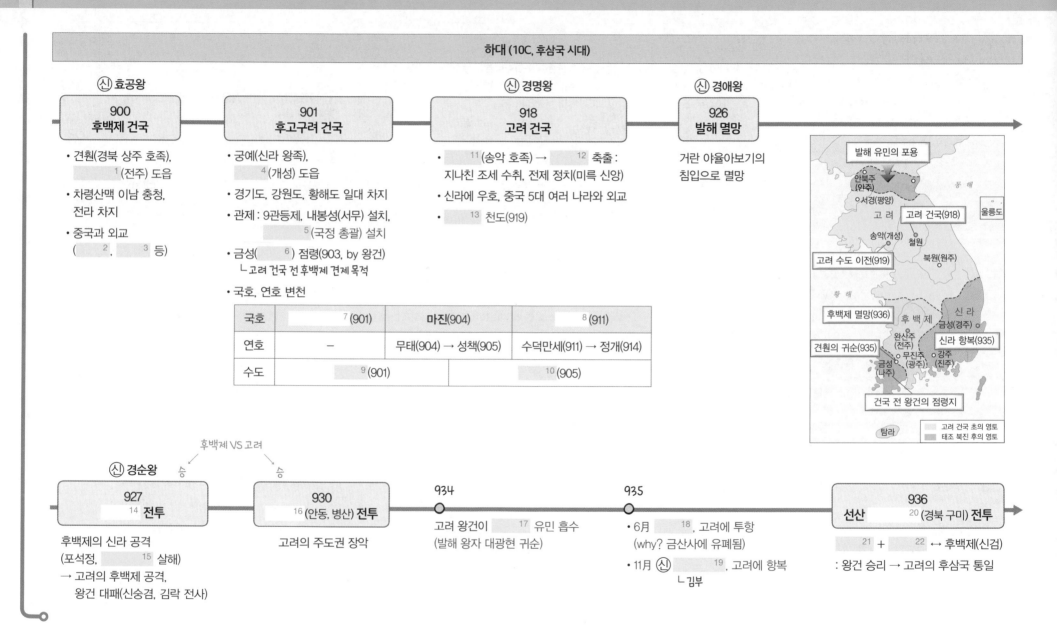

하대 (10C, 후삼국 시대)

ⓢ 효공왕

900 후백제 건국

- 견훤(경북 상주 호족), [1] (전주) 도읍
- 차령산맥 이남 충청, 전라 차지
- 중국과 외교 ([2], [3] 등)

901 후고구려 건국

- 궁예(신라 왕족), [4] (개성) 도읍
- 경기도, 강원도, 황해도 일대 차지
- 관제 : 9관등제, 내봉성(서무) 설치, [5] (국정 총괄) 설치
- 금성([6]) 점령(903, by 왕건)
  └ 고려 건국 전 후백제 견제 목적
- 국호, 연호 변천

국호	[7] (901)	마진(904)	[8] (911)
연호	–	무태(904) → 성책(905)	수덕만세(911) → 정개(914)
수도	[9] (901)		[10] (905)

ⓢ 경명왕

918 고려 건국

- [11] (송악 호족) → [12] 축출 : 지나친 조세 수취, 전제 정치(미륵 신앙)
- 신라에 우호, 중국 5대 여러 나라와 외교
- [13] 천도(919)

ⓢ 경애왕

926 발해 멸망

거란 야율아보기의 침입으로 멸망

발해 유민의 포용

안북주(완주)
서경(평양)
동해
고려 건국(918)
고려 수도 이전(919)
송악(개성) 철원
북원(원주)
울릉도
황해
후백제 멸망(936)
금성(경주)
신라
후백제
신라 항복(935)
견훤의 귀순(935)
완산주(전주)
무진주(광주)
강주(진주)
금성(나주)
건국 전 왕건의 점령지
탐라

고려 건국 초의 영토
태조 북진 후의 영토

후백제 VS 고려

ⓢ 경순왕

승 승

927 [14] 전투

후백제의 신라 공격
(포석정, [15] 살해)
→ 고려의 후백제 공격, 왕건 대패(신숭겸, 김락 전사)

930 [16] (안동, 병산) 전투

고려의 주도권 장악

934

고려 왕건이 [17] 유민 흡수
(발해 왕자 대광현 귀순)

935

- 6월 [18], 고려에 투항
  (why? 금산사에 유폐됨)
- 11월 ⓢ [19], 고려에 항복
  └ 김부

선산 936 [20] (경북 구미) 전투

[21] + [22] ↔ 후백제(신검)
: 왕건 승리 → 고려의 후삼국 통일

정답 1 완산주 2 후당 3 오월 4 송악 5 광평성 6 나주 7 후고구려 8 태봉 9 송악 10 철원 11 왕건 12 궁예 13 송악 14 공산 15 경애왕 16 고창 17 발해 18 견훤 19 경순왕 20 일리천 21 왕건 22 견훤

09 발해의 발전과 멸망 (남북국 시대)

綱 큰 개념을 그리다

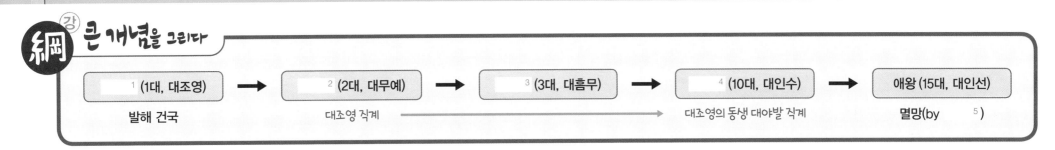

| ___1___ (1대, 대조영) | → | ___2___ (2대, 대무예) | → | ___3___ (3대, 대흠무) | → | ___4___ (10대, 대인수) | → | 애왕 (15대, 대인선) |

발해 건국 / 대조영 직계 → 대조영의 동생 대야발 직계 / 멸망(by ___5___)

目 세부 개념을 정리하다

1) 건국

___6___ (고왕), 거란족 이진충의 난 → ___7___ 전투 승리(당 군대 격파) → 동모산에 진(震)국 건국, 연호 : 천통(698) → '___8___' 정식 국호 채택(713)

[발해사에 대한 인식 차이]

고구려 계승 증거
만주도 우리의 역사
• 건국자 : 고구려 출신 대조영('___9___의 별종이다' by 『구당서』)
• 지배층 : ___10___ 대다수(일부 말갈인)
• 외교 문서 : '고구려 땅 수복하고 부여 계승했다', '고(구)려의 국왕이다'
• 문화 : 상경 궁궐터의 ___11___, 석등, 연꽃무늬 기와(와당), 치미(지붕 장식), ___12___(불상), ___13___ 묘(굴식 돌방무덤의 모줄임 천장 구조)
• 독자적 ___14___ 사용
당의 영향
발해를 당의 지방 정권으로 인식, 중국의 역사로 편입
• 주민 구성 : 다수가 ___15___
• 중앙 관제 : ___16___
• 수도 구조 : 상경성 ___17___(당의 장안성을 모방)
• 문화 : ___18___ 묘(벽돌무덤 양식), ___19___(벽돌탑)

▲ 연꽃무늬 기와(와당)

▲ 주작대로

[발해사 연구 서적]

시기	서적(저자)	내용
고려	___20___ (이승휴)	___21___ 역사를 최초로 우리의 역사로 기록, 우리나라 역사를 중국 역사와 대등하게 파악
조선 후기	___22___ (유득공)	최초로 '___23___ 시대' 표현 사용
	___24___ (한치윤)	발해사를 삼국 시대사, 고려사와 같은 비중으로 서술
	___25___ (정약용)	발해사를 우리 민족의 역사로 인식
	『동사강목』 (안정복)	김부식의 『삼국사기』 속 ___26___(北國)이 발해임을 입증
	『동사』 (이종휘)	발해를 우리 역사에 포함시키고, 『발해세가』 항목을 구성
일제 강점기	『조선상고사』 (신채호)	발해·신라 ___27___ 시대론 제시

정답 1 고왕 2 무왕 3 문왕 4 선왕 5 거란 6 대조영 7 천문령 8 발해 9 고구려 10 고구려인 11 온돌 12 이불 병좌상 13 정혜공주 14 연호 15 말갈인 16 3성 6부 17 주작대로 18 정효공주 19 영광탑 20 『제왕운기』 21 발해 22 『발해고』 23 남북국 24 『해동역사』 25 『아방강역고』 26 북국 27 양국

2) 발해 주요 왕의 업적

발해 왕 (연호)	업적 및 사건	통일 신라
2대 ¹ (719~737) = 대무예 (인안)	• 당 + 말갈 연합으로 발해 압박 → ⬚ ² 군대가 당의 산둥 반도 ⬚ ³ 선제 공격(732) └ 동생 대문예의 배신 • 요서 지역에서 당과 격돌 → 통일 신라(⬚ ⁴)의 발해 공격(733) • ⬚ ⁵ · ⬚ ⁶ 과 우호적 외교 관계(당 · 신라 견제 목적) • ⬚ ⁷ 에 보낸 국서 : ⬚ ⁸ 계승 국가임을 표방 "고구려의 옛 땅 회복, 부여 계승"	⬚ ⁹ (702~737)
3대 ¹⁰ (737~793) = 대흠무 (대흥·보력)	• 당의 문화 수용(친선) → 발해 ⬚ ¹¹ 으로 책봉됨(762) • ⬚ ¹² (중앙 관제), ⬚ ¹³ (최고 교육 기관) 설치 ★ 755년 당 혼란기(안사의 난) → 발해 영토 확장 • ⬚ ¹⁴ 개설 • 중경 → ⬚ ¹⁵ (756) → 동경(785) 천도 • ⬚ ¹⁶ 등 동북방 말갈 복속 • ⬚ ¹⁷ 에 보낸 국서 : 황제국 표방 '⬚ ¹⁸ 대흠무', '천손' 자처, '황상' 칭호 사용	⬚ ¹⁹ (742~765) 혜공왕(765~780) 선덕왕(780~785) ⬚ ²⁰ (785~798)
5대 성왕 (중흥)	• 동경 → ⬚ ²¹ 천도	
10대 ²² (818~830) = 대인수 (건흥)	• (북동) 말갈족 거의 복속, (서) 요동 진출, (남) 신라와 국경을 접함 • ⬚ ²³ (지방 조직) 완비 • '⬚ ²⁴ '이라 불림, 당의 빈공과에서 다수의 급제자를 배출할 만큼 문물 번성	⬚ ²⁵ (809~826) ⬚ ²⁶ (826~836)

	※ 발해와 신라의 경쟁 [당의 ⬚ ²⁷ (以夷制夷) 정책]
	  – ⬚ ²⁸ 사건(897) : 발해 왕자가 신라 사신보다 윗자리 앉기 요청, 신라와 분쟁
	  – ⬚ ²⁹ 사건(906) : 빈공과 합격자 명단 순서를 두고 신라인(최언위)과 발해인(오광찬)의 수석 자리 다툼	

15대 ³⁰ (906~926) = 대인선	⬚ ³¹ 야율아보기의 침입으로 멸망(926) : 상경 홀한성 함락	후삼국 시대 ~ 고려 건국(918)

※ 발해의 무역로

발해 5도	이동 경로
⬚ ³³	상경 → ⬚ ³⁴ → 일본
⬚ ³⁵	상경 → 동경 → ⬚ ³⁶ → 신라
조공도	서경 ⬚ ³⁷ → 해로 → 당
영주도	장령부 → 영주
거란도	⬚ ³⁸ → 거란

3) 멸망 후

발해 부흥 운동 전개 : 후발해국, ⬚ ³² , 흥료국 건국 → but 실패

정답 1 무왕 2 장문휴 3 등주 4 성덕왕 5 돌궐 6 일본 7 일본 8 고구려 9 성덕왕 10 문왕 11 국왕 12 3성 6부제 13 주자감 14 신라도 15 상경 16 철리부 17 일본 18 고려 국왕 19 경덕왕 20 원성왕 21 상경 22 선왕 23 5경 15부 62주 24 해동성국 25 헌덕왕 26 흥덕왕 27 이이제이 28 쟁장 29 등제 서열 30 애왕 31 거란 32 정안국 33 일본도 34 동경 35 신라도 36 남경 37 압록부 38 부여부

구분	통일 신라	발해

통일 신라

___1___ 이하 14관부(= 집사부 외 13관부) ＊집사부 이외 복수 장관

└ 아래 13관부 병렬적 구성

구분	담당 업무	설치 시기	구분	담당 업무	설치 시기
___2___	군사, 국방	법흥왕	___5___	재정, 회계	진덕여왕
___3___	관리 선발		좌이방부	형법, 법률	
승부	말 관리	진평왕	___6___	관리 감찰	무열왕
조부	공물, 부역		우이방부	형법, 법률	문무왕
예부	의례, 교육		선부	선박, 해상 교통	
영객부	사신 접대		공장부	수공업	신문왕
___4___	국가 기밀	진덕여왕	예작부	토목	

발해

3성 6부제(당의 관제 수용) ┌ 수상 : 대내상 ＊( ) : 당의 관제

3성	26 (상서성)	정책 결정
	선조성(문하성)	정책 심의
	중대성(중서성)	정책 수립
6부 (이원적)	27	충부(이부), 인부(호부), 의부(예부)
	28	지부(병부), 예부(형부), 신부(공부)
기타	29 (어사대)	관리 감찰 기구
	문적원(비서성)	서적 관리
	30 (국자감)	국립 대학, 최고 교육 기관

지방 통치 체제 (통일 신라)

- ___7___ : ___8___(→ 도독) 파견
- ___9___
- [___10___ 파견 [북원경(원주), 중원경(충주), 서원경(청주), 금관경(김해), 남원경(남원)]
- ___11___ 의 지나친 편재성을 보완, ___12___ 정책
- ___13___ · ___14___ : 법적으로 ___15___, but 차별 대우를 받음
- 통제책 : ___16___ 제도(지방 세력을 수도에 거주시킴)
  cf) ___17___ 제도(고려), 경저리(조선)

○ 5소경

신 라
한주
삭주
명주
우산
북원경(원주)
웅주
중원경(충주)
서원경(청주)
상주
전주
남원경(남원)
금성
양주
강주
금관경(김해)
무주
탐라

지방 통치 체제 (발해)

- ___31___ : 상경(용천부), 중경(현덕부), 서경(압록부), 동경(용원부), 남경(남해부)
- ___32___ : 지방 행정 중심지, ___33___ 파견
- ___34___ : 부 아래 하부 행정 단위, ___35___ 파견
- 현 : 현승 파견
- 촌 : ___36___(수령이라 불리는 토착 세력)이 관리

상경 용천부
동경 용원부
중경 현덕부
서경 압록부
남경 남해부

군사 조직 (통일 신라)

- 중앙군 : ___18___ – 민족 융합 정책
  [녹금 · 자금 · 비금(___19___), 백금 · 청금(___20___), 황금(___21___),
  벽금 · 적금(___22___), 흑금(___23___)서당], 모병, 상비군
- 지방군 : ___24___(9주에 1정씩, ___25___ 에 2정 배치), 농민군
- 특수군 : 5주서, 3변수당 등 존재
- 군진 : 패강진(782, 선덕왕, 황해), 혈구진(844, 문성왕, 강화도)

군사 조직 (발해)

- 중앙군 : ___37___(왕궁 · 수도 경비 담당, 대장군 · 장군이 통솔)
- 지방군 : 농병 일치, 촌락 단위 조직, 지방관이 지휘(___38___ 과 군사 조직 일원화)

정답 1 집사부 2 병부 3 위화부 4 집사부 5 창부 6 사정부 7 9주 8 총관 9 5소경 10 사신 11 수도 12 민족 융합 13 향 14 부곡 15 양인 16 상수리 17 기인 18 9서당 19 신라인 20 백제인 21 고구려인 22 보덕국인 23 말갈인 24 10정 25 한주 26 정당성 27 좌사정 28 우사정 29 중정대 30 주자감 31 5경 32 15부 33 도독 34 62주 35 자사 36 촌장 37 10위 38 행정

시대 흐름 잡기

전기 ‧‧‧‧‧‧‧‧‧‧‧ 1 ‧‧‧‧‧‧‧‧ 후기

| 10C | 11C ~ 12C 초 | 12C 후반 | 14C | 14C 후반 |

918 ─ 초기 ─────○───── 중기 ───── 1170 ───── 원 간섭기 ───── 말기 ─── 1392

왕

(○종)
태조－혜종－정－**광**－경－성－목－**현종**－덕－정－문－순－선－헌－숙－예－인－**의종**－명－신－희－강－고－원－**충렬왕**－선－숙－혜－목－정－**공민왕**－우왕－창왕－공양왕
(충○왕)

지배 세력

2

중앙 진출 → 3 ‖ 4 ‖ 5 ‖ 6

↑ 과거   ↑ 서방   ↑ 과거

지방 잔류 → 7 (in 읍사)

정치 상황

| 호족 연합
→ 왕권 구축 | 문벌 귀족 사회의 성립과 동요 | 무신 정권 |

왕규의 난   8 의 난 → 9 의 난   10
(형성기 – 최씨 집권기 – 붕괴기)

외세 침입

11   12   13   14   15

정답 1 무신 정변 2 호족 3 문벌 귀족 4 무신 5 권문세족 6 신진 사대부 7 향리 8 이자겸 9 묘청 10 무신 정변 11 거란 12 여진 13 몽골 14 홍건적 15 왜구

01 고려 초기 왕의 업적

綱(강) 큰 개념을 그리다

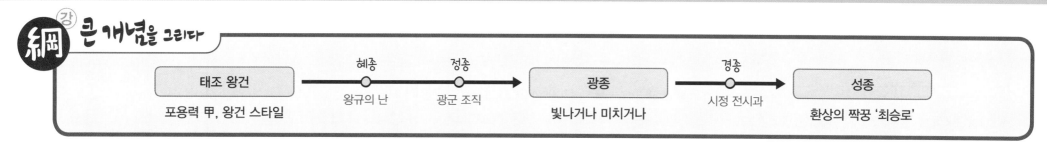

태조 왕건 → 혜종 (왕규의 난) → 정종 (광군 조직) → 광종 → 경종 (시정 전시과) → 성종

- 태조 왕건 : 포용력 甲, 왕건 스타일
- 광종 : 빛나거나 미치거나
- 성종 : 환상의 짝꿍 '최승로'

目(목) 세부 개념을 정리하다

태조 (왕건)

1) 고려 건국 (918)
- 연호 : 천수(天授)
- 수도 : ___1 (919, 송악)
- 관제 : ___2 의 관제 + 신라, 중국 참고

2) 고구려 계승
- ___3 (서경) 중시
- ___4 적대 : 만부교 사건
- 북진 정책 (국경선 : ___5 ~ ___6)
- 발해 유민 포용 (왕자 대광현 왕족 대우)

3) 민심 안정책
- 세금↓ (취민유도, 1/ ___7)
- ___8 (구휼 창고) 설치

4) 숭불 정책
- ___9 & ___10 중시

5) 호족 통합책
- 혼인 정책, ___11 정책, ___12 (논공행상) 지급, ___13 실시

6) 호족 견제책
- ___14 제도(중앙 고관을 출신지의 책임자로 임명, 최초 김부)
  - ※ 충숙왕 때 폐지 → 조선시대 유향소, 경재소로 분화
- ___15 제도 (호족 자제 인질, ___16 제 계승)

7) 통치 이념 제시
- ___17, ___18 (현존 X) : 관리들이 지켜야 할 규범 제시
- 훈요 10조 : 후대 왕들이 지켜야 할 정책 방안 제시

  ※ 훈요 10조
  - 불교를 장려할 것
  - 서경을 중시할 것
  - 거란과 같은 야만국의 풍속을 배격할 것
  - 연등회, 팔관회 행사를 소홀히 하지 말 것
  - 차현 이남의 사람을 등용하지 말 것
  - 백관의 기록을 공평히 정해 줄 것

혜종

호족↑ (+ 왕위 쟁탈전 심화)
↓
경기 광주 호족 ___19 의 난(945)
(자신의 외손자를 왕위에 올리기 위해 일으킨 난)
↓
정종, ___20 이 진압
(___21 세력, 외척)

정종

- 왕식렴↑
- ___22 천도 추진 → 실패 (왕식렴이 추진, 호족 견제)
- ___23 조직 : 거란 침입 대비

광종 (왕소)

1) ___24 : 황제 칭호, 연호 정함(___25, ___26), 개경 (___27), 서경(서도)

2) 호족↓
- ___28 (949)
- ___29 (956)

3) 왕권↑
- ___30 제도(958) : 쌍기 건의, 신구 세력 교체
- ___31 제정(960) : 자 · 단 · 비 · 녹색

4) 외교 : 송과 국교 수립(962), 송의 연호(건덕) 사용

5) 불교 중시
- ___32 실시, 왕사 · 국사 제도 실시
- 불교 통합 : 균여 등용 → 귀법사 창건(963)

6) 민심 안정책 : ___33 설치(963)

경종

시정 전시과 실시

성종

1) 체제 정비
- 중앙 : ___34, 중추원, 삼사 등 정비
- 지방 : ___35 설치(지방관 파견), 10도제
- ___36 (중앙 문 · 무관), ___37 (향리, 탐라 왕족, 여진 추장) 부여
- 향리 제도 : ___38, ___39 (호족을 향리로 편입)

2) 경제 · 사회 제도
- ___40 (철전) 발행
- ___41 설치(흑창 확대)
- ___42 설치(개경, 서경, 12목)
- ___43 (재해 시 세금 면제)
- ___44 (이자가 원금 못 넘도록 제한)
- ___45 (다시 노비로 환천)

3) 유교 정치 ┌ 5조 정적평 + 건의안
- 6두품 등용(___46, 시무 28조)
- 중앙 : ___47 정비, 도서관(비서성, 수서원) 설치
- 지방 : 경학 박사, 의학 박사, 향교 설치
- ___48 (995)

4) 불교↓ : 연등회, 팔관회 ___49 (→ ___50 때 부활)

정답 1 개경 2 태봉 3 평양 4 거란 5 청천강 6 영흥만 7 10 8 흑창 9 연등회 10 팔관회 11 사성 12 역분전 13 본관제 14 사심관 15 기인 16 상수리 17 『정계』 18 『계백료서』 19 왕규 20 왕식렴 21 서경 22 서경 23 광군 24 칭제건원 25 광덕 26 준풍 27 황도 28 주현공부법 29 노비안검법 30 과거 31 공복 32 승과 33 제위보 34 2성6부 35 12목 36 문산계 37 무산계 38 호장 39 부호장 40 건원중보 41 의창 42 상평창 43 재면법 44 자모상모법 45 노비환천법 46 최승로 47 국자감 48 문신 월과법 49 폐지 50 현종

02 고려의 중앙 통치 조직

綱 큰 개념을 그리다

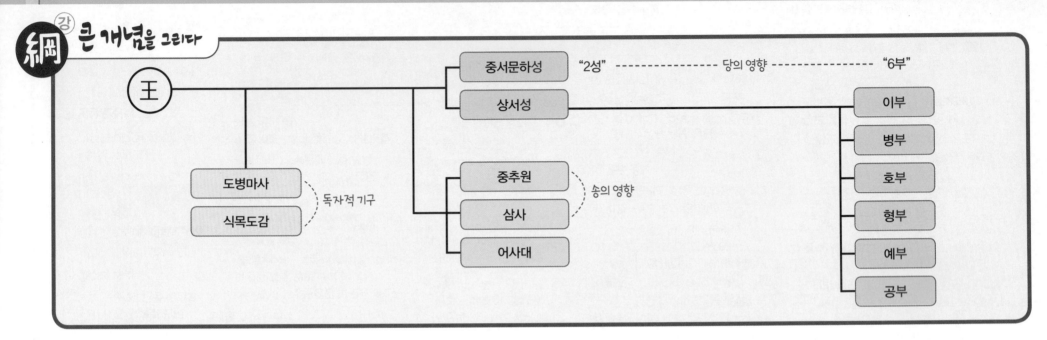

目 세부 개념을 정리하다

1) 정비 과정 : ⟨____¹⟩ 2성 6부, 중추원, 삼사 설치·정비 → ⟨현종⟩ 도병마사 정비 → ⟨문종⟩ (내사문하성 →) 중서문하성으로 개정되는 등 최종 완비

2) 중앙 통치 조직 (구조)

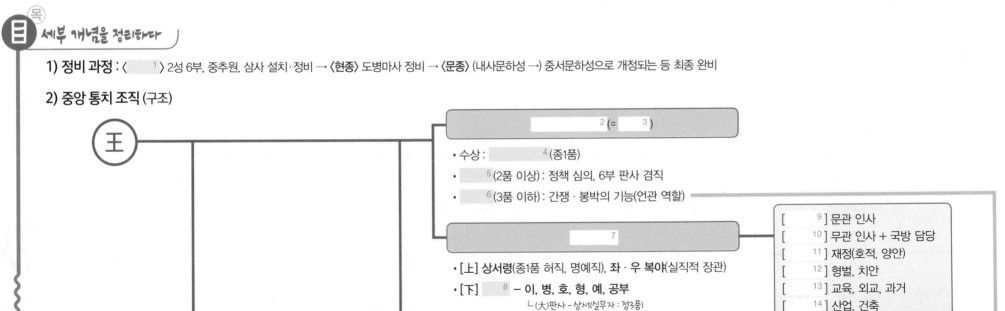

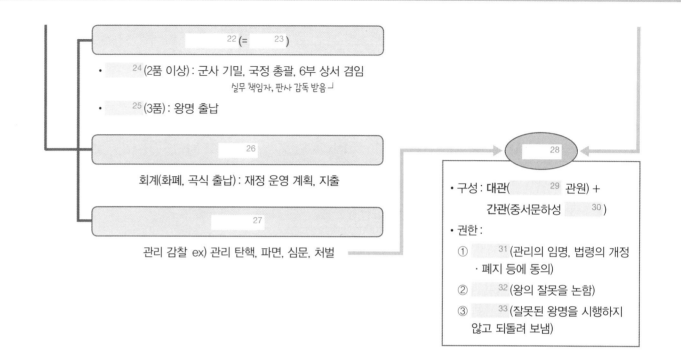

15

- 국방, 군사 문제 회의 기구
- 변화: 〈성종〉 양계 병마사 통솔
  → 〈현종〉 도병마사제로 정비, 임시 기구
  → 〈 16 집권기〉 중방 강화로 약화
  → 〈 17 〉 도평의사사(= 도당), 상설 기구화
- 폐지: 〈조선, 정종〉 18 로 개칭
  → 〈태종〉 완전 폐지

19

법제, 격식 문제 회의 기구

[독자적 회의 기구]
- 20 정치, 만장일치제
- 21 합좌 기구

---

22 (= 23)

- 24 (2품 이상) : 군사 기밀, 국정 총괄, 6부 상서 겸임
  └실무 책임자, 판사 감독 받음┘
- 25 (3품) : 왕명 출납

26

회계(화폐, 곡식 출납) : 재정 운영 계획, 지출

27

관리 감찰 ex) 관리 탄핵, 파면, 심문, 처벌

28

- 구성 : 대관(29 관원) +
  간관(중서문하성 30)
- 권한 :
  ① 31 (관리의 임명, 법령의 개정
  · 폐지 등에 동의)
  ② 32 (왕의 잘못을 논함)
  ③ 33 (잘못된 왕명을 시행하지
  않고 되돌려 보냄)

[기타 기구]

문한 기구	• 34 : 국왕 교서와 외교 문서 작성, 경연 • 춘추관 : 실록 및 역사서 편찬 • 비서성 : 경적, 축문 작성 • 보문각 : 도서관, 경연, 장서 담당
기타	• 통문관 : 외국어 교육과 통역 • 전중성 : 왕실, 친족의 족보 담당 • 35 : 왕실의 의약 담당 • 36 : 천문 관측 담당

[고려의 중앙 기구 비교]

구분	고려	비교
관리 감찰 기구 명칭	어사대	[신라] 37 [발해] 38 [조선] 39
6부	이 → 병 → 호 → 형 → 예 → 공부	[조선] 40 → 41 → 42 → 43 → 44 → 45 조
삼사의 기능	회계(화폐, 곡식 출납)	[조선] 언관(46 , 47 , 48)

정답 1 성종 2 중서문하성 3 재부 4 문하시중 5 재신 6 낭사 7 상서성 8 6부 9 이부 10 병부 11 호부 12 형부 13 예부 14 공부 15 도병마사 16 무신 17 충렬왕 18 의정부 19 식목도감 20 귀족 21 재추 22 중추원 23 추부 24 추밀 25 승선 26 삼사 27 어사대 28 대간 29 어사대 30 낭사 31 서경 32 간쟁 33 봉박 34 한림원 35 태의감 36 사천대 37 사정부 38 중정대 39 사헌부 40 이 41 호 42 예 43 병 44 형 45 공 46 사헌부 47 사간원 48 홍문관

03 고려의 지방 행정 조직과 군사 조직

綱 큰 개념을 그리다

[고려의 지방 행정 조직]

" ^{1} 도 ^{2} 계" 이원적 형태

〈 ^{3} 〉 12목 설치(지방관 목사 파견)

↓

〈현종〉 5도 양계 완비, 4도호부와 8목 설치

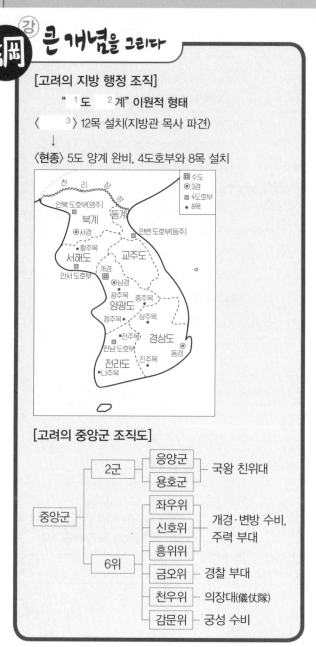

[고려의 중앙군 조직도]

- 2군
  - 응양군 ─ 국왕 친위대
  - 용호군
- 중앙군
  - 6위
    - 좌우위
    - 신호위 ─ 개경·변방 수비, 주력 부대
    - 흥위위
    - 금오위 ─ 경찰 부대
    - 천우위 ─ 의장대(儀仗隊)
    - 감문위 ─ 궁성 수비

目 세부 개념을 정리하다

1) 고려의 지방 행정 조직

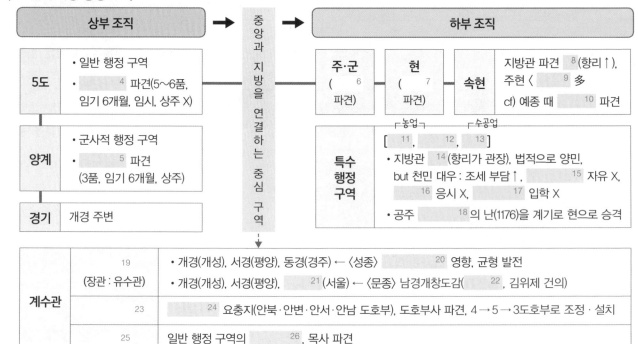

상부 조직	중앙과 지방을 연결하는 중심 구역	하부 조직

5도	• 일반 행정 구역 • ^{4} 파견(5~6품, 임기 6개월, 임시, 상주 X)
양계	• 군사적 행정 구역 • ^{5} 파견(3품, 임기 6개월, 상주)
경기	개경 주변

주·군 (^{6} 파견)	현 (^{7} 파견)	속현	지방관 파견 ^{8} (향리 ↑), 주현 〈 ^{9} 多 cf) 예종 때 ^{10} 파견

특수 행정 구역	┌농업┐ ┌수공업┐ [^{11} , ^{12} , ^{13}] • 지방관 ^{14} (향리가 관장), 법적으로 양민, but 천민 대우 : 조세 부담↑, ^{15} 자유 X, ^{16} 응시 X, ^{17} 입학 X • 공주 ^{18} 의 난(1176)을 계기로 현으로 승격

계수관	19 (장관 : 유수관)	• 개경(개성), 서경(평양), 동경(경주) ← 〈성종〉 ^{20} 영향, 균형 발전 • 개경(개성), 서경(평양), ^{21} (서울) ← 〈문종〉 남경개창도감(^{22} , 김위제 건의)
	23	^{24} 요충지(안북·안변·안서·안남 도호부), 도호부사 파견, 4→5→3도호부로 조정·설치
	25	일반 행정 구역의 ^{26} , 목사 파견

2) 고려의 군사 조직

중앙군 (군인전 ^{27})	• ^{28} : 국왕 호위, 정3품 ^{29} 이 지휘 • 지위 : 직업 군인, 역 세습 = 군반 씨족(중류층)	• ^{30} : 수도와 국경의 방비 담당, 종3품 ^{31} 이 지휘 • ^{32} : 2군 6위의 상장군, 대장군이 모여 국방 문제 협의
지방군 (군인전 ^{33})	• ^{34} 세 이상 ~ ^{35} (59)세 이하 농민 • ^{36} : 5도에 주둔, 병농 일치, 유사시 동원, 향촌 방어, 노역 동원, 정용군·보승군·일품군으로 구성 • ^{37} : 양계에 주둔, 상비군, 둔전 경작으로 경비 충당(둔전병), 좌군, 우군, 초군 등으로 구성	
특수군	• ^{38} : 정종, 거란 침입 대비 목적 • ^{40} : 좌별초 + 우별초 + 신의군으로 구성	• ^{39} : 숙종, 윤관의 건의, 여진 정벌 목적 • ^{41} : 우왕, 왜구 침입 대비 목적, 양천 혼성군

정답 1 5 2 양 3 성종 4 안찰사 5 병마사 6 자사 7 현령 8 X 9 속현 10 감무 11 향 12 부곡 13 소 14 X 15 거주 이전 16 과거 17 국자감 18 명학소 19 3경 20 풍수지리 21 남경 22 숙종 23 4도호부 24 군사적 25 8목 26 중심지 27 O 28 2군 29 상장군 30 6위 31 대장군 32 중방 33 X 34 16 35 60 36 주현군 37 주진군 38 광군 39 별무반 40 삼별초 41 연호군

04 문벌 귀족 사회의 성립과 동요

綱 큰 개념을 그리다

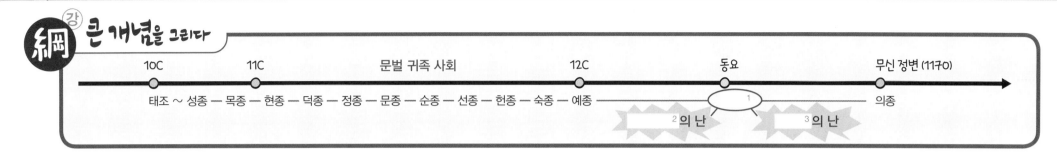

目 세부 개념을 정리하다

1) 문벌 귀족 사회의 성립

① **개념** : 여러 대에 걸쳐 중앙에서 고위 관직자를 배출한 가문 → 형성 : [호족, 신라 6두품 계통 유학자] → [중앙 관료] → [문벌 귀족] ex) ____⁴(성종 이후 새로운 지배층으로 성장)

② **대표 가문** : 경원 이씨(= 인주 이씨, ____⁵), 해주 최씨(최충), 경주 김씨(____⁶), 파평 윤씨(윤관)

③ **특권** : ____⁷를 통한 관직 독점(정치적), ____⁸(경제적, 세습 가능한 막대한 토지 소유)   ④ **특징** : 왕실과의 ____⁹(폐쇄적 혼인 관계)

2) 문벌 귀족 사회의 동요

이자겸의 난 (1126, ____¹⁰)

① **배경** : 전통 문벌 귀족(외척 ____¹¹) VS 신진 관료(왕 측근 한안인)
  └ 인수절(생일), ____¹²(아들이 현화사 주지와 연계)

② **전개** : 이자겸 세력의 권력 독점 VS 반발(왕 측근)
  → 인종과 측근 세력(김찬, 안보린)이 이자겸 제거 시도(실패)
  → ____¹³(1126) 발발, 왕위 찬탈 시도 十八子爲王說
  → 이자겸이 ____¹⁴의 사대 요구 수용(1126)
  → 인종이 ____¹⁵ 회유, 이자겸 제거 영광 유배

③ **결과** : (반란 수습 과정 중) ____¹⁶ 반포(1127),
  └ 실추된 왕권 회복, 민생 안정 목적
  김부식 등의 ____¹⁷ 세력, 정지상 등의 ____¹⁸ 세력 성장,
  문벌 귀족 내의 분열↑

묘청의 난 (1135, 인종)

① **배경** : 왕권 실추 회복 중 인종의 개혁 과정에서 개경파 VS 서경파 대립

② **전개** : 묘청 등 서경파가 서경 천도 주장[서경에 ____¹⁹(1128), ____²⁰ 건립] → 개경파 반대로 중단
  → ____²¹(1135) 발발(· 국호 ____²² · 연호: ____²³ · 군대: ____²⁴) → ____²⁵의 관군에 진압

③ **결과** : 김부식의 권력↑, ____²⁶ 몰락(____²⁷ 폐지), 개경파의 ____²⁸ 심화, ____²⁹ 편찬(1145)

④ **평가** : ____³⁰ 『조선사연구초』, '일천년래 제일대사건'으로 평가

구분	서경파	개경파
인물	____³¹, ____³²	____³³, 한유충
사상	____³⁴(서경 길지설)	유교
성격	____³⁵, 개혁적	사대적, 보수적
계승	____³⁶	신라
주장	____³⁷ 정벌, ____³⁸	금국 사대

정답 1 인종 2 이자겸 3 묘청 4 최승로 5 이자겸 6 김부식 7 음서 8 공음전 9 중첩 혼인 10 인종 11 이자겸 12 현화사 13 이자겸의 난 14 금 15 척준경 16 15개조 유신령 17 개경 18 서경 19 대화궁 20 팔성당 21 묘청의 난
22 대위국 23 천개 24 천견충의군 25 김부식 26 서경파 27 분사 제도 28 문치주의 29 『삼국사기』 30 신채호 31 묘청 32 정지상 33 김부식 34 풍수지리설 35 자주적 36 고구려 37 금국 38 칭제건원

OS 무신 정변과 무신 정권

綱 (강) 큰 개념을 그리다

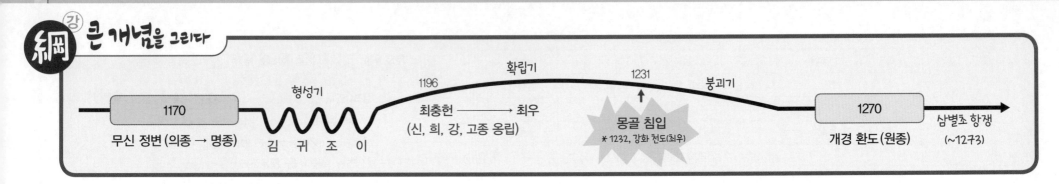

目 (목) 세부 개념을 정리하다

1) 무신 정변

- **배경**: ① 문벌 귀족 사회 분열, ② 의종의 실정, ③ [   ]¹ 현상: 문신 우대, 무신 차별
- **계기**: ① 하급 군인들이 [   ]²을 지급받지 X, ② [   ]³ 나들이
- **전개**: 정중부, 이의방, 이고 등 무신 세력이 문신 살해 후 정권 장악(무신 정변) → 의종 폐위(거제도 유배) 후 명종 옹립

2) 무신 정권의 전개

구분	형성기 (1170~1196)			확립기 (1196~1258)			붕괴기 (1258~1270)		
집권자	이의방, 정중부 (1170~1179)	[ ]⁴ (1179~1183)	[ ]⁵ (1183~1196)	[ ]¹⁵ (1196~1219)	[ ]¹⁶ (최이) (1219~1249)	최항, 최의	김준	임연	임유무
특징	집권자가 수시로 바뀌며 최고 권력자가 됨			최충헌 이후 최씨 집권 안정기			몽골과 고려 왕(원종) 결탁 ↓ 무신의 권위 하락		
권력 기구	[ ]⁶ 중심			[ ]¹⁷ 설치(수장 : 교정별감)					
	–	[ ]⁷ 설치 (사병 집단, 신변 보호)	–	• 도방 확대 • [ ]¹⁸ 등용	• [ ]¹⁹ 설치(인사권 장악, 임원 : 정색승선) • [ ]²⁰ 설치(문신 숙위 기구 : 이규보, 이인로, 최자 활약) • 마별초(기병대) 조직 • [ ]²¹ 조직 (좌별초, 우별초, 신의군)				

사회 동요						
① 동북면 병마사 ___8___의 난 (1173, 계사의 난) ② 교종 승려들의 난(1174) ㄴ ___9___, 중광사, 흥왕사 등 교종 계통 ③ 서경 유수 ___10___의 난(1174) ④ ___11___의 난(1176) : 신분 해방 운동, 공주 명학소가 충순현으로 승격 (향, 부곡, 소 소멸 계기) 〕反무신난	___12___ 관노의 난(1182) : 군인 + 노비 참여	___13___ (운문)·___14___ (초전)의 난(1193) : 농민 봉기, 신라 부흥 운동	① ___22___ (1198, 개경) : 노비들의 신분 해방 운동, 정권 탈취 목표 "왕후장상의 씨가 따로 있겠느냐" ② 이비·패좌의 난(1202) : ___23___ 부흥 운동, 경주 지역의 민란 ③ 최광수의 난(1217, 서경) : ___24___ 부흥 운동	___25___ 형제의 난 (1237, 담양) : 백제 부흥 운동	—	↓ 1270년 원종이 임유무 제거, ___26___ 환도 (무신 정권 몰락)

3) 무신 정권의 영향 : 왕권 약화, ___27___ 체제 붕괴(지배층의 대토지 소유 확대), ___28___ 풍조(노비 출신의 권력자 등장), 유학 쇠퇴

[최충헌과 최우 (심화)]

최충헌	최우
• ___29___ 건의(토지 겸병 금지, 조세 개혁) • 진주 지방을 식읍으로 받음 → ___30___ 책봉 및 흥녕부(진강부) 설치 • 조계종(지눌) 후원, ___31___ 등 문신 등용	• 진양후로 책봉(집은 진양부) • ___32___ 금속 활자 인쇄(1234) ㄴ현존 X, 인쇄하였다는 기록만 남아 있음 • ___33___ 조판 사업 시행

연계 빈출 사료

무신 정변의 배경

한뢰가 갑자기 앞으로 나가서 이소응의 뺨을 때리니 (이소응이) 계단 아래로 떨어졌다. …… 정중부가 성난 목소리로 한뢰에게 따져 말하기를 "이소응이 비록 무인이기는 하나 벼슬이 3품인데 어째서 이처럼 심하게 모욕을 하는가?"라고 하였다. 왕이 정중부의 손을 잡고 위로하면서 달래었다. 이고가 칼을 빼들고 정중부에게 눈짓을 하였지만, 정중부는 이를 그만두게 하였다.

－『고려사』

만적의 난

만적 등 6명이 산에서 땔나무를 하다가, 공사의 노비들을 불러모아서 모의하며 말하기를, "경인년(1170)과 계사년(1173) 이래로 높은 관직도 천예(賤隷)에서 많이 나왔으니, 장상(將相)에 어찌 타고난 씨가 있겠는가? 때가 되면 누구나 차지할 수 있는 것이다. 우리들이라고 어찌 채찍 아래에서 고통만 당하겠는가?"라고 하였다. 여러 노(奴)들이 모두 동의하였다. …… "…… 우리가 성 안에서 벌떼처럼 일어나, 먼저 최충헌을 죽인 뒤 각기 자신의 주인을 죽이고 천적(賤籍)을 불태워 삼한(三韓)에서 천인을 없애면, 공경장상(公卿將相)이라도 우리가 모두 할 수 있을 것이다."라고 하였다.

－『고려사』

정답 1 숭문천무 2 군인전 3 보현원 4 경대승 5 이의민 6 중방 7 도방 8 김보당 9 귀법사 10 조위총 11 망이·망소이 12 전주 13 김사미 14 효심 15 최충헌 16 최우 17 교정도감 18 이규보 19 정방 20 서방 21 삼별초 22 만적의 난 23 신라 24 고구려 25 이연년 26 개경 27 전시과 28 하극상 29 봉사 10조(시무 10조) 30 진강후 31 이규보 32 『상정고금예문』 33 팔만대장경(재조대장경)

06 고려의 대외 관계

1. 거란의 침입 (10~11C, 성종·현종)

[침입 과정]

1) 1차 침입 (993, ⬛¹)

　원인 : ⬛² "송과 교류 끊고, 고구려 땅 내놓아라"

　　→ 거란의 정안국(발해) 격파(986)

　　→ 소손녕의 80만 대군 → ⬛³ VS 소손녕

　　→ ⬛⁴ 획득

　　(송과 외교 단절 및 거란과 수교 약속)

2) 2차 침입 (1010, 현종)

┌ 강조가 목종 폐위, 현종 옹립

　원인 : 고려의 친송 유지, ⬛⁵ 구실

　　→ ⬛⁶ 함락 → 양규의 ⬛⁷ 전투 승리

　　→ 현종의 입조를 조건으로 철수

3) 3차 침입 (1018, 현종)

　원인 : 강동 6주 반환 거부, 현종의 입조 약속 불이행

　　→ 소배압의 10만 대군 VS

　　　⬛⁸ 의 귀주 대첩(1019)

[영향]

• ⬛⁹ 축조(1009~1029) : ⬛¹⁰ 외성, 도성 수비

• ⬛¹¹ 축조(1033, 덕종~1044, 정종) :

　⬛¹² ~ ⬛¹³

• ⬛¹⁴ 제작(몽골의 2차 침입 때 소실)

• 『7대실록』 편찬(현존 ⬛¹⁵)

2. 여진 정벌 (12C, 숙종·예종)

[침입 과정]

1) 배경 : 12C 초 완옌부 추장 아골타가 부족 통일

　　　　　→ 고려 국경까지 남하하여 충돌

2) 윤관의 ⬛¹⁶ 조직 (1104, ⬛¹⁷) :

　– 신기군(⬛¹⁸), 신보군(⬛¹⁹), 항마군(⬛²⁰)

　– 양인~노비, 승려까지 다양한 구성

3) 여진 정벌 (1107, ⬛²¹) :

　⬛²² 축성(1107) → ⬛²³ (1109)

4) 금의 군신 관계 요구 :

　여진이 금 건국(1115) → 금이 요(거란)를 멸망시킴,

　송의 수도 점령(1127, 남송 건국) → 금은 고려에

　　⬛²⁴ 요구 → ⬛²⁵ 이 군신 관계 요구 수용

→ 삼별초의 근거지 이동 방향
→ 삼별초의 진출 방향

개경, 남경(서울), 전주, 동경(경주), 김주, 동래, 나주, 합포, 장흥, 거제도, 배중손, 김통정, 제주

▲ 삼별초의 항쟁

3. 몽골의 침입과 항쟁 (13C 최씨 무신 정권, 고종~원종)

1) 배경 : 칭기즈칸의 몽골 제국 건설, 금의 세력 약화

　→ ⬛²⁶ (1219)을 계기로 조공 요구

　└ 거란족(대요수국) 소탕에 몽골의 도움

2) 시기별 침입 내용 및 주요 항쟁

[1차] 1231	• 몽골 사신 ⬛²⁷ 의 피살 사건(1225)을 구실로 침입 • 몽골 장수 살리타의 침입 → ⬛²⁸ , 귀주성 항쟁 　→ 지광수, 노군·잡류별초 충주 항쟁 • 강화 성립 후, ⬛²⁹ 설치·파견(내정 간섭)
[2차] 1232	• 최우의 ⬛³⁰ 천도(1232, 고종)를 구실로 침입 • 김윤후, ⬛³¹ 전투에서 적장 ⬛³² 사살 • 대구 부인사의 ⬛³³ 소실
[3차] 1235~	• ⬛³⁴ 목탑 소실, ⬛³⁵ 조판 시작
[5차] 1253	김윤후(방호별감)의 ⬛³⁶ 전투(국원경으로 승격)
[6차] 1254~	• 충주 ⬛³⁷ 주민들의 항쟁(익안현으로 승격) • 몽골 쌍성총관부 설치(1258) : 철령 이북 확보　*1258, 최의 피살 　　　　　　　　　　　　　　　　　　　　　(최씨 정권 몰락) • 태자 원종을 몽골에 보내 강화(1259, 고종) → 세조구제(1260)
[개경 환도] 1270	무신 정권 붕괴(원종이 임유무 제거) → 고려 정부의 개경 환도

3) 삼별초의 항쟁 (~1273) : 삼별초는 독자 정부 수립 후 항전 지속

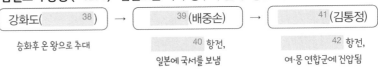

강화도(⬛³⁸)	→	⬛³⁹ (배중손)	→	⬛⁴¹ (김통정)
승화후 온왕으로 추대		⬛⁴⁰ 항전, 일본에 국서를 보냄		⬛⁴² 항전, 여·몽 연합군에 진압됨

※ ⬛⁴³ 불심조조(1271, 원종)

삼별초의 진도(珍島) 정부가 일본에 보낸 외교 문서를 가마쿠라 막부[鎌倉 幕府]가 작성 주체의 의문 대상이 된 부분만을 단편적으로 정리한 12조목 문서

07 고려 말 원의 내정 간섭과 개혁 정치

綱(강) 큰 개념을 그리다

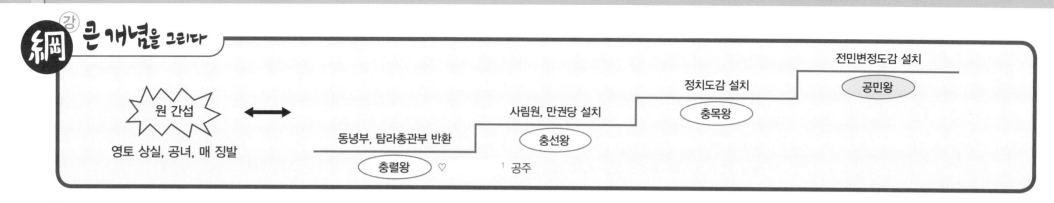

원 간섭 ⟷
- 영토 상실, 공녀, 매 징발

동녕부, 탐라총관부 반환
- 충렬왕 ♡ ___1 공주

사림원, 만권당 설치
- 충선왕

정치도감 설치
- 충목왕

전민변정도감 설치
- 공민왕

目(목) 세부 개념을 정리하다

1) 원의 내정 간섭 ∗ ___2 (1260, 쿠빌라이 & 원종 불개토풍 → 1278, 충렬왕 재확인)

지위 격하	___3 (= 사위국, 충렬왕 이후 원나라 공주와 혼인) ∗독로화 : 고려 세자를 원에 인질로 머물게 함
일본 원정	일본 원정에 강제 동원 → 1차(1274) : 둔전 경략사(원나라 군대 식량 조달 기구) 중심, 2차(1281) : ___4 중심
내정 간섭	• ___5 : 일본 원정 실패 후 내정 간섭 기구로 존속, ___6 (정동행성 내 사법 기구) 중심 • ___7 : 반원 인사 색출, 개경의 치안 담당 • ___8 설치 : 십진법으로 군대 편제 • ___9 : 감찰관 파견 • ___10 : 고려 왕 견제 수단 • ___11 : 친원 세력 성장 → 고려 왕조를 폐지하고, 몽골의 1개 성으로 삼아달라고 요청(4차 제기 : 충선, 충숙, 충혜) ┌2차
영토 상실	___12 (1258, 철령 이북, 화주), ___14 (1270, 자비령 이북, 서경), ___16 (1273, 제주, 삼별초 진압 후 설치) └ ___13 때 무력 수복 └ ___15 때 반환 └충렬왕 때 반환
수탈	• 인적 수탈 : ___17 징발(결혼도감에서 관장), 환관 • 물적 수탈 : 매 징발(___18 설치), 특산물 수탈(금 · 은 · 인삼 등)

▲ 원 간섭기의 고려

[관제 격하] 1부(첨의부) 4사 체제

	2성 6부	2성		6부					도병마사	중추원	어사대
		중서문하성	상서성	이부	예부	호부	병부	형부	공부			
前										도병마사	중추원	어사대
後	1부 4사	___19	___20	판도사	군부사	전법사	___21	___22	___23	___24

[호칭 격하]

제왕	짐	폐하	태자	조, 종
제후	___25	___26	___27	___28 (忠)○왕

정답 1 제국대장 2 세조구제 3 부마국 4 정동행성 5 정동행성 6 이문소 7 순마소 8 만호부 9 다루가치 10 심양왕 11 입성책동 12 쌍성총관부 13 공민왕 14 동녕부 15 충렬왕
16 탐라총관부 17 공녀 18 응방 19 첨의부 20 전리사 21 폐지 22 도평의사사 23 밀직사 24 감찰사 25 고 26 전하 27 세자 28 충

07 고려 말 원의 내정 간섭과 개혁 정치

2) 개혁 정치 (국왕 중심, 사대부와 연결)

충렬왕 (1274~1308)	• ⬚¹ 설치(⬚² 최초 설치 → 충렬왕 → ⬚³ → 우왕) • 홍자번의 ⬚⁴(민생 문제와 국가 재정난 해결을 위해 홍자번이 올린 상소) : 실패 • 일본 원정 두 차례 동원　　　• 도병마사 → ⬚⁵(도당)로 개편 : 국정 총괄 • 다루가치 폐지　　　　　　　• ⬚⁶(1290)와 ⬚⁷(1301)를 반환 받음 • 성리학 수용(by ⬚⁸)　　　• 관학 진흥(문묘 : 공자 위패 사당, ⬚⁹ : 장학 기금, ⬚¹⁰ 설치 : 7품 이하 하급 관리 경전, 역사 등 교육)
충선왕 (1298, 1308~1313) ♡계국대장공주, 조비	• 전농사 설치(농장 · 불법적 노비 조사)　　　　　　• ⬚¹¹ 설치(왕명 출납, 한림원을 개편) • (각염법 제정 → 의염창 설치) → ⬚¹² 실시　　• ⬚¹³ 폐지 시도 • ⑩의 ⬚¹⁴ 채택　　• ⬚¹⁵ 설치((⑩ 연경, 학문 연구소, 이제현 활동)　• ⬚¹⁶ 발표(왕실과 혼인 가능한 15개 귀족 가문 규정) └ 충숙왕 때 충선왕이 설치
충숙왕 (1313~30, 32~39)	찰리변위도감 설치(경제 · 토지 개혁 시도 → 실패)
충혜왕 (1330~32, 39~44)	편민조례추변도감 설치, 소은병 발행(기존의 은병 대신)
충목왕 (1344~1348)	• ⬚¹⁷ 설치　　• 사급전 혁파 · 녹과전 폐단 시정(권문세족 견제 목적)　　• ⬚¹⁸ 10층 석탑(원의 영향) 건립

원·명 교체기 **공민왕** (1351~1374)	**1단계** (반원 자주 정책)	• ⬚¹⁹ 폐지(1352, 이색 주도) → 완전 폐지(창왕) → 상서사 설치 • ⬚²⁰(친원파) 숙청(1356), 정동행성 ⬚²¹ 폐지, 관제 복구, 몽골풍 일소 • ⬚²² 수복(1356) : 유인우 + 이자춘(이성계 父) 활약 → ⑩ 나하추의 공격 격퇴(1362, 이성계)
	개혁 중단(⬚²³의 침입) : 1~2차 침입, 공민왕 복주(⬚²⁴) 피난　cf) 첨설직 부여(홍건적, 왜구를 격퇴한 군공 포상을 위한 명예직 부여)	
	2단계 (왕권 강화 정책)	• ⬚²⁵의 변(1363, 개경 환도 후 친원파 '김용'의 공민왕 시해 시도) → 왕권 강화, ⬚²⁶ 공주 사망(1365) • ⬚²⁷ 등용 → ⬚²⁸ 설치(1366, 권문세족의 토지와 노비 몰수) • ⬚²⁹ 개편(1367, 유교 교육 강화) : 신진 사대부 등용, 이색을 성균관 대사성에 임명 • ⬚³⁰ 정벌(1369) : 1차(최영), 2차(이성계 + 지용수)의 ⬚³¹(요동의 요양 지방) 공격
	개혁 실패 : 권문세족의 반발, 신진 사대부 세력의 미약, 자제위의 홍륜, 환관 최만생이 공민왕 시해	

정답　1 전민변정도감　2 원종　3 공민왕　4 편민 18사　5 도평의사사　6 동녕부　7 탐라총관부　8 안향　9 섬학전　10 경사교수도감　11 사림원　12 소금 전매제　13 정방　14 수시력　15 만권당　16 재상지종
17 정치도감　18 경천사지　19 정방　20 기철　21 이문소　22 쌍성총관부　23 홍건적　24 안동　25 흥왕사　26 노국　27 신돈　28 전민변정도감　29 성균관　30 요동　31 동녕부

1. 권문세족과 신진 사대부

구분	권문세족	신진 사대부
구성	___¹___, 무신, 전통 귀족	지방 향리 출신, 무신 집권기(서방) · ___²___ 개혁기 등용
형성	원과 결탁, ___³___ 15가문, ___⁴___ 의 합좌 등을 차지하며 형성 ex) ___⁵___ 등	공민왕의 개혁 정치를 주도하며 성장 → 학자적 관료층을 구성 ex) 이색, ___⁶___, ___⁷___
기반	• 정치 : 정방, 도평의사사, 과거 〈 ___⁸___ • 경제 : ___⁹___ (대규모 개간, ___¹⁰___ 획득) → 수조권 + 소유권, 면세지	• 정치 : 성균관, ___¹¹___ 〉음서 • 경제 : 중소 지주
이념	___¹²___	___¹³___ (불교의 폐단 시정 추구)
외교	___¹⁴___	___¹⁵___

2. 신흥 무인 세력의 등장

1) 배경 : 홍건적의 침입(한족의 농민 반란군), 왜구의 약탈이 계속됨

2) 형성 : 홍건적 · 왜구의 침입을 격퇴하는 과정에서 성장 ex) ___¹⁶___, ___¹⁷___, ___¹⁸___ 등

• **홍건적의 침입 (공민왕)**

1차 침입 (1359)	서경 함락, 이승경 · 이방실 활약
2차 침입 (1361)	개경 함락, 공민왕 ___¹⁹___ (안동)까지 피난, 정세운 · 이방실 · 이성계 활약

• **왜구의 침입**

	홍산 대첩 (1376)	___²⁰___ 이 홍산에서 왜구 격퇴
우왕	**진포 대첩 (1380)**	___²¹___ 이 화통도감 설치, 진포에서 왜구 격퇴
	황산 대첩 (1380)	___²²___ 가 남해안 일대의 왜구를 황산에서 섬멸 (남원 운봉에서 아지발도 격퇴) *황산대첩비(선조)
	관음포 대첩 (1383)	___²³___ 가 관음포에서 왜구 격퇴
창왕	___²⁴___ **정벌 (1389)**	___²⁵___ 가 왜구의 소굴 쓰시마를 정벌

▲ 홍건적과 왜구의 침입

3. 고려의 멸망

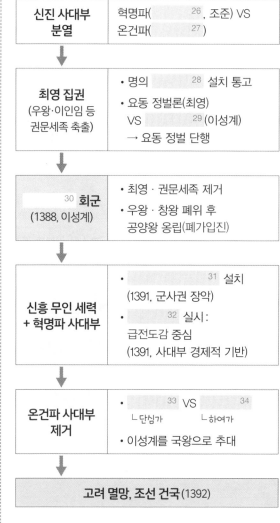

신진 사대부 분열
혁명파(___²⁶___, 조준) VS
온건파(___²⁷___)

↓

최영 집권
(우왕 · 이인임 등 권문세족 축출)
• 명의 ___²⁸___ 설치 통고
• 요동 정벌론(최영) VS ___²⁹___ (이성계)
→ 요동 정벌 단행

↓

___³⁰___ **회군**
(1388, 이성계)
• 최영 · 권문세족 제거
• 우왕 · 창왕 폐위 후 공양왕 옹립(폐가입진)

↓

신흥 무인 세력 + 혁명파 사대부
• ___³¹___ 설치 (1391, 군사권 장악)
• ___³²___ 실시 : 급전도감 중심 (1391, 사대부 경제적 기반)

↓

온건파 사대부 제거
• ___³³___ VS ___³⁴___
　　└ 단심가　　└ 하여가
• 이성계를 국왕으로 추대

↓

고려 멸망, 조선 건국 (1392)

정답 1 친원파 2 공민왕 3 재상지종 4 도평의사사 5 기철 6 정몽주 7 정도전 8 음서 9 대농장 10 사패전 11 과거 12 불교 13 성리학 14 친원 15 친명 16 최영 17 이성계 18 최무선 19 복주 20 최영 21 최무선 22 이성계 23 정지 24 쓰시마 25 박위 26 정도전 27 정몽주 28 철령위 29 4불가론 30 위화도 31 삼군도총제부 32 과전법 33 정몽주 34 이방원

09 고려의 왕조별 업적 총정리

구분	정치·외교	사회·경제 제도	문화
목종 (997~1009)	¹ 의 정변(1009) : 목종 폐위	² 전시과 시행(998)	–
현종 (1009~1031)	• 거란의 2, 3차 침입(1010, 1018) • ³ 조판 시작 • ⁴ (개경) 축조(1029)	• ⁵ 완비, 4도호부와 8목 설치 • ⁶ 실시(향리 자제의 과거 응시 허용) • 향리 정원제 · 공복제 실시(행정 단위별 인구수 고려)	• 연등회와 팔관회 ⁷ , 현화사, ⁸ 7층 석탑 건립 • ⁹ 편찬
덕종 · 정종	¹⁰ 축조 시작(¹¹ ~ ¹²) → 정종 때 완성		–
문종 (1046~1083)	–	¹³ 전시과 시행(1076), ¹⁴ 제도, ¹⁵ 완비 (1049), 동 · 서 대비원 설치	• 사학 융성 : ¹⁶ 의 9재 학당(문헌공도) 등 → 사학 ¹⁷ 진흥(관학 위축) • 불교 진흥 : ¹⁸ 건립(문종의 넷째 아들인 의천 출가)
		순종 → 선종 → 헌종	
숙종 (1095~1105)	윤관의 ¹⁹ 조직(1104)	• ²⁰ 발행(삼한통보, 해동통보, 동국통보, 활구) • ²¹ 설치	• 관학 진흥책 : ²² 설치(서적 보관 및 간행) • 기자 사당 건립 : 평양, 국가 공식적 제사
예종 (1105~1122)	²³ 축조(1107)	• ²⁴ 파견 시작, 혜민국(의약) 설치 • 최초 도관(²⁵) 건립	관학 진흥책 : ²⁶ [전문 강좌, 강예재(무학재, 무술 교육) 포함], ²⁷ · 보문각(학문 연구소), 양현고(장학 재단) 설치
인종 (1122~1146)	• ²⁸ 의 난(1126) • ²⁹ 의 난(1135)	–	• 김부식의 ³⁰ 편찬(1145) • 경사 6학 · 향교 정비
		의종(1170, ³¹) → 명종(1196, ³² 의 봉사 10조 건의) → 신종 → 희종 → 강종	
고종 (1213~1259)	최우 집권, 몽골의 ³³ 침입(1231)	–	³⁴ (1234) : 금속 활자로 인쇄
원종 (1259~1274)	³⁵ 환도(1270), 삼별초 항쟁	³⁶ 지급(경기 8현 대상)	
		충렬왕 ~ 공민왕	
우왕 (1374~1388)	³⁷ 일파 집권 → 숙청 → ³⁸ + ³⁹ 집권 → 명의 ⁴⁰ 설치 통고 → ⁴¹ 정벌(최영 + 우왕) → ⁴² (1388, 이성계 + 조민수) → 최영 제거, 우왕 폐위		
창왕 (1388~1389)	쓰시마 정벌(1389, 박위)		
공양왕 (1389~1392)	이방원의 ⁴³ 암살	• ⁴⁴ 실시(1391) • ⁴⁵ 발행(1391) → 유통 X	⁴⁶ 실시

정답 1 강조 2 개정 3 초조대장경 4 나성 5 5도 양계 6 주현공거법 7 부활 8 현화사 9 『7대실록』 10 천리장성 11 압록강 12 도련포 13 경정 14 녹봉 15 공음전 16 최충 17 12도 18 흥왕사 19 별무반 20 화폐 21 남경개창도감 22 서적포 23 동북 9성 24 감무 25 복원궁 26 7재 27 청연각 28 이자겸 29 묘청 30 『삼국사기』 31 무신 정변 32 최충헌 33 1차 34 『상정고금예문』 35 개경 36 녹과전 37 이인임 38 최영 39 이성계 40 철령위 41 요동 42 위화도 회군 43 정몽주 44 과전법 45 저화 46 무과

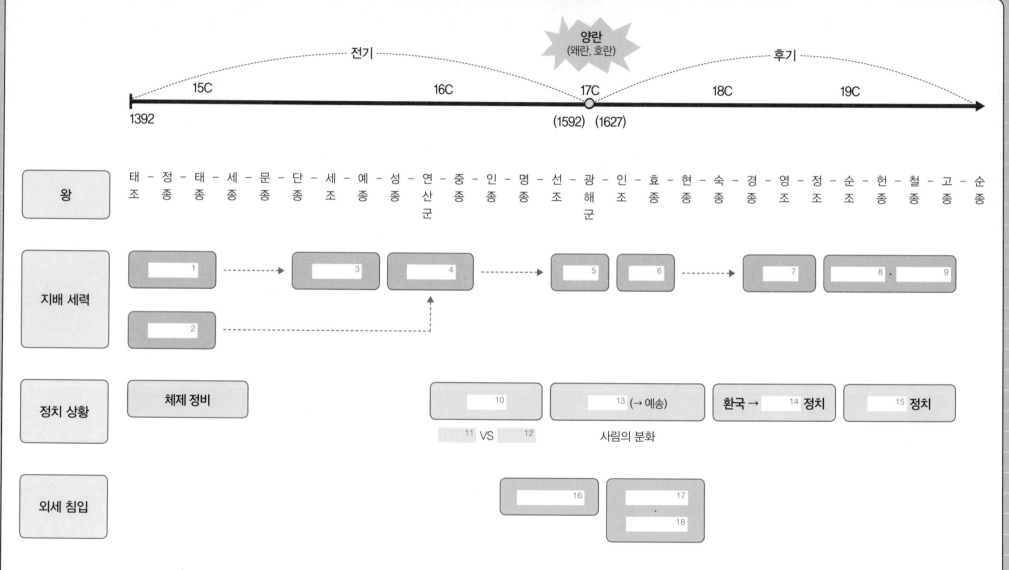

綱(강) 큰 개념을 그리다

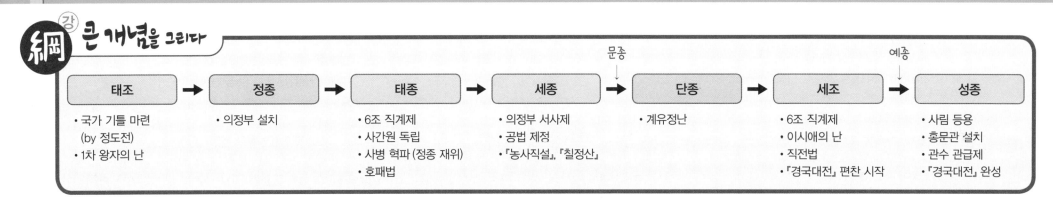

문종 ↓

예종 ↓

| 태조 | → | 정종 | → | 태종 | → | 세종 | → | 단종 | → | 세조 | → | 성종 |

- **태조**
  - 국가 기틀 마련 (by 정도전)
  - 1차 왕자의 난
- **정종**
  - 의정부 설치
- **태종**
  - 6조 직계제
  - 사간원 독립
  - 사병 혁파 (정종 재위)
  - 호패법
- **세종**
  - 의정부 서사제
  - 공법 제정
  - 『농사직설』, 『칠정산』
- **단종**
  - 계유정난
- **세조**
  - 6조 직계제
  - 이시애의 난
  - 직전법
  - 『경국대전』 편찬 시작
- **성종**
  - 사림 등용
  - 홍문관 설치
  - 관수 관급제
  - 『경국대전』 완성

目(목) 세부 개념을 정리하다

구분	업적
태조 (1392~1398)	• 국가 기틀 마련 　– 1393, 국호 '조선' 제정([1] 계승) 　– 1393, [2] 설치(← 1391, 공양왕, 삼군도총제부를 개편) 　– 1394, [3] 천도(한양부 → 1395, 한성부로 개칭) 　– 1395, [4] (법궁) 건립([5] 활약) – 종묘, 사직, 관아, 학교, 시장, 도로 건설 **정도전의 활약** • [6] 중심 정치 → 왕도정치 바탕 • 민본적 통치 규범 마련 → [7] , 『경제문감』 저술 • 성리학적 통치 이념 확립 → [8] 저술, 도첩제(승려 자격제) 시행 • 대명 정책 → [9] 편찬([10] 정벌 추진 목적) → 표전 문제로 명과의 마찰 • [11] (1398) : 태조가 방석을 세자로 책봉 　→ 이방원이 방번 · 방석 형제와 [12] · 남은 제거 → 방과([13]) 추대
정종 (1398~1400)	• 일시적 [14] 천도(1399) • 군 · 정 분리 : 도평의사사 축소 · 개칭 → [15] 설치/중추원 폐지 → 군무를 삼군부로 이관 • [16] (1400) : [17] 이 방원에게 도전 → 방간 유배, 박포 참수 → 정종이 방원에게 양위

※ 왕권 VS 신권

정도전의 재상 중심 정치 (신권)

임금의 직책은 한 사람의 재상을 논정하는 데 있다 하였으니, 바로 총재를 두고 한 말이다. 총재는 위로는 임금을 받들고 밑으로는 백관을 통솔하여 만민을 다스리는 것이니 직책이 매우 크다. 또 임금의 자질에는 어리석은 자질도 있고 현명한 자질도 있으며, 강력한 자질도 있고 유약한 자질도 있어서 한결같지 않으니, 임금의 아름다운 점은 순종하고 나쁜 점은 바로잡으며, 옳은 일은 받들고 옳지 않은 것은 막아서, 임금으로 하여금 가장 올바른 경지에 들게 해야 한다.

－ 정도전, 『조선경국전』

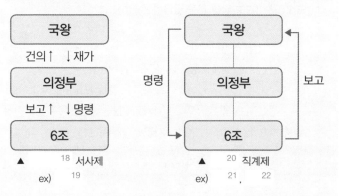

국왕

건의 ↑ ↓ 재가

의정부

보고 ↑ ↓ 명령

6조

▲ [18] 서사제

ex) [19]

국왕

명령 ↓ ↑ 보고

의정부

6조

▲ [20] 직계제

ex) [21] [22]

정답 1 고조선 2 의흥삼군부 3 한양 4 경복궁 5 정도전 6 재상 7 『조선경국전』 8 『불씨잡변』 9 『진도』 10 요동 11 1차 왕자의 난 12 정도전 13 정종 14 개경 15 의정부 16 2차 왕자의 난 17 방간 18 의정부 19 세종 20 6조 21 태종 22 세조

해커스공무원학원 · 공무원인강 · 교재 Q&A gosi.Hackers.com

해커스공무원 연미정 강목 한국사 합격노트 49

01 조선 초기 왕의 업적

구분	정치·외교	경제·사회 제도	문화
태종 (1400~1418)	• 한양 환도, [　　1　　](이궁 : 별궁) 건설 • 왕실, 외척, 종친 정치 참여 배제 　(처남 민무구, 민무질 형제 숙청) • [　　2　　] 폐지 • [　　3　　] 실시 : 왕권 강화] 　'의정부는 사대 문서 관리, 사형수 재결만' 　"내가 일찍이 송도에 있을 때 의정부를 없애자는 의논이…" • [　　4　　] 독립 : 왕권 강화 + 대신·외척 세력 견제 • 의금부, 승정원 설치 : 왕권 강화 • [　　5　　] 혁파(정종 재위) : 국왕이 군사권 장악 • [　　6　　](등문고) 설치 → 연산군 때 폐지 　→ [　　7　　] 때 부활(병조 관할)	**<경제>** • 양전 사업 : 양안 작성([　8　]년마다) → 전세 징수 기준 • 호구 조사 : 호적 작성([　9　]년마다) → 공납, 역 징발 기준 • [　10　] 실시 : [　11　]~[　12　] 남자(16세 이상) 　　　　　　　　→ 농민 유망, 이탈 방지 목적(인보법) • 사섬서 설치 : 저화 발행　　　　* 인보법 : 10가구를 하나의 　　　　　　　　　　　　　　　　　　단위로 묶어 통제 **<사회>** • 서얼차대법([　　13　　]) : 문과 응시 제한, 한품서용 　　　　　　　　　　　　　　* 무과, 잡과 응시 가능 • 재가금지법 　cf) 성종 : 재가녀의 아들·손자의 문과 응시 금지 규정 • 노비변정도감 : 노비의 쟁송 담당 관청, 억울한 공노비 해방	• 억불 숭유책 : 사원 정리 및 사원의 토지, 노비 몰수 • 활자 : 주자소 설치, [　14　] 주조 • 편찬 사업 　– 『동국사략』(권근), 『조선왕조실록』 편찬 시작 　– [　　15　　] 간행 : 『경제육전』 보완 　– [　　　16　　　] 　　[이회 등이 제작, 현존 동양 最古(최고) 세계 지도] • 5부 학당 학제 마련(→ 세종, 4부 학당) • 국방 ┌ [　17　] 정착 　　　　└ 거북선, 비거도선(소형 전투선) 제조
세종 (1418~1450)	• [　　18　　] 시행 : 재상 중심 정치] 　"태조께서 정하신 법에 따라 … 의정부에 먼저 논의하게 하라" • [　　19　　] 정비(정종 때 설치, 세조 때 폐지) 　– 유학 연구 + [　20　]·서연 　　　　　　　국왕　　세자 　– [　　21　　] 청백리 등용 　　학문 장려, 유급 휴가　청렴 결백 관료 • 윤대법 실시 : 백관이 교대로 매일 왕과 정사 논의 　cf) 차대 : 월 6회 정도 • [　22　] 정벌(1419, 이종무) 　→ [　23　](1426) → [　24　](1443) 　　부산포, 제포, 염포　　무역량 제한 • [　25　](최윤덕)　[　26　](김종서) 개척 　→ 현재 국경선(압록강~두만강) 확보	**<경제>** • [　27　] 제정(연분 9등법, 전분 6등법) • [　28　] 발행 **<사회>** • [　　29　　] : 사형 시 삼심제 적용 • 노비 사형(개인적 처벌) 금지 • 태배 금지법 : 무고한 태형, 가혹한 고문 금지 • 부민 고소 금지법 : 백성들의 수령 고소 금지 • 원악향리처벌법 : 부정한 향리 처벌법	• 불교 정책 : 36개 사원만 인정, 7종 → 선·교 양종, 　　　　　　　[　30　] 설치, 『석보상절』(수양대군) 간행 • 한글 서적 편찬 : 『용비어천가』, 『월인천강지곡』 • 과학 기술 발달 : 측우기(1441), 자격루, 앙부일구 제작 • 독자적 역법 체계 : [　31　] 「내·외편」(한양 기준) • 편찬 사업 : 『효행록』, 『농사직설』, 『삼강행실도』, 　　　　　　　　『총통등록』, 『향약집성방』, 『의방유취』, 　　　　　　　　『태산요록』, 『역대병요』, 『오례』의 정비, 　　　　　　　　『국조오례의』 편찬 시작 • 활자 ┌ [　32　], 갑인자, 병진자 등 주조 　　　　└ 밀랍 고정 → [　33　]을 조립하는 방식 창안 　　　　　　　　　　　　　인쇄 효율 증대 • 음악 ┌ [　34　](악보), 여민락(악곡) 제작 　　　　└ 아악, 당악, 향악 정리(박연)

구분	정치 및 외교	제도	문화
문종·단종 (1450~1455)	왕권 약화, 재상 중심 정사(___35 정사 : 김종서, 황보인) → ___36 (1453, 단종) : 김종서 · 황보인 · 안평대군 제거, 수양대군이 실권 장악 ex) 정난공신 : 한명회, 신숙주 → ___37 (김종서 부하)의 난(1453, 단종) → 단종 상왕 추대, 양위를 받아 세조(수양대군) 즉위(1455)		
세조 (1455~1468)	• ___38 복위 운동(1456) → 단종을 노산군으로 강등, 유배(강원도 영월 청령포) ＊사육신 : 성삼문, 박팽년, 하위지, 이개 등 　생육신 : 김시습, 원호, 이맹전, 성담수 등 → ___39 , ___40 제도 폐지 • [___41 부활 : 왕권이 6조 장악] "상왕이 어려서 … 복구한다" • 종친 등용 • ___42 의 난(1467) → ___43 폐지 ㄴ 남이 장군이 진압　　 cf) 성종 때 부활 • ___44 실시 : 구공신 4교대 근무(한명회, 신숙주)	<경제> • ___45 실시(1466) : 현직 관리만 수조권 지급, 　　각종 둔전 설치 • ___46 , 규형 발명 : 토지 측량 기구 　　→ 실측, 양성지, 동국지도 제작 <사회> • ___47 실시 → 성종, 『경국대전』에 법제화 → 숙종, 전국 시행, 수취 목적 → 헌종, 천주교 신자 색출 목적 • 호적, 호패법 강화 • 장례원 설치(노비 소송 관장) <군사> • ___48 실시 • 중앙 : ___49 체제 정비(5위 도총부 관할) 　지방 : ___50 체제 실시	• 불교 진흥책 – ___51 설치 : 불경 번역 · 간행 　　　ex)『월인석보』 – ___52 , 원각사지 10층 석탑(1467) 건립 •『경국대전』편찬 시작 : ___53 과 ___54 먼저 간행(육전 상정소)
예종	1년 만에 사망		
성종 (1469~1494)	• 13세 즉위(장인 ___55) → 왕권↓ ㄴ 세조 비 정희왕후의 8년 수렴청정 <친정 시작> • ___56 폐지 • ___57 등용 : 훈구파 견제 목적 ㄴ 김종직, 김일손, 김굉필 • ___58 (옥당) 설치 : 경연 활성화 ㄴ 집현전 기능 대행	• 유향소 ___59 (1488) – 성리학적 향촌 질서 확립 – 사림의 세력 기반 • ___60 실시(1470) : 관청에서 생산량 조사 및 징세 → 국가의 토지 지배권 강화 • 사창제 폐지(→ 19C 흥선 대원군 때 부활)	• 억불 정책 – 간경도감 폐지 – 도첩제 ___61 (1492) → 산간 불교화(억불 정책) • 편찬 사업 :『경국대전』,『동문선』,『동국여지승람』, 　『악학궤범』,『삼국사절요』,『국조오례의』, 　『동국통감』등 편찬

정답 1 창덕궁 2 도평의사사 3 6조 직계제 4 사간원 5 사병 6 신문고 7 영조 8 20 9 3 10 호패법 11 양반 12 천민 13 서얼금고법 14 계미자 15 『속육전』 16 혼일강리역대국도지도 17 무과 18 의정부 서사제 19 집현전 20 경연 21 사가 독서제 22 쓰시마 23 3포 개항 24 계해약조 25 4군 26 6진 27 공법 28 조선통보 29 금부삼복법 30 내불당 31 『칠정산』 32 경자자 33 식자판 34 정간보 35 황표 36 계유정난 37 이징옥 38 단종 39 집현전 40 경연 41 6조 직계제 42 이시애 43 유향소 44 원상제 45 직전법 46 인지의 47 오가작통법 48 보법 49 5위 50 진관 51 간경도감 52 원각사 53 『호전』 54 『형전』 55 한명회 56 원상제 57 사림 58 홍문관 59 부활 60 관수 관급제 61 폐지

02 조선의 중앙 정치 조직

 큰 개념을 그리다

```
       王  ←————— 왕권 견제 ——  [ 삼사 (언론 활동) ]

  의정부, 6조  ←——— 왕권 강화 ——  [ 승정원 (왕명 출납) ]   [ 의금부 (사법 기관) ]
```

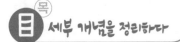 세부 개념을 정리하다

```
       王  ←———— 왕권 견제 ————————————————
        ↑
        ←———— 왕권 강화 ——
```

승정원
• 역할 : __10__ 담당, 국왕 직속 비서 기관, 왕권 강화에 기여
• 관원 : 승정원의 장관 __11__ 등 6승지(정3품)가 6조 분담

의금부
• 역할 : 국왕 직속의 상설 __12__ 기관, __13__ · 모반죄 등의 중죄 처결, 왕권 강화에 기여
• 관원 : 판사(종1품), 도사(종5품) 등

삼사
역할 : __14__ 활동 → 권력 독점과 부정 방지
− __15__ (종2품 대사헌) : 관리 __16__ (대관)
− __17__ (정3품 대사간) : 간쟁, __18__ (간관)
− __19__ (정2품 대제학) : 정책 __20__ (경연)

의정부
• 역할 : 조선 최고 관부, 재상들의 합의로 국정 총괄 및 운영
• 관원 : 정1품(__1__, __2__, __3__), 종1품(좌찬성, 우찬성)~정2품(좌참찬, 우참찬)

6조
• 역할 : 왕의 명령을 집행하는 행정 기관
• 구성 : __4__, __5__, __6__, __7__, __8__, __9__
• 관원 : 판서(정2품, 6조 장관직), 참판(종2품), 참의(정3품)

[기타 기관]

__21__	역사서 편찬 · 보관 담당, 실록청을 설치하여 왕조 『실록』 편찬	
__22__	수도의 행정과 치안 담당, 토지 · 가옥에 관한 소송 담당	
4관	• __23__ (임금의 교지 작성) • __24__ (외교 문서 작성) • __25__ (최고 교육 기관, 국립 대학) • __26__ (궁중의 서적 간행)	

상서원	옥새와 마패 제작 관리
포도청	치안과 상민의 범죄를 다스림
관상감	세조 대 서운관을 개칭, 천문 및 지리 등 담당

[조선의 관계 및 관료제 성격]

관계	• 30등급(__27__ 품 __28__ 계) : 문반과 무반 구성, 정 __29__ 품~종 __30__ 품까지 18품, 6품 이상은 다시 상 · 하 구분 • 당상관(정3품 상계 이상) : 문반 − 통정대부 이상, 무반 − 절충장군 이상 • 당하관(정3품 하계 이하) ┬ 참상관(정3품 하계 이하~종6품 하계 이상) : 조회 참여, 수령 임용 가능 └ 참하관(정7품 이하) : 조회 참여 X, 행정 실무 담당

관료제 성격	• 행수법 ┬ __31__ (품계가 높은 사람이 낮은 관직에 임명될 때 관직 앞에 '행'자 붙임) └ __32__ (품계가 낮은 사람이 높은 관직에 임명될 때 관직 앞에 '수'자 붙임) • __33__ : 출신 지역, 혈연 관계를 피해서 인사 관리 • __34__ : 신분에 따른 승진 제한(주로 중인층)

王

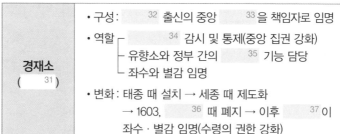

한성부 ◉ / 유수부 ◎ / 부 ◉ / 목 ○ / 관찰사 ● / 병영 ▶ / 수영 ▷ / 도의 경계 ----- / 좌·우도의 경계 ----

백두산, 경성, 길주, 함경도, 의주, 정주 안주, 영변, 영흥, 함흥, 동해, 울릉도, 평안도, 평양, 황주, 황해도, 옹진, 해주, 개성, 양주, 강원도, 강화, 한성, 강릉, 경기도, 수원, 광주, 원주, 홍주, 충주, 청주, 충청도, 공주, 상주, 경주, 경상도, 전주, 성주, 울산, 전라도, 광주, 진주, 나주, 능주, 제주도, 황해

8도

1 (= 감사)
• 직위 : 종2품, 감사(수령 X)
• 임기 : 2 년(약 360일) 단임
• 권한 : 3 , 4 , 5
• 임무 : 수령 관리(인사고과), 6 에 상주

※ 7
• 개념 : 감영에 머무는 지방 향리
• 역할 : 군현과 감영 간의 연락 사무 담당, 재지 사족 견제

감독↓

수령 (= 12)	토관제
• 직위 : 종2품~6품, 고을 크기에 따라 지방관 등급 조정	토착인 임명 (수령 X)
• 임기 : 13 년 임기(약 1800일), 14 가능	17 ,
• 권한 ┌ 모든 군현에 15 파견(속현 X)	18 ,
└ 16 (농업, 인구, 교육, 군대, 조세, 재판, 치안)	19

부(8)
목(9)
군(10)
현(11)

감독↓ ↑보좌

※ 조선의 향리
• 20 소속(이, 호, 예, 병, 형, 공)
• 세습적 21 으로 격하(수령 보좌, 무보수)

25 **통치** (지방관 X)
• 역할 : 수령 보좌, 인구 파악, 부역 징발
• 조선 시대 새로운 체제(26 , 27 , 28 X)

22 (면장)
23 (이정)
24 (통주)

＊오가작통법(세조 때 실시 → 성종 때 법제화)

4도 유수부

29
• 직위 : 30 직속, 종2품, 정2품
• 특수 행정 구역(개성, 강화, 광주, 수원)
• 수도 기능 강화, 군사 방어 체제 (왕자의 난 이후 역할↑)

[경재소와 유향소]

경재소 (31)	
• 구성 : 32 출신의 중앙 33 을 책임자로 임명
• 역할 ┌ 34 감시 및 통제(중앙 집권 강화)
├ 유향소와 정부 간의 35 기능 담당
└ 좌수와 별감 임명
• 변화 : 태종 때 설치 → 세종 때 제도화 → 1603, 36 때 폐지 → 이후 37 이 좌수·별감 임명(수령의 권한 강화)

↓통제

※ 38
• 개념 : 서울에 파견된 지방 향리 (경재소 실무 담당, 기인 제도 기원)
• 역할 : 중앙과 지방 관청 사이의 연락 업무·자기 고을의 공부(貢賦) 수납 담당, 39 의 폐단을 일으킴

40 (향촌)	
• 구성 ┌ 41 (지방 유지, 전직 관료 출신, 덕망 있는 인사)
└ 임원 : 42 , 43
• 성격 : 44 (수령 감시·보좌, 향리 규찰, 풍속 교정)
• 운영 : 향규(자율 규약), 향안(사족 명단), 향회(총회, 여론 수렴)
• 변화 : 조선 초 설치 → 45 때 혁파 → 세종 때 부활 → 46 때 혁파 → 성종 때 부활 → 선조 때 향청으로 명칭 변경

정답 1 관찰사 2 1 3 행정 4 사법 5 군사 6 감영 7 영저리 8 부윤 9 목사 10 군수 11 현령 12 목민관 13 5 14 중임 15 수령 16 수령 7사 17 제주도 18 함경도 19 평안도 20 6방 21 아전 22 면 23 리 24 통 25 지역민 26 향 27 부곡 28 소 29 4도 유수 30 국왕 31 서울 32 지방 33 고관 34 유향소 35 연락 36 선조 37 수령 38 경저리 39 방납 40 유향소 41 재지 사족 42 좌수 43 별감 44 향촌 자치 45 태종 46 세조

04 조선의 군사 조직

 큰 개념을 그리다

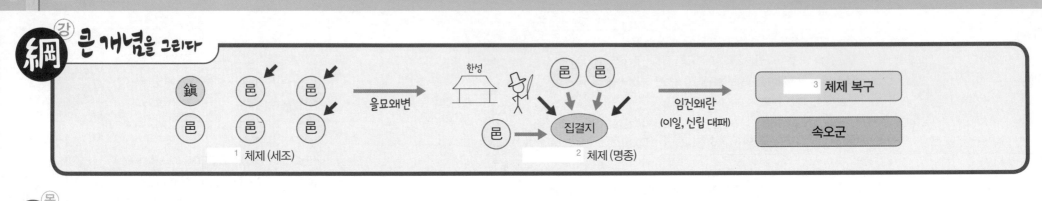

1) 군역 제도 : ___4___ ~ ___5___ 세의 모든 양인 남자가 군역을 부담(___6___), ___7___ · ___8___ · ___9___ 는 군역에서 면제   * ___10___ 제정(세조) : ___11___ (군인, 일정 기간 교대, 품계 지급)

+ ___12___ (봉족 : 정군의 군역 비용 부담, 2정 1보 편성)

2) 군사 제도의 변화

	5위 (세조)	**5군영 (선조~숙종)**
중앙군	• 구성 : 의흥위, 용양위, 호분위, 충좌위, 충무위 　*총괄 : 5위 도총부(책임자는 ___13___) • 역할 : 궁궐과 수도 방어 담당 • 조직 : ___14___ (간단한 시험을 거친 직업 군인, 품계와 녹봉을 받음), 　정군(정병), 특수병(왕족 · 공신 · 고관의 자제)으로 편성	• ___15___ (1593, 선조) ┌ 임란 중 유성룡의 건의(명나라 척계광의 『기효신서』 참고)로 설치 　　　　　　　　　　└ ___16___ (포수, 사수, 살수)으로 구성, 직업 군인, 급료(삼수미), 상비군 • ___17___ (1623, 인조) : 수도 방어, 효종 때 북벌 목적으로 강화 • ___18___ (1624, 인조) : 이괄의 난 진압 이후 설치, 북한산성 수비 • ___19___ (1626, 인조) : 남한산성 수비 • ___20___ (1682, 숙종) : 궁궐, 한성 수비

군역의 폐단(___22___ 기피, ___23___)
___24___ (1555, 명종)

___29___ (1592, 선조)

	영진군 (태조) → ___21___ 체제 (세조, 15세기)	**___25___ 체제 (명종, 16세기 후반)**	**___30___ 체제 복구 (임란 휴전 협상 중)**
지방군 편제	• 영진군(태조) : 육군과 수군으로 편성, 초기에는 영이나 진에 소속되어 복무 • 진관 체제(세조) : 익군 체제(중익, 좌익, 우익)를 진관 체제로 개편 　– 지역 단위의 방어 체제, 수령이 지휘 　– 한 지역이 뚫려도 다른 지역에서 방어 가능 　– 소규모 침입 방어에 유리(대규모 침입 방어에 취약)	• 지역 ___26___ 방어 체제(유사시 지정 지역으로 이동) • ___27___ 에서 파견된 고위 관리가 지휘 　(지휘 통제가 비효율적) • ___28___ 침입 방어에 유리	

| 예비군 | [31] (태종) | → | [32] (선조, 임란 중) |

예비군

[31] (태종)
- 성격 : 예비군
- 구성 : 서리, 잡학인, 전직 관리, 향리, 신량역천인, 노비 등(농민 제외)

[32] (선조, 임란 중)
- 성격 : 유사시 전투 동원, 평상시 생업에 종사, 농한기 때 훈련
- 구성 : [33] ~ [34] (but 양반의 회피로 상민과 노비만 남음)
- ＊정묘호란 이후 영장을 파견하여 훈련

3) 교통·통신 제도 (중앙 집권 강화 목적, 병조 관할)

- 역원제 : 역(전국 교통 요지에 설치, 공문 전달 및 관물 운송), 원(공공 여관 : 공무 수행 중인 관민이 이용)
- 봉수제 : 군사적 위급 사태를 알리기 위해 시행, 낮에는 연기, 밤에는 횃불로 연락 → 남산 봉수대로 집결
- 파발제 : 임진왜란 때 역원제 붕괴 → 공문 급송을 위해 시행(1597, 선조)

연계 빈출 사료

훈련도감의 설치

오늘의 적세(賊勢)가 매우 염려되는데 전부터 일을 처리하는 것이 느슨해져 적의 난리를 겪는 2년 동안 군사 한 명을 훈련시키거나 기계 하나를 수리한 것 없이 중국군만을 바라보며 적이 제발로 물러가기만을 기다렸으니 불가하지 않겠는가. …… 나의 생각에는 따로 훈련도감을 설치하여 합당한 인원을 차출해서 장정을 뽑아 날마다 활을 익히기도 하고 포를 쏘기도 하여 모든 무예를 훈련시키도록 하고 싶으니, 의논하여 처리하라.

－『선조실록』

제승방략 체제의 문제점

을묘년 변란 이후 김수문이 전라도에 있으면서 처음 분군법으로 고쳐 도내의 여러 고을을 순변사, 방어사, 조방장, 도원수 및 본도의 병사와 수사에게 나누어 소속시키고 이를 제승방략(制勝方略)이라고 하였습니다. …… 그리하여 혹시라도 위급한 사태가 발생할 경우 반드시 원근이 함께 동요하게 되고 장수가 없는 군사들은 들판에 먼저 모여 천 리 밖에서 올 장수를 기다려야 할 형편이 되었습니다. 장수가 채 이르기도 전에 적병이 먼저 쳐들어올 경우 군사들의 마음이 먼저 동요될 것이니, 이는 반드시 패배할 방도입니다.

－『선조수정실록』

정답 1 진관 2 제승방략 3 진관 4 16 5 60 6 양인 개병제 7 현직 관료 8 학생 9 향리 10 보법 11 정군 12 보인 13 문반 14 갑사 15 훈련도감 16 삼수병 17 어영청 18 총융청 19 수어청
20 금위영 21 진관 22 군역 23 군적수포제 24 을묘왜변 25 제승방략 26 연합 27 중앙 28 대규모 29 임진왜란 30 진관 31 잡색군 32 속오군 33 양반 34 천민

OS 사림의 대두와 사화

綱(강) 큰 개념을 그리다

[사림의 대두]
↓
[훈구와 사림의 대립]
↓
[사화의 발생]

士禍
"사림이 화를 입다"

구분	훈구파 (관학파)	사림파 (사학파)
기원	[1] 사대부의 학풍 계승(정도전, 권근)	[2] 사대부의 학풍 계승
통치 이념	[3]를 국가 통치 이념으로 중시	왕도 정치 강조, 형벌보다 교화 강조, 『소학』· [4] 중시
경제 기반	대농장 소유(대지주)	중소 지주 향리 출신
학문 성향	• 타 사상에 [5] • [6](시, 문장) 중시 → 한문학 발달	• 오직 성리학적 명분론 강조 • [7](유교 경전) 중시 → 한문학 쇠퇴
역사의식	자주적 민족의식([8] 중시)	존화주의 경향(소중화 의식, [9] 중시)

目(목) 세부 개념을 정리하다

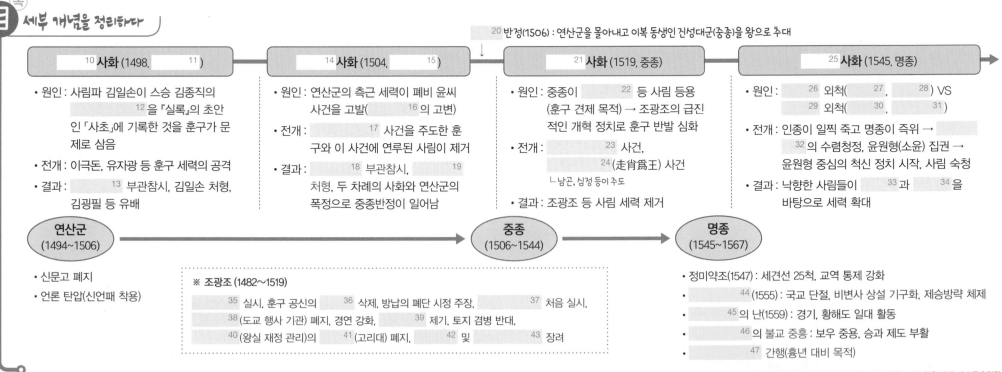

[20] 반정(1506) : 연산군을 몰아내고 이복 동생인 진성대군(중종)을 왕으로 추대

[10] 사화 (1498, [11])
• 원인 : 사림파 김일손이 스승 김종직의 [12]을 『실록』의 초안인 「사초」에 기록한 것을 훈구가 문제로 삼음
• 전개 : 이극돈, 유자광 등 훈구 세력의 공격
• 결과 : [13] 부관참시, 김일손 처형, 김굉필 등 유배

[14] 사화 (1504, [15])
• 원인 : 연산군의 측근 세력이 폐비 윤씨 사건을 고발([16]의 고변)
• 전개 : [17] 사건을 주도한 훈구와 이 사건에 연루된 사림이 제거
• 결과 : [18] 부관참시, [19] 처형, 두 차례의 사화와 연산군의 폭정으로 중종반정이 일어남

[21] 사화 (1519, 중종)
• 원인 : 중종이 [22] 등 사림 등용 (훈구 견제 목적) → 조광조의 급진적인 개혁 정치로 훈구 반발 심화
• 전개 : [23] 사건, [24](走肖爲王) 사건
ㄴ 남곤, 심정 등이 주도
• 결과 : 조광조 등 사림 세력 제거

[25] 사화 (1545, 명종)
• 원인 : [26] 외척([27], [28]) VS [29] 외척([30], [31])
• 전개 : 인종이 일찍 죽고 명종이 즉위 → [32]의 수렴청정, 윤원형(소윤) 집권 → 윤원형 중심의 척신 정치 시작, 사림 숙청
• 결과 : 낙향한 사림들이 [33]과 [34]을 바탕으로 세력 확대

연산군 (1494~1506)
• 신문고 폐지
• 언론 탄압(신언패 착용)

중종 (1506~1544)

명종 (1545~1567)
• 정미약조(1547) : 세견선 25척, 교역 통제 강화
• [44](1555) : 국교 단절, 비변사 상설 기구화, 제승방략 체제
• [45]의 난(1559) : 경기, 황해도 일대 활동
• [46]의 불교 중흥 : 보우 중용, 승과 제도 부활
• [47] 간행(흉년 대비 목적)

※ 조광조 (1482~1519)
[35] 실시, 훈구 공신의 [36] 삭제, 방납의 폐단 시정 주장, [37] 처음 실시,
[38](도교 행사 기관) 폐지, 경연 강화, [39] 제기, 토지 겸병 반대,
[40](왕실 재정 관리)의 [41](고리대) 폐지, [42] 및 [43] 장려

정답 1 혁명파 2 온건파 3『주례』 4『주자가례』 5 포용적 6 사장 7 경학 8 단군 9 기자 10 무오 11 연산군 12『조의제문』 13 김종직 14 갑자 15 연산군 16 임사홍 17 폐비 윤씨 18 한명회 19 김굉필 20 중종 21 기묘 22 조광조 23 위훈 삭제 24 주초위왕 25 을사 26 인종 27 대윤 28 윤임 29 명종 30 소윤 31 윤원형 32 문정왕후 33 서원 34 향약 35 현량과 36 위훈 37 여씨 향약 38 소격서 39 수미법 40 내수사 41 장리 42『소학』 43『주자가례』 44 을묘왜변 45 임꺽정 46 문정왕후 47『구황활요』

06 조선 초기의 대외 관계

명	여진	일본
₁ "큰 나라를 받들어 섬김"	₁₀ "이웃 나라와 대등하게 사귐"	

명

· 건국 초기

〈태조〉

- 명의 여진인 송환 요구 문제
- _____ ₂ 문제
  중국 측 기록에 이성계가 이인임의 아들로 잘못 기입되자 수정 요구, 선조 때 해결
- _____ ₃ 문제 → _____ ₄ 정벌 추진(정도전, 남은)
  정도전이 명에 보낸 문서가 불순하다고 정도전 압송 요구

〈태종〉

- _____ ₅ 관계, 문화 교류 활발
- 원칙적 _____ ₆ 관계 but 구체적 내정 간섭 X
- _____ ₇ 실리 외교 : 왕권 안정 + 국제적 지위 확보
- 공무역 + _____ ₈ 흡수의 문화 외교

조공품 : 토산품(마필, 인삼, 화문석), 모피, 모시
〈조선〉 ←————→ 〈명〉
회사품 : 서적, 약재, 문방구, 도자기, 견직물

· 16C 사림 집권 후

- 지나친 _____ ₉ (존화주의)으로 변질

＊중국에 보내는 사신
- 조천사 : 명에 보내는 사신
- 연행사 : 청에 보내는 사신

여진

· 강경책

- 태종 : 두만강 지역 개척
- 세종 : _____ ₁₁ (최윤덕) _____ ₁₂ (김종서) 개척
  압록강~두만강 경계로 하는 국경선 확정
- 세조 : 압록강, 두만강 일대 여진족 토벌

＊ 북방 ₁₃ 정책 : 삼남 지방의 일부 주민을 북방으로 이주
＊ _____ ₁₄ 제도 시행 : 변방 지역 토착민을 토관으로 임명

· 회유책(교린 정책)

- 귀순 장려 : 귀순 시 관직, 토지, 주택 제공
- _____ ₁₅ (한양, 사절단 유숙소) 설치 : 조공 무역 허용
- 무역소 설치 : 태종 때 _____ ₁₆, _____ ₁₇ 에 설치(국경 무역 허용)

생필품(면, 마, 저포, 미두, 염장, 농구)
〈조선〉 ←————→ 〈여진〉
마필, 해동청, 산삼

동남아시아

- _____ ₁₈ (토산품) · 진상 형식 : 류큐(오키나와), 시암(태국), 자와(인도네시아)와 교류, 회사품(옷감, 문방구)
- 류큐 문화 발전에 기여 : 불경, 유교 경전 등 전래

일본

· 강경책

- 이종무의 _____ ₁₉ 정벌(1419, 세종) → 왜구 근절

· 회유책(교린 정책)

- 동평관 설치(일본 사신 숙소)
- _____ ₂₀ (1426, 세종) : 부산포(동래), 제포(진해), 염포(울산) → 왜관 설치
- _____ ₂₁ (1443, 세종) : 무역량이 많아지자 제한, 세견선 50척, 세사미두 200석

생필품(쌀, 인삼, 무명, 삼베, 서적)
〈조선〉 ←————→ 〈일본〉
구리, 황, 향료, 약재

※ 왜란 전후 대일 관계 ＊조선-일본과의 교역에서 직접적 대상은 대마도주

〈중종〉
- 삼포왜란(1510) : _____ ₂₂ 설치(임시 기구)
- 임신약조(1512) : 제포 개항, 세견선 25척, 세사미두 100석
- 사량진왜변(1544) : 통영 습격, 교역 중단

〈명종〉
- 정미약조(1547) : 세견선 25척, 교역 통제 강화
- _____ ₂₃ (1555) : 국교 단절, 비변사 _____ ₂₄ 기구화

〈선조〉
임진왜란(→ 비변사 _____ ₂₅ 권력 기구화), 정유재란

〈광해군〉
_____ ₂₆ (1609) : 부산포만 개항, 세견선 _____ ₂₇, 세사미두 _____ ₂₈

정답 1 사대 2 종계변무 3 표전 4 요동 5 친선 6 사대 7 자주적 8 선진 문물 9 친명 정책 10 교린 11 4군 12 6진 13 사민 14 토관 15 북평관 16 경성
17 경원 18 조공 19 쓰시마 20 3포 개항 21 계해약조 22 비변사 23 을묘왜변 24 상설 25 최고 26 기유약조 27 20척 28 100석

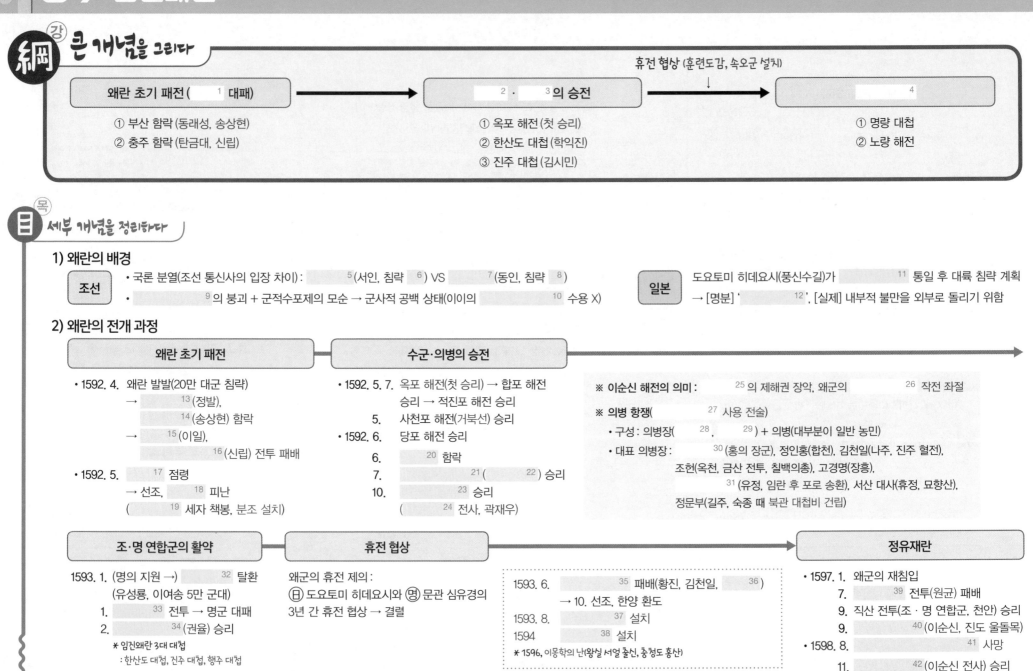

綱(강) 큰 개념을 그리다

휴전 협상 (훈련도감, 속오군 설치)

왜란 초기 패전 (__1__ 대패)	→	__2__ · __3__ 의 승전	→	__4__
① 부산 함락 (동래성, 송상현)		① 옥포 해전 (첫 승리)		① 명량 대첩
② 충주 함락 (탄금대, 신립)		② 한산도 대첩 (학익진)		② 노량 해전
		③ 진주 대첩 (김시민)		

目(목) 세부 개념을 정리하다

1) 왜란의 배경

조선
- 국론 분열(조선 통신사의 입장 차이) : __5__ (서인, 침략 __6__) VS __7__ (동인, 침략 __8__)
- __9__ 의 붕괴 + 군적수포제의 모순 → 군사적 공백 상태(이이의 __10__ 수용 X)

일본
도요토미 히데요시(풍신수길)가 __11__ 통일 후 대륙 침략 계획
→ [명분] ' __12__ ', [실제] 내부적 불만을 외부로 돌리기 위함

2) 왜란의 전개 과정

왜란 초기 패전	수군·의병의 승전	

- 1592. 4. 왜란 발발(20만 대군 침략)
  - → __13__ (정발),
    __14__ (송상현) 함락
  - → __15__ (이일),
    __16__ (신립) 전투 패배
- 1592. 5. __17__ 점령
  - → 선조, __18__ 피난
  (__19__ 세자 책봉, 분조 설치)

- 1592. 5. 7. 옥포 해전(첫 승리) → 합포 해전
  승리 → 적진포 해전 승리
- 5. 사천포 해전(거북선) 승리
- 1592. 6. 당포 해전 승리
- 6. __20__ 함락
- 7. __21__ (__22__) 승리
- 10. __23__ 승리
  (__24__ 전사, 곽재우)

※ 이순신 해전의 의미 : __25__ 의 제해권 장악, 왜군의 __26__ 작전 좌절

※ 의병 항쟁(__27__ 사용 전술)
- 구성 : 의병장(__28__ , __29__) + 의병(대부분이 일반 농민)
- 대표 의병장 : __30__ (홍의 장군), 정인홍(합천), 김천일(나주, 진주 혈전),
  조헌(옥천, 금산 전투, 칠백의총), 고경명(장흥),
  __31__ (유정, 임란 후 포로 송환), 서산 대사(휴정, 묘향산),
  정문부(길주, 숙종 때 북관 대첩비 건립)

조·명 연합군의 활약	휴전 협상		정유재란

1593. 1. (명의 지원 →) __32__ 탈환
(유성룡, 이여송 5만 군대)
1. __33__ 전투 → 명군 대패
2. __34__ (권율) 승리

  * 임진왜란 3대 대첩
  : 한산도 대첩, 진주 대첩, 행주 대첩

왜군의 휴전 제의 :
日 도요토미 히데요시와 明 문관 심유경의
3년 간 휴전 협상 → 결렬

1593. 6. __35__ 패배(황진, 김천일, __36__)
  → 10. 선조, 한양 환도
1593. 8. __37__ 설치
1594 __38__ 설치
* 1596, 이몽학의 난(왕실 서얼 출신, 충청도 홍산)

- 1597. 1. 왜군의 재침입
- 7. __39__ 전투(원균) 패배
- 9. 직산 전투(조·명 연합군, 천안) 승리
- 9. __40__ (이순신, 진도 울돌목)
- 1598. 8. __41__ 사망
- 11. __42__ (이순신 전사) 승리

3) 왜란의 영향

| 조선 | 일본 | 중국 |

조선

- ___43___ 의 최고 기구화
- 인구 감소, 양안(토지 대장)과 호적 소실 → 국가 재정 궁핍
- ___44___ 시행, ___45___ 발행 → 신분제 동요
- ___46___, ___47___, 호박, 토마토 전래
- 문화재 소실 : ___48___ 등 궁궐, 불국사, 서적, ___49___ 사고
- ___50___, 재조지은 고조(숙종 : 만동묘, 대보단 in 창덕궁)

↓

※ 광해군의 전후 복구 사업
- 양안, 호적 재작성
- 대동법 시행
- 『동의보감』 편찬(허준)

일본

- 막부 교체(도요토미 히데요시 → 에도 막부)
- 일본의 국교 요청
  → 통교 재개 : ___51___ (1607~1811, 12회 파견), ___52___ (1609)
- 중세 문화 발전 계기(다량의 문화재 및 기술자 약탈)
- 일본의 ___53___ 발달 계기(도자기 전쟁, 이삼평)
- ___54___ 의 성리학 전래 → 일본의 성리학 발전에 영향

중국

- 명의 국력 약화, 여진족 급성장
- 여진족이 ___55___ 건국 → 명, 청 교체

[통신사 파견]

통신사		• 개념 : 조선 국왕으로부터 일본 막부 쇼군(장군)에게 보낸 공식적 외교 사절 • 역할 : 우호 교린의 상징, 조선의 선진 문물을 일본에 전파하는 문화 사절단의 역할, 일본에서는 통신사를 국빈으로 예우
파견	조선 전기(1~8회)	왜구 문제 해결, 막부 쇼군의 국제적 지위를 대외적으로 인정받고자 하는 목적
	조선 후기(1~12회)	• 목적 : 임란 후 일본과 화친, 조선의 선진 문물 수용, 쇼군의 국제적 지위 인정 • 내용 ┌ 1607년에서 1811년까지 12회에 걸쳐 파견 ├ 통신사는 국왕의 외교 문서인 서계(書啓)를 지참 └ 부산 – 오사카를 거쳐 에도(도쿄)에 방문, 많게는 450여 명 정도의 통신사 파견

연계 빈출 사료

임진왜란

경성에는 종묘, 사직, 궁궐과 나머지 관청들이 또한 하나도 남아 있는 것이 없으며, 사대부의 집과 민가들도 종루 이북은 모두 불탔고 이남만 다소 남은 것이 있으며, 백골이 수북이 쌓여서 비록 치우고자 해도 다 치울 수 없다. 경성의 수많은 백성들이 도륙을 당했고 남은 이들도 겨우 목숨만 붙어 있다. 굶어 죽은 시체가 길에 가득하고 진제장(賑濟場)에 나아가 얻어 먹는 자가 수천 명이며 매일 죽는 자가 60~70명 이상이다.

– 성혼, 『우계집』

통신사 파견

동래 부사(東萊府使)가 일본 관백(關白, 쇼군)이 새로 즉위하였다고 아뢰자, 비국(備局, 비변사)에서 통신사를 차출(差出)하도록 계청(啓請)하였다.

– 『숙종실록』

08 정묘호란과 병자호란

綱 큰 개념을 그리다

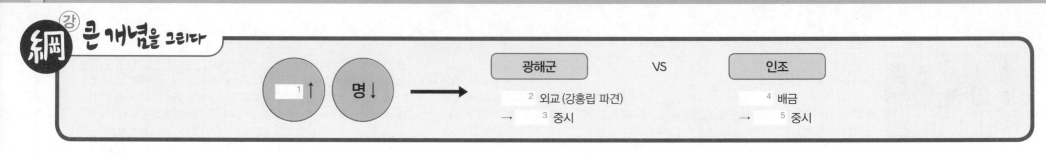

	광해군	VS	인조
[ ]¹ ↑ 명 ↓	²외교 (강홍립 파견)		⁴배금
	→ ³중시		→ ⁵중시

目 세부 개념을 정리하다

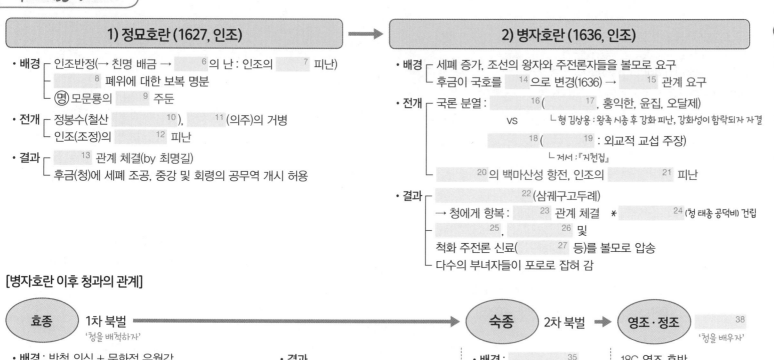

1) 정묘호란 (1627, 인조)

- 배경 ┬ 인조반정(→ 친명 배금 → ⁶의 난 : 인조의 ⁷피난)
  ├ ⁸폐위에 대한 보복 명분
  └ (명) 모문룡의 ⁹주둔
- 전개 ┬ 정봉수(철산 ¹⁰), ¹¹(의주)의 거병
  └ 인조(조정)의 ¹²피난
- 결과 ┬ ¹³관계 체결(by 최명길)
  └ 후금(청)에 세폐 조공, 중강 및 회령의 공무역 개시 허용

2) 병자호란 (1636, 인조)

- 배경 ┬ 세폐 증가, 조선의 왕자와 주전론자들을 볼모로 요구
  └ 후금이 국호를 ¹⁴으로 변경(1636) → ¹⁵관계 요구
- 전개 ┬ 국론 분열 : ¹⁶(¹⁷, 홍익한, 윤집, 오달제)
  │   └ 형 김상용 : 왕족 시종 후 강화 피난, 강화성이 함락되자 자결
  │   VS
  │   └ ¹⁸(¹⁹ : 외교적 교섭 주장)
  │   └ 저서 : 『지천집』
  └ ²⁰의 백마산성 항전, 인조의 ²¹피난
- 결과 ┬ ²²(삼궤구고두례)
  ├ → 청에게 항복 : ²³관계 체결 * ²⁴(청 태종 공덕비) 건립
  ├ ²⁵, ²⁶ 및
  │ 척화 주전론 신료(²⁷ 등)를 볼모로 압송
  └ 다수의 부녀자들이 포로로 잡혀 감

[병자호란 이후 청과의 관계]

(효종) 1차 북벌
'청을 배척하자'

- 배경 : 반청 의식 + 문화적 우월감
- 주도 : ²⁸(²⁹, 송준길 등)
- 내용 ┬ ³⁰ 사상, ³¹, ³²
  ├ ³³중심(중앙군, 왕 호위 부대)
  └ 조총, 화포 개발(by 벨테브레, 하멜)

- 결과
  - 실패(← 서인들의 정권 유지 명분)
  - ³⁴ 2차례 동원
    1차(1654, 변급), 2차(1658, 신유)

(숙종) 2차 북벌 → (영조 · 정조) ³⁸
'청을 배우자'

- 배경 : ³⁵
  (청의 혼란기 이용)
- 주도 : ³⁶(³⁷)
- 결과 : 남인 실각 → 중단

18C 영조 후반
청과의 교류 급속히 확대
↓
낙론, 남인 등이 북학론 제기

연계 빈출 사료

윤집의 주전론

"화의로 백성과 나라를 망치기가 …… 오늘날과 같이 심한 적이 없습니다. 명은 우리나라에 있어서 곧 부모요, 오랑캐(청)는 우리나라에 있어서 곧 부모의 원수입니다. 신하된 자로서 부모의 원수와 형제가 되어서 부모를 저버리겠습니까.
– 『인조실록』

최명길의 주화론

주화(主和) 두 글자는 신의 일평생에 신변의 누가 될 줄로 압니다. …… 자기의 힘을 헤아리지 아니하고 경망하게 큰 소리를 쳐서 오랑캐들의 노여움을 도발, 마침내는 백성이 도탄에 빠지고 종묘와 사직에 제사 지내지 못하게 된다면 그 허물이 이보다 클 수 있겠습니까.
– 『지천집』

정답 1 후금 2 중립 3 실리 4 친명 5 명분 6 이괄 7 공주 8 광해군 9 가도 10 용골산성 11 이립 12 강화도 13 형제 14 청 15 군신 16 주전론 17 김상헌 18 주화론 19 최명길 20 임경업 21 남한산성 22 삼전도의 굴욕 23 군신 24 삼전도비 25 소현세자 26 봉림대군 27 삼학사 28 서인 29 송시열 30 소중화 31 화이론 32 숭정처사 33 어영청 34 나선 정벌 35 삼번의 난 36 남인 37 윤휴 38 북학론

網 큰 개념을 그리다

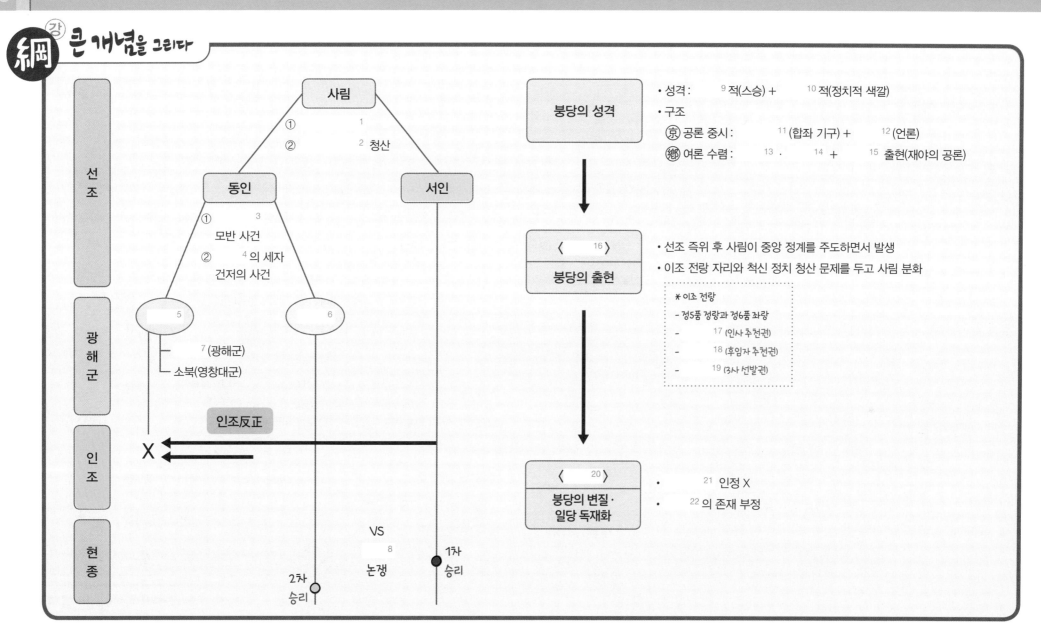

붕당의 성격
- 성격: ⁹ 적(스승) + ¹⁰ 적(정치적 색깔)
- 구조
  - 京 공론 중시: ¹¹ (합좌 기구) + ¹² (언론)
  - 鄕 여론 수렴: ¹³ . ¹⁴ + ¹⁵ 출현(재야의 공론)

〈 ¹⁶ 〉
붕당의 출현
- 선조 즉위 후 사림이 중앙 정계를 주도하면서 발생
- 이조 전랑 자리와 척신 정치 청산 문제를 두고 사림 분화

＊ 이조 전랑
- 정5품 정랑과 정6품 좌랑
- ¹⁷ (인사 추천권)
- ¹⁸ (후임자 추천권)
- ¹⁹ (3사 선발권)

〈 ²⁰ 〉
붕당의 변질·일당 독재화
- ²¹ 인정 X
- ²² 의 존재 부정

선조 / 광해군 / 인조 / 현종

사림
① ② ¹
² 청산

동인 / 서인

동인
① ³
모반 사건
② ⁴ 의 세자
건저의 사건

5 / 6

⁷ (광해군)
소북(영창대군)

인조反正

X

VS
⁸ 논쟁

2차 승리 / 1차 승리

정답 1 이조 전랑 2 척신 정치 3 정여립 4 정철 5 북인 6 남인 7 대북 8 예송 9 학파 10 정파 11 비변사 12 삼사 13 서원 14 향교 15 산림 16 선조 17 낭천권 18 자대권 19 통청권 20 숙종 21 상대당 22 산림

09 조선 후기 붕당의 전개

目 세부 개념을 정리하다

구분		1		2
선조 (1567 ~ 1608) 정치적		3 , 4 청산 문제를 두고 대립		
		5 , 신진 사림, 척신 청산		6 , 기성 사림, 척신 7
학파적	• 8 의 문인 : 유성룡, 김성일	• 9 , 조식의 문인		• 10 의 문인 • 성혼의 문인
구분	북인	남인		−
정치적	① 11 (동인) 모반 사건 : 12 조직 후 모반 → 13 (서인) 수사 → 14 피해 大(기축옥사 : 동인↓, 서인↑) ② 정철, 세자 15 사건(서인 실각, 동인 분화)			−
	정철 16 처벌	정철 17 처벌		
학파적	18 , 서경덕의 제자	19 의 제자		−
광해군 (1608~1623)	• 20 (광해군 지지, 왜란 참여) 집권 • 21 (22 주도 + 23 참여) ─ ① 24 출신(정통성↓), 25 유폐(폐모), 26 살해(살제) why? ② 광해군의 27 정책 ＊칠서의 옥(1613, 칠인의 서출들이 영창대군을 옹립한 사건) ─ ③ 북인의 권력 독점(회퇴변척) → 28 학풍 강조, 29 · 30 비판			
인조 (1623~1649)	• 붕당 간 상호 공존(서인, 남인) • 대외 정책 : 31 (→ 정묘 · 병자호란 발발) • 장남 32 사망 → 차남 33 (효종)이 즉위			
효종 (1649~1659)	대외 정책 : 34 시도(35 , 송준길, 이완) → 실패 → 나선 정벌 2차례 동원(서인 정권 유지의 수단)			

현종 (1659~1674)

인조의 계비인 36 (= 조대비)의 복상 문제 → 왕실(『국조오례의』 기준 無) VS 사대부(『주자가례』) 예법 적용 문제

구분	남인	서인
37 예송 (효종 사망)	38	39 (기년설) 승리!
		40 강화(천하동례) : 왕 = 사대부, 체이부정(體而不正)
41 예송 (효종 비 사망)	42 (기년설) 승리! 43 강화(왕자례부동사서) : 왕 ≠ 사대부	44 (대공설)

정답 1 동인 2 서인 3 이조 전랑 4 척신 정치 5 김효원 6 심의겸 7 허용 8 이황 9 서경덕 10 이이 11 정여립 12 대동계 13 정철 14 동인 15 건저의 16 강력 17 온건 18 조식 19 이황 20 대북 21 인조반정 22 서인 23 남인 24 서자 25 인목대비 26 영창대군 27 중립 외교 28 조식 29 이언적 30 이황 31 천명 배금 32 소현세자 33 봉림대군 34 북벌 35 송시열 36 자의대비 37 기해 38 3년설 39 1년설 40 신권 41 갑인 42 1년설 43 왕권 44 9개월설

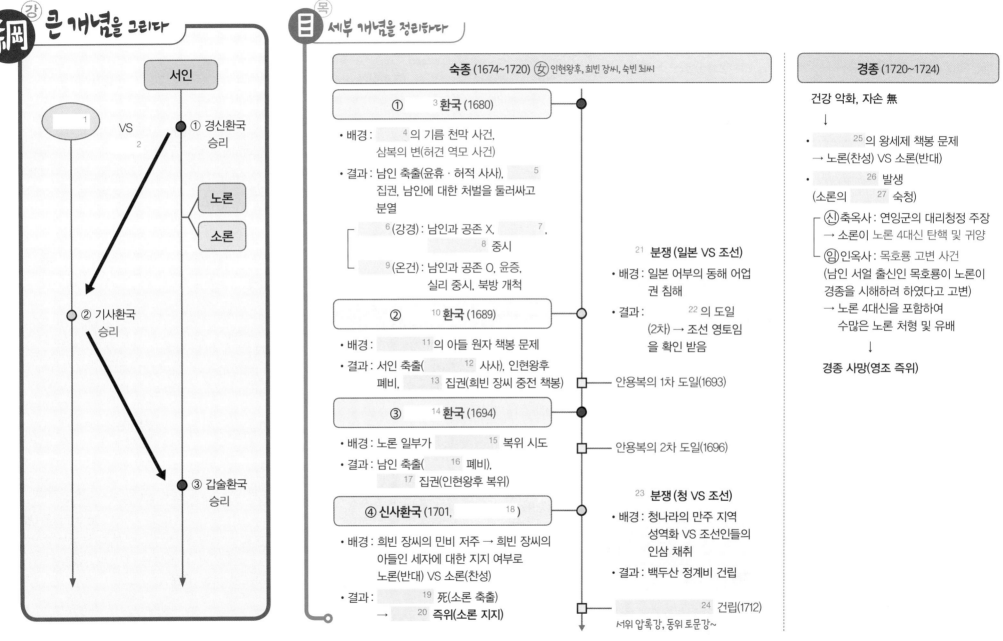

綱(강) 큰 개념을 그리다

서인

[1   ] VS ① 경신환국
          2   승리

노론

소론

② 기사환국
   승리

③ 갑술환국
   승리

目(목) 세부 개념을 정리하다

숙종 (1674~1720) (女) 인현왕후, 희빈 장씨, 숙빈 최씨

① [3   ] 환국 (1680)

· 배경 : [4   ]의 기름 천막 사건,
        삼복의 변(허견 역모 사건)
· 결과 : 남인 축출(윤휴 · 허적 사사), [5   ]
        집권, 남인에 대한 처벌을 둘러싸고
        분열
        [6   ](강경) : 남인과 공존 X, [7   ],
                       [8   ] 중시
        [9   ](온건) : 남인과 공존 O, 윤증,
                       실리 중시, 북방 개척

② [10   ] 환국 (1689)

· 배경 : [11   ]의 아들 원자 책봉 문제
· 결과 : 서인 축출([12   ] 사사), 인현왕후
        폐비, [13   ] 집권(희빈 장씨 중전 책봉)

③ [14   ] 환국 (1694)

· 배경 : 노론 일부가 [15   ] 복위 시도
· 결과 : 남인 축출([16   ] 폐비),
        [17   ] 집권(인현왕후 복위)

④ 신사환국 (1701, [18   ])

· 배경 : 희빈 장씨의 민비 저주 → 희빈 장씨의
        아들인 세자에 대한 지지 여부로
        노론(반대) VS 소론(찬성)
· 결과 : [19   ] 死(소론 축출)
        → [20   ] 즉위(소론 지지)

[21   ] 분쟁 (일본 VS 조선)

· 배경 : 일본 어부의 동해 어업
        권 침해
· 결과 : [22   ]의 도일
        (2차) → 조선 영토임
        을 확인 받음

─ 안용복의 1차 도일(1693)

─ 안용복의 2차 도일(1696)

[23   ] 분쟁 (청 VS 조선)

· 배경 : 청나라의 만주 지역
        성역화 VS 조선인들의
        인삼 채취
· 결과 : 백두산 정계비 건립

□ [24   ] 건립(1712)
  서위 압록강, 동위 토문강~

경종 (1720~1724)

건강 악화, 자손 無
↓
· [25   ]의 왕세제 책봉 문제
  → 노론(찬성) VS 소론(반대)
· [26   ] 발생
  (소론의 [27   ] 숙청)

┌ (신)축옥사 : 연잉군의 대리청정 주장
│   → 소론이 노론 4대신 탄핵 및 귀양
└ (임)인옥사 : 목호룡 고변 사건
    (남인 서얼 출신인 목호룡이 노론이
    경종을 시해하려 하였다고 고변)
    → 노론 4대신을 포함하여
       수많은 노론 처형 및 유배
↓
경종 사망(영조 즉위)

정답 1 남인 2 환국 3 경신 4 허적 5 서인 6 노론 7 송시열 8 대의명분 9 소론 10 기사 11 희빈 장씨 12 송시열 13 남인 14 갑술 15 인현왕후 16 장씨 17 서인 18 무고의옥 19 희빈 장씨 20 경종 21 독도 22 안용복 23 간도 24 백두산 정계비 25 연잉군 26 신임사화 27 노론

" __1__ **탕평**" 붕당 부정, 강력한 왕권으로 붕당을 일시적 억제

" __23__ **탕평**" 각 붕당의 주장이 옳고 그른지 명백히 가리는 적극적 탕평

1. 영조(1724~1776)

1) 탕평 정치의 추이

구분	배경	정책	특징
1단계 (즉위 초)	__2__ 집권 ← 왕세제로 옹립해 준 노론 정권 확립 목적	__3__ 발표(1725) "붕당의 폐해가 요즘보다 심각한 적 없다"	탕평 표방 but __4__ 형태 (소론 → __5__ → 정미환국 : 소론)
2단계 (완론 탕평기)	경종 독살설, 반대파↑ → __6__ (1728, 남인 + 소론, 청주성 함락)	__7__ 발표(1729) → 붕당의 타파 전면 표방 (탕평 선언)	① __8__ 육성 '온건 + 타협' ② __9__ 건립(성균관), 탕평채 ③ __10__ 부정, __11__ 정리 ④ __12__ 인사권 축소 (통청권, 자대권, 폐지) 3사 관리 선발 후임자 추천권
실패 (불완전)	나주 괘서 사건(1755, 윤지의 난) : 노론 정권에 대한 불만이 폭발		

2) 기타 업적

- __13__ 실시(군포 1년에 1필)
- __14__ 준설(준천사 설치)
- 사형수 __15__ 실시
- __16__ 부활
- __17__ (양인 확보 목적, 어머니가 양인이면 자식도 양인)
- __18__ 반포(훈련도감 · 어영청 · 금위영이 도성을 나누어 방어)

문물정비	• __19__ (홍봉한, 한국학 백과사전) • 『무원록』(법의학) • __20__ (법전) • 『속오례의』『국조오례의』속편	• 『속병장도설』(병서) • 동국여지도(신경준)

사도(思悼) 세자

〈임오화변(1762)〉
나경언의 세자
비행 상소
↓
사도세자가 뒤주에
갇혀 죽음

┌ __21__
│ (소론 계통 多,
│ 일부 노론과 남인,
│ '사도세자에 대한
│ 처사 지나치다.')
└ __22__
  (노론 강경파 多,
  '사도세자의 죽음
  당연하다.')

2. 정조(1776~1800)

1) 고른 인재 등용

- __24__ + __25__ (정약용 + 채제공) • 시파 중용
- 정유절목(1777) : 허통 범위 확대
  ex) 규장각 검서관에 서얼 등용(__26__ , __27__ 등)

2) 왕권 강화

- __28__ 설치(창덕궁) : 도서관 + 문한 + 비서 + 정책 자문
  * 강화도에 __29__ 건설
- __30__ 시행 : 임금이 스승으로서 신하 교육, 37세 이하 관리 재교육,
  __31__ 자처
  "달은 하나이며 물은 수만이다… 달은 태극이며, 태극은 바로 나다"
- __32__ 도통론(산림도통론 부정) : '성리학의 정통성은 왕에게 있다.'
- 이조 전랑의 후임자 추천권 완전 폐지
- __33__ 권한↑(군현 단위 향약 주관)
- __34__ 건설(유네스코 세계 문화유산),
  융건릉 조성(융릉 : 사도세자 + 홍씨 합장묘 / 건릉 : 정조 무덤)
- 정리자(整理字) 주조
- __35__ 육성

3) 사회 시책

- 『제언절목』(1778, 비변사) : 제언의 신축, 수리 시설 개인 독점 금지
- __36__ 반포(1791) : 육의전을 제외한 시전 상인의 금난전권 폐지

문물정비	• __37__ (법전) • 『홍재전서』(시문, 교지) • 『동문휘고』(외교 문서) • __38__ (병법서) • __39__ (일기) • 『탁지지』(호조 업무)	• 『규장전운』(이덕무, 어학책) • 『자휼전칙』(흉년 시 어린이 구호) • 『전운옥편』(옥편, 한자 자전) • 『고금도서집성』(청에서 수입) • 추관지(형조 업무) * 문화 통제 : __40__ (신문체 사용 X)

정답 1 완론 2 노론 3 탕평 교서 4 환국 정치 5 노론 6 이인좌의 난 7 기유처분 8 탕평파 9 탕평비 10 산림 11 서원 12 이조 전랑 13 균역법 14 청계천 15 삼심제 16 신문고 17 노비종모법 18 수성윤음 19 『동국문헌비고』 20 『속대전』 21 시파 22 벽파 23 준론 24 소론 25 남인 26 박제가 27 이덕무 28 규장각 29 외규장각 30 초계문신제 31 만천명월주인옹 32 군주 33 수령 34 수원 화성 35 장용영 36 신해통공 37 『대전통편』 38 『무예도보통지』 39 『일성록』 40 문체반정

綱 큰 개념을 그리다

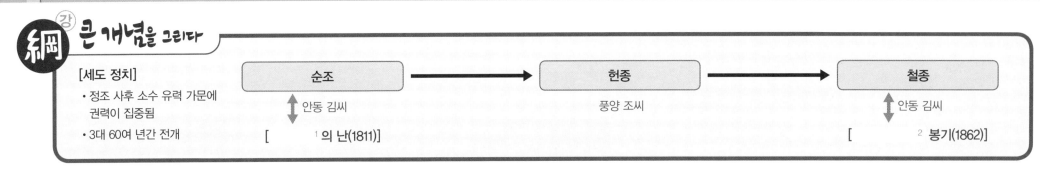

[세도 정치]
- 정조 사후 소수 유력 가문에 권력이 집중됨
- 3대 60여 년간 전개

| 순조 | → | 헌종 | → | 철종 |

↕ 안동 김씨   풍양 조씨   ↕ 안동 김씨

[___¹___ 의 난(1811)]   [___²___ 봉기(1862)]

目 세부 개념을 정리하다

1) 세도 정치

■ 홍경래 반군의 점령지
● 철종 때의 농민 봉기 지역
★ 고종 때의 농민 봉기 지역

홍경래의 난 (1811)

임술 농민 봉기 (1862)

개령 농민 봉기 (1862)

임술 농민 봉기 (1862)

| ___³___ (1800~1834) 정조 사후 11세 즉위 | → | ___⁷___ (1834~1849) 8세 즉위 | → | ___⁹___ (1849~1863) 강화도령 |

[정순왕후의 수렴청정](노론 벽파 집권)
- 규장각 검서관 ___⁴___, 장용영 ___⁵___ (훈련도감, 비변사 장악)
- ___⁶___ (1801) : 천주교 탄압(남인 박해)

[순조 친정](벽파↓, 안동 김씨 김조순·노론 시파↑)

홍경래의 난(1811)

[___⁸___ 의 세도 정치]
- 천주교 신자 색출을 위해 오가작통법 이용
- 기해박해(1839) : 정하상 처형, 조대비의 척사윤음 반포
- 병오박해(1846) : 김대건 신부 순교

[안동 김씨의 세도 정치]

임술 농민 봉기(1862)

2) 사회 변혁의 움직임

| 배경 | → | 소극적 저항 | → | 적극적 저항 |

- 과거 제도의 유명무실(매관매직)
- 삼정의 문란 심화
  - ___¹⁰___ : 총액제 → 도결(다양한 세액 토지에 부과)
  - ___¹¹___ : 족징, 인징, 백골징포, 황구첨정
  - ___¹²___ : 늑대(강제 대여), 반작(허위 장부), 분석(겨 혼합)
- 의식의 성장 : 서당의 보급, 장시 발달
- 비기·도참·미륵 사상 유행 → ___¹³___ (새로운 왕조 탄생 예언)
- 천주교, 동학 등 새로운 사상 확산

소극적 저항
- 소청 (유생의 건의)
- 벽서(벽보)
- 괘서(익명)

적극적 저항

[___¹⁴___ 의 난 (1811)]
- 원인 : ___¹⁵___ 지역에 대한 차별 대우 (중앙 진출 제한, 상공업 활동 억압)
- 전개 ┌ 홍경래(몰락 양반)의 지휘 + 영세 농민, 중소 상인, 광산 노동자 합세
  └ ___¹⁶___ 이북(가산, 박천, 정주 등) 지역 점령
  → 관군에게 진압 → 세도 정치의 모순 심화

[___¹⁷___ 봉기 (1862)]
- 원인 : ___¹⁸___ 의 문란, 경상 우병사 백낙신의 수탈
- 전개 : ___¹⁹___ (몰락 양반) 중심으로 전개, 단성에서 시작 → 진주 민란 → 전국 확산
- 정부의 대책 : ___²⁰___ 설치, 암행어사 파견 → 미봉책에 불과

시대 흐름 잡기

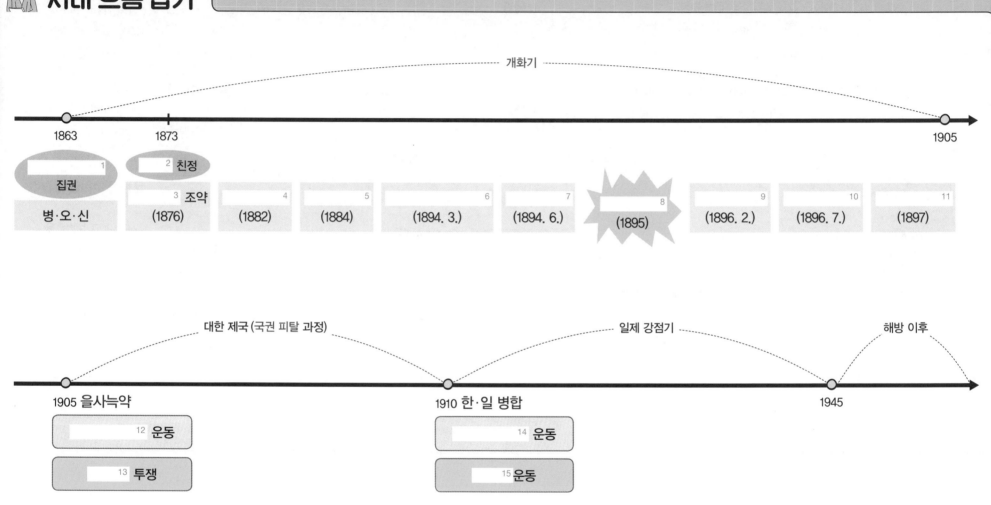

개화기

1863   1873   1905

```
┌─────────┐  ┌─────────┐
│        1│  │        2│ 친정
│  집권   │  └─────────┘
└─────────┘
```

| 1 집권 | 3 조약 | 4 | 5 | 6 | 7 | 8 | 9 | 10 | 11 |
| 병·오·신 | (1876) | (1882) | (1884) | (1894. 3.) | (1894. 6.) | (1895) | (1896. 2.) | (1896. 7.) | (1897) |

대한 제국 (국권 피탈 과정)   일제 강점기   해방 이후

1905 을사늑약   1910 한·일 병합   1945

| 12 운동 | | 14 운동 |
| 13 투쟁 | | 15 운동 |

정답 1 흥선 대원군 2 고종 3 강화도 4 임오군란 5 갑신정변 6 동학 농민 운동 7 갑오개혁 8 을미사변 9 아관 파천 10 독립 협회 11 대한 제국 12 애국 계몽 13 의병 14 실력 양성 15 독립

綱 큰 개념을 그리다

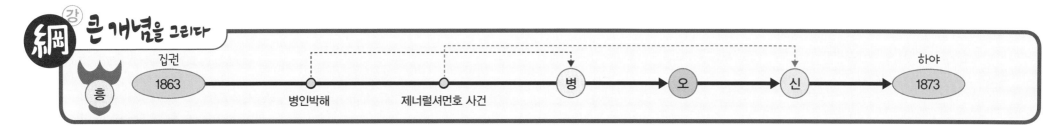

흥 | 집권 1863 ── ○ 병인박해 ── ○ 제너럴셔먼호 사건 ── 병 → 오 → 신 → 하야 1873

目 세부 개념을 정리하다

* 19세기 후반의 정세 : [국내] 세도 정치의 폐단

[국외] • 청(1842, 난징 조약)과 일본(1854, 미·일 화친 조약)의 문호 개방

• 이양선 출몰, 통상 요구 : 최초 1832년 영국 로드 암허스트호

1) 흥선 대원군의 국내 정책 (1863~1873)

"천리를 끌어다 지척을 삼겠으며 태산을 깎아내려 평지를 만들고, 남대문을 3층으로 높이라"

왕권 강화책	세도 가문 축출	세도 정치의 중심인 ___1___ 세력 축출	비변사 폐지	___2___ 축소·폐지 → ___3___(정치)와 ___4___(군사) 부활
	법전 정비	통치 기강을 바로잡기 위해 ___5___, ___6___ 편찬		
	경복궁 중건 사업	• 내용 : 임진왜란 중 소실된 경복궁을 중건, 육조 거리의 관청들을 복원 • 과정 : ___7___ · 결두전 · 통행세 징수, ___8___ 남발(인플레이션), 양반의 묘지림 벌목, 백성의 부역 강제 동원, 청전 수입		
민생 안정책	서원 철폐	___9___만 남기고 모두 철폐, ___10___ 철폐(임란 때 조선을 도와준 명나라 황제 신종과 마지막 황제 의종의 제사를 지내던 곳)		
	삼정의 문란 시정	• 전정 : 토지 겸병 금지, ___11___ 실시 → 은결·누결 색출 • 군정 : ___12___ 실시 → 군포를 개인이 아닌 가구(호) 단위로 부과(= 동포제), 신분 구별 없이 양반에게도 군포 징수 • 환곡 : ___13___ 실시 → 리(里) 단위로 사창을 설치하고, 향촌민들이 자치적으로 운영		

주主 비非 양洋
화和 전戰 이夷
매賣 즉則 침侵
국國 화和 범犯

척화비

* 병인양요 직후 작성하고 신미년에 세움

2) 흥선 대원군의 국외 정책 (통상 수교 거부 정책)

___14___ (1866. 1.)	___16___ **사건** (1866. 7.)	___18___ (1866. 9.)	___23___ **도굴 사건** (1868. 4.)	___25___ (1871. 4.)
프 이용(천주교 허용)하여 러 견제하려 했으나 실패 → ___15___ 박해 프 선교사 9명, 신자 8,000여 명 처형	미 상선 제너럴셔먼호가 통상 요구를 거부당하자 ___17___ 민가를 약탈 → 평안도 관찰사 박규수와 주민들이 공격	프가 병인박해를 구실로 로즈 제독이 강화도를 점령 ↔ ___19___(문수산성), ___20___(정족산성) 부대가 프 격퇴함 → 프 퇴각 중 ___21___의 도서(___22___) 등 약탈 (2011년, 5년 단위 갱신 임대 조건으로 반환)	독 상인 오페르트가 통상을 요구했으나 실패 → 오페르트가 충남 덕산 남연군(___24___의 父) 의 무덤을 도굴하려다 실패	미 제너럴셔먼호 사건을 구실로 강화도 침입 → 미 초지진·덕진진 점령, 광성보 공격 ↔ ___26___ 수비대의 항전 → 미 수자기 등을 약탈(2007년, 대여 형식 반환), 대원군이 전국에 ___27___ 건립(1882년 이후 철거)

정답 1 안동 김씨 2 비변사 3 의정부 4 삼군부 5 『대전회통』 6 『육전조례』 7 원납전 8 당백전 9 47개소 10 만동묘 11 양전 사업 12 호포제 13 사창제 14 병인박해 15 천주교
16 제너럴셔먼호 17 평양 18 병인양요 19 한성근 20 양헌수 21 외규장각 22 『의궤』 23 오페르트 24 흥선 대원군 25 신미양요 26 어재연 27 척화비

02 개항과 불평등 조약의 체결

綱 큰 개념을 그리다

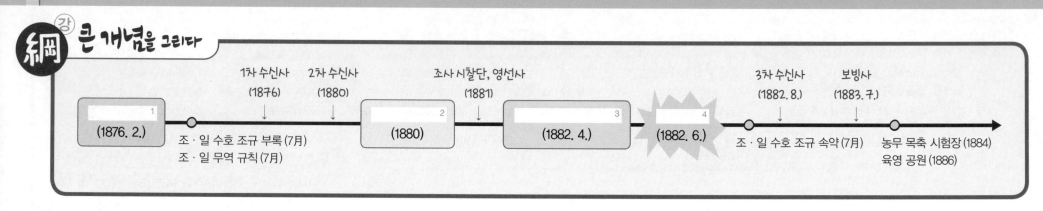

1차 수신사 (1876) · 2차 수신사 (1880) · 조사 시찰단, 영선사 (1881) · 3차 수신사 (1882. 8.) · 보빙사 (1883. 7.)

| 1 (1876. 2.) | 2 (1880) | 3 (1882. 4.) | 4 (1882. 6.) |

조·일 수호 조규 부록(7月)
조·일 무역 규칙(7月)

조·일 수호 조규 속약(7月)

농무 목축 시험장(1884)
육영 공원(1886)

目 세부 개념을 정리하다

1) 강화도 조약 (= [5   ], 1876. 2.) : 최초의 [6] 조약이자 [7] 조약

배경	• 흥선 대원군의 하야(1873) : 최익현의 상소를 계기로 하야, 고종의 친정 시작(민씨 세력이 정권 장악) • 통상 개화파의 등장 : 박규수(박지원의 손자), 오경석(역관, 『해국도지』, 『영환지략』 유입), 유홍기(의관) 등이 개항의 필요성 주장 • 일본의 강요 : 메이지 유신(1868) 이후 [8] 사건(日 통상 수교 요구 외교 문서를 조선에 전달했으나 흥선 대원군이 거부) → 일본 내 [9](조선 정벌론)이 대두 → 일본이 문호 개방 목적으로 운요호 파견(강화도 초지진) → 조선이 경고 사격하자 무력 도발, [10] 사건(1875)
내용	• 청의 종주권 부인 : 조선은 [11] → 일본의 침략 의도가 내포됨 • 불평등 조항 : [15] 허용, [16](영사 재판권) 인정 • [12](1876) 이외 2개 항구 개항 : 이후 [13](1880) · [14](1883) 추가 개항 • 수시로 사신 파견 약속(1~3차 수신사 파견)

[부속 조약]

조·일 수호 조규 부록 (1876. 7.)	조·일 무역 규칙 (1876. 7., 최초의 조·일 통상 장정)	조·일 수호 조규 속약 (1882. 7., 임오군란 이후)	조·일 통상 장정 개정 (1883. 6.) 개정
• 일본 [17]의 여행 허용 • 개항장에서 [18] 유통 허용 • 일본 상인의 활동 범위 설정 (개항장 사방 [19], 간행이정)	• 양곡(쌀·잡곡)의 [20] 허용 • 일본 수출입 상품에 대한 [21] 규정 • [22] 규정	• 일본 상인의 활동 범위 확대 (10리 → [23], 2년 후 [24]까지 확대) • 1년 뒤 양화진 개시 • 일본 공사·영사와 그 가족의 자유 여행 허용	• [25] 규정 • [26] 대우 규정 • [27] 규정(쌀 수출 금지령) : 방곡령 시행 1개월 전 지방관이 영사관에 통고해야 함

2) 조·미 수호 통상 조약 (1882. 4.) : ____28 과 맺은 최초의 근대적 조약이자 불평등 조약

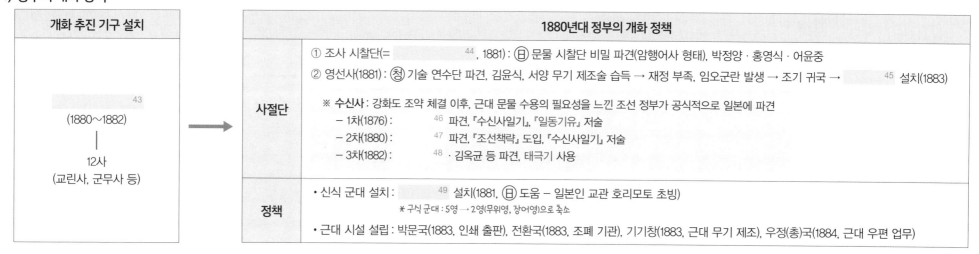

____29 (1880) 유포
2차 수신사 김홍집이 황쭌셴이 쓴 『조선책략』을 가져와 유포
(____30 VS 친 ____31 결 ____32, 연 ____33)
오늘날 조선이 세워야 할 책략으로 러시아를 막는 것보다 더 급한 일이 없다. 이를 막는 책략은 무엇인가? 중국과 친하고, 일본과 맺고, 미국과 이어짐으로써 자강을 도모할 뿐이다.

→ 영향 →

조 · 미 수호 통상 조약 체결	
배경	____34 의 알선으로 조약 체결(일본과 러시아 견제 의도)
내용	치외 법권(영사 재판권) 인정, ____35 규정(타국에 허용한 유리한 대우를 동일하게 받음), ____36 협정, ____37 조항(양국 중 한 나라가 제3국의 위협을 받을 경우 서로 도움)
영향	미국은 조선에 푸트 공사 파견, 조선은 미국에 ____38 파견(1883) *최초 구미 사절단 : 민영익·홍영식·서광범 등 파견, 귀국 후 ____39 개설(1884)

3) 기타 열강과의 조약

영국 (1883)	• 치외 법권 인정 문제로 체결 지연 → 조 · 미 수호 통상 조약이 체결된 이후 체결	• 치외 법권, 조차지 설정, 최혜국 대우, 내지 통상권(간행이정 100리로 확대) 등 허용
독일 (1883)	• 청의 알선	• 내지 통상권, 최혜국 대우 등 허용
____40 (1884)	• ____41 의 알선 없이 독자적 수교	• 최혜국 대우, 치외 법권 등 허용
____42 (1886)	• 천주교 전래 문제로 체결 지연	• 프랑스어 교육 허용 조항을 통해 천주교와 선교의 자유 허용

4) 정부의 개화 정책

개화 추진 기구 설치	1880년대 정부의 개화 정책	
____43 (1880~1882) ↓ 12사 (교린사, 군무사 등)	사절단	① 조사 시찰단(= ____44, 1881) : ⓐ 문물 시찰단 비밀 파견(암행어사 형태), 박정양 · 홍영식 · 어윤중 ② 영선사(1881) : ⓒ 기술 연수단 파견, 김윤식, 서양 무기 제조술 습득 → 재정 부족, 임오군란 발생 → 조기 귀국 → ____45 설치(1883) ※ 수신사 : 강화도 조약 체결 이후, 근대 문물 수용의 필요성을 느낀 조선 정부가 공식적으로 일본에 파견 – 1차(1876) : ____46 파견, 『수신사일기』, 『일동기유』 저술 – 2차(1880) : ____47 파견, 『조선책략』 도입, 『수신사일기』 저술 – 3차(1882) : ____48 · 김옥균 등 파견, 태극기 사용
	정책	• 신식 군대 설치 : ____49 설치(1881, ⓑ 도움 – 일본인 교관 호리모토 초빙) *구식 군대 : 5영 → 2영(무위영, 장어영)으로 축소 • 근대 시설 설립 : 박문국(1883, 인쇄 출판), 전환국(1883, 조폐 기관), 기기창(1883, 근대 무기 제조), 우정(총)국(1884, 근대 우편 업무)

정답 1 강화도 조약 2 통리기무아문 3 조·미 수호 통상 조약 4 임오군란 5 조·일 수호 조규 6 근대적 7 불평등 8 세계 9 정한론 10 운요호 11 자주국 12 부산 13 원산 14 인천 15 해안 측량권 16 치외 법권 17 외교관 18 일본 화폐 19 10리 20 무제한 유출 21 무관세 22 무항세 23 50리 24 100리 25 관세 26 최혜국 27 방곡령 28 서구 열강 29 『조선책략』 30 러시아 31 중국 32 일본 33 미국 34 청 35 최혜국 대우 36 관세 37 거중조정 38 보빙사 39 농무 목축 시험장 40 러시아 41 청 42 프랑스 43 통리기무아문 44 신사 유람단 45 기기창 46 김기수 47 김홍집 48 박영효 49 별기군

03 개화파와 위정척사파의 흐름

개화파	실학 (북학파, 경기 노론)	1	통상 개화론	(임오군란 이후) 개화파 분화	4 수용	실력 양성 운동
		–	• 강화도 조약 체결 지지 • 박규수(실학 계승), 오경석(역관), 유홍기(의관)	• ___ 2 개화파(정부의 개화 정책 추진) • ___ 3 개화파(급진적 개혁 추구)	'약육강식', '적자생존' → '교육, 산업을 통해 실력을 키우자'	

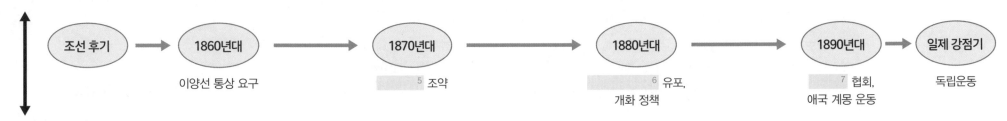

조선 후기 → 1860년대 → 1870년대 → 1880년대 → 1890년대 → 일제 강점기

이양선 통상 요구 　　　 5 조약 　　　 6 유포, 개화 정책 　　　 7 협회, 애국 계몽 운동 　　　 독립운동

위정 척사파	성리학 (충청 노론)	8 주전론	10 불가론· 11	개화 반대론	항일 의병 운동	무장 투쟁
		• 서양과의 통상 수교 반대 운동 전개 • 흥선 대원군의 쇄국 정책 지지 • ___ 9 (『화서집』, 『화서아언』), 기정진	• 개항 반대 운동 전개 • 유인석, ___ 12 (오불가소, 지부복궐상소) '저들의 무한한 수공업품과 우리의 토산품을 교류하면 안된다'	• 『조선책략』 비판 및 미국과의 통상 반대 • ___ 13 의 영남 만인소, 홍재학의 만언 척사소 '러시아는 본래 우리와 혐의가 없는 바'	• 항일 의병 운동(을미의병) 전개 • 유인석 · 이소응	

[(임오군란 이후) 개화파 분화]

구분	모델	이념	인물
온건 개화파	14 세력 (= 사대당, 수구당)	15 운동 (중체서용)	16	17 , 김윤식, 어윤중 (민씨 세력 지원)
급진 개화파	18 세력 (= 개화당, 독립당)	19 (문명개화)	20	21 , 박영효, 홍영식, 서광범, 서재필

綱(강) 큰 개념을 그리다

目(목) 세부 개념을 정리하다

1) 임오군란 (1882)

배경	주도 세력	전개	결과
• _____¹에 대한 차별 대우 : 군제 축소(5영 → 2영), 급료 체불, 별기군 우대, 난전 단속 → 구식 군인의 불만↑ • _____² 유출(강화도 조약) : 쌀값 폭등 → 도시 하층민의 불만↑	구식 군인 + _____³	① _____⁴ 도봉소 사건 : 밀린 월급에 겨와 모래를 섞어서 지급 → 구식 군인들이 선혜청·민씨 정부의 고관(민겸호 자택 등)·일본 공사관 습격 → 별기군 훈련 교관 호리모토 살해, 민겸호 살해 ② 하층민 합세 : 궁궐 습격(창덕궁 점령) → 민비가 _____⁵로 피신	③ 대원군의 재집권(일시적) : ┌ 개화 정책 중단 : _____⁶ 부활, _____⁷ · _____⁸ 폐지 └ 민비 국장 치름 ④ 민씨 세력의 재집권(친청 정권 수립) : 청 군대 파병(위안스카이) → _____⁹ 청 압송, 군란 진압

2) 임오군란 결과 체결한 조약

구분	주요 조약		기타
일본	_____¹⁰ 조약 (1882. 7.)	• 일본에 배상금 55만 원 지불 • _____¹¹ 주둔 허용(일본 공사관 경비 목적)	• 3차 수신사 파견 : 박영효, 김옥균 등 사죄의 뜻으로 파견 • _____¹² 속약 : 간행이정 확대(10리 → 50리, 2년 후 100리까지 확대), 1년 뒤 양화진 개시, 일본 공사·영사와 그 가족의 자유 여행 허용
청	_____¹³ 장정(1882. 8.)	• _____¹⁴ 규정(대등 관계 X) • _____¹⁵과 _____¹⁶ 개잔 무역 허용 (단, 허락된 영업소 외에 내지 무역 인정 X) • 영사 재판권(청국 상무위원이 재판권 행사)	• 청의 내정 간섭 심화 – 정치적 : 최초 고문 파견, _____¹⁷(내정 고문)과 _____¹⁸(외교 고문) 파견 – 군사적 : 청군 상주(위안스카이 지휘), 군사 훈련권 장악, 청의 군제를 모방하여 _____¹⁹(좌·우·전·후영) 설치

정답 1 구식 군인 2 미곡 3 도시 하층민 4 선혜청 5 충주 6 5군영 7 통리기무아문 8 별기군 9 흥선 대원군 10 제물포 11 일본군 12 조·일 수호 조규 13 조·청 상민 수륙 무역 14 속방 15 한성 16 양화진 17 마젠창 18 묄렌도르프 19 4영

OS 갑신정변 (1884)

綱 큰 개념을 그리다

[국내] 김옥균 차관 교섭 실패 → 2030 엘리트 → 우정총국 축하연 → 청군 개입 → ⑪ 한성 조약 vs ⑫ 톈진 조약

[국외] 청·프 전쟁

정권 장악 ★14개조 혁신 정강

目 세부 개념을 정리하다

1) 갑신정변 (1884)

	배경	주도 세력	전개 및 결과

국내	• 임오군란 이후 청의 내정 간섭 심화
	• 개화 정책 후퇴 → 급진 개화파의 반발
	• 재정 문제 : 온건파(⎯1 발행), 급진파(⎯2 도입)
	  → 김옥균이 일본과의 차관 교섭 실패로 급진파 입지 위축
		김옥균 · ⎯4
		(철종 사위) · ⎯5
		(고위 관료) 등 엘리트
		급진 개화파
			① ⎯6 개국 축하연(1884. 10.)에서 정변 단행 → 민씨 정권의 고관 살해
			  → 고종과 민비의 거처를 창덕궁에서 ⎯7 으로 옮기고 정권 장악
			② 개화당 정부 수립 : ★ ⎯8 혁신 정강 발표
			③ 김윤식이 청에 원병 요청 → ⎯9 개입(3일 천하) → 청 군대(위안스카이) 파병 → 일본군 패배,
			  일본 공사관이 불에 탐, ⎯10 피살, ⎯11 · 박영효 일본 망명, ⎯12 미국 망명

국외	• ⎯3 전쟁으로 청군 일부 철수 • 일본 공사가 정변 단행 시 재정 및 군사적 지원 약속		④ 청의 내정 간섭 심화, 개화 운동 단절

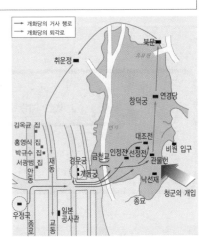

개화당의 거사 행로
개화당의 퇴각로

연계 빈출 사료

차관 교섭 실패

나(김옥균을 의미)는 자금이 없이는 아무것도 할 수 없고 지금 빈손으로 귀국하면 집권 사대당은 나를 비판하며 궁지에 몰아넣을 것임을 알고 있다. 어쨌든 우리 개화당은 심한 타격을 받을 것이며, 우리의 개혁안도 없어질 것이며 조선은 청국의 영구적 속국이 될 수밖에 별 도리가 없다. 우리 당과 사대당은 공존할 수 없기 때문에 최후의 선택을 할지도 모르겠다.
　　　　　　　　　　　　　　　　　　　　 –『후쿠자와 유키치전』

갑신정변

이날 밤 우정국에서 낙성식 연회를 가졌는데 총판 홍영식이 주관하였다. 연회가 끝나갈 무렵에 담장 밖에서 불길이 일어나는 것이 보였다. 이때 민영식도 우영사로서 연회에 참가하였다가 불을 끄려고 먼저 일어나 문밖으로 나갔는데, 밖에 어떤 여러 명의 흉도들이 칼을 휘두르자 나아가 맞받아치다가 칼을 맞고 대청 위에 돌아와서 쓰러졌다. 자리에 있던 사람들이 모두 놀라서 흩어지자 김옥균, 홍영식 등이 자리에서 일어나 궐내로 들어가 곧바로 침전에 이르러 변고에 대하여 급히 아뢰었다. 임금께서 경우궁으로 거처를 옮겼다.
　　　　　　　　　　　　　　　　　　　　 –『고종실록』

05 갑신정변 (1884)

[14개조 혁신 정강]

정치	• 청에 잡혀간 흥선 대원군 귀국 • __14__ 폐지와 인민 평등의 권리 제정 • __16__ 폐지(왕권 제한)	• 청에 대한 __13__ 허례 폐지(청과의 사대 관계 청산) • 대신과 참찬은 의정소에 모여 의결(__15__ 실시) • __17__ 폐지
경제	• __18__ 개혁(국가 재정 확대) • 혜상공국 혁파(특권적 __19__ 폐지)	• 환상미 영구 면제(환곡제 폐지) • 모든 재정은 __20__ 에서 관할(재정 일원화)
사회·군사	• 탐관오리 처벌, 순사 설치(근대적 경찰제 도입)	• 군제 축소(4영 → 1영)

2) 갑신정변의 결과 체결한 조약

조약 국가	조약 내용	
__21__ & __22__	__23__ **조약** (1884. 11.)	• 일본 공사관 __24__ 비용 부담 • 배상금 13만 원 지불
__25__ & __26__	__27__ **조약** (1885. 3.)	• 청 · 일 양군 __28__ 철수 • 조선 파병 시 상대 국가에 미리 알릴 것 규정 → __29__ 전쟁의 원인

연계 빈출 사료

톈진 조약

제1조 청국은 조선에 주둔한 군대를 철수하고, 일본국은 공사관 호위를 위해 조선에 주재한 병력을 철수한다.

제2조 청국과 일본국은 조선국 군대를 훈련시키기 위하여 외국 무관 1인 내지 수인을 채용하고 두 나라(청·일)의 무관은 파견하지 않는다.

제3조 앞으로 조선에 변란이나 중대 사건이 일어나 청·일 두 나라나 어떤 한 국가가 파병을 하려고 할 때에는 마땅히 그에 앞서 쌍방이 문서로써 알려야 한다. 그 사건이 진정된 뒤에는 즉시 병력을 철수시키며 잔류시키지 못한다.

－『고종실록』

3) 갑신정변 이후 한반도 정세

열강들의 경쟁 심화	→	중립화론 대두	→	방곡령 사건 (1889)

열강들의 경쟁 심화

㉞ • __30__ 비밀 협약 체결 시도(1884. 12.) → 실패
: 조선이 러시아를 통해 청을 견제하려던 시도
• 조 · 러 육로 통상 조약(1888)

㉣ 일본의 경제 침탈↑

㉤ __31__ 의 ★ 거문도 불법 점령(1885~1887)
: 러시아의 남하 견제 목적

중립화론 대두

• __32__ 의 조선 중립화론
"우리나라가 아시아의 인후(咽喉, 목구멍)에 처해 있는 지리적 위치는 유럽의 벨기에와 같고, … 대저 우리나라가 아시아의 중립국이 된다면…"

• 부들러(독일 부영사)의 중립화론
→ but 정책화 X

방곡령 사건 (1889)

__33__ (1889, 조병식)와

__34__ (1889, 1890)에 방곡령 선포

→ 조 · 일 통상 장정(개정)의 규정(방곡령 시행 1개월 전 통고)을 구실로 방곡령 철회 요구

→ 방곡령 철회, 일본에 배상금 지불

＊ 1차 갑오개혁 때 방곡령 반포 금지

정답 1 당오전 2 차관 3 청·프 4 박영효 5 서광범 6 우정총국 7 경우궁 8 14개조 9 청군 10 홍영식 11 김옥균 12 서재필 13 조공 14 문벌 15 입헌 군주제 16 내시부 17 규장각 18 지조법 19 상업 20 호조 21 조선 22 일본 23 한성 24 신축 25 일본 26 청 27 톈진 28 공동 29 청·일 30 조·러 31 영국 32 유길준 33 함경도 34 황해도

06 동학 농민 운동 (1894)

綱 큰 개념을 그리다

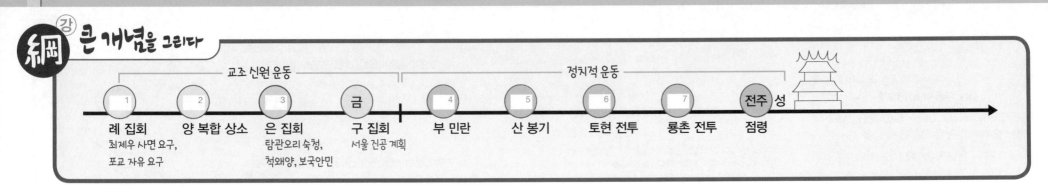

교조 신원 운동

정치적 운동

1	2	3	금	4	5	6	7	전주 성
례 집회	양 복합 상소	은 집회	구 집회	부 민란	산 봉기	토현 전투	룡촌 전투	점령
최제우 사면 요구, 포교 자유 요구		탐관오리 숙청, 척왜양, 보국안민	서울 진공 계획					

目 세부 개념을 정리하다

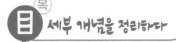

1) 배경
┌ ① 농민층의 동요 : 지방관의 수탈 가중, 개항 이후 ___8___ 수탈과 곡물값 폭등(→ 반일 감정 심화)
└ ② ___9___ 의 성장 : 각 지방에 포, 접의 교단 설치 → 농민 조직화

2) 전개

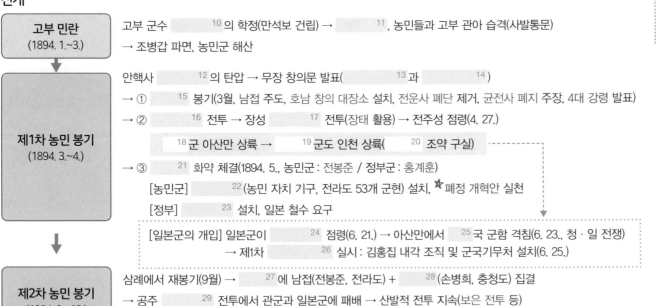

고부 민란 (1894. 1.~3.)

고부 군수 ___10___ 의 학정(만석보 건립) → ___11___, 농민들과 고부 관아 습격(사발통문)
→ 조병갑 파면, 농민군 해산

제1차 농민 봉기 (1894. 3.~4.)

안핵사 ___12___ 의 탄압 → 무장 창의문 발표(___13___ 과 ___14___)
→ ① ___15___ 봉기(3월, 남접 주도, 호남 창의 대장소 설치, 전운사 폐단 제거, 균전사 폐지 주장, 4대 강령 발표)
→ ② ___16___ 전투 → 장성 ___17___ 전투(장태 활용) → 전주성 점령(4. 27.)
        ___18___ 군 아산만 상륙 → ___19___ 군도 인천 상륙(___20___ 조약 구실)
→ ③ ___21___ 화약 체결(1894. 5., 농민군 : 전봉준 / 정부군 : 홍계훈)
[농민군] ___22___ (농민 자치 기구, 전라도 53개 군현) 설치, ★폐정 개혁안 실천
[정부] ___23___ 설치, 일본 철수 요구
[일본군의 개입] 일본군이 ___24___ 점령(6. 21.) → 아산만에서 ___25___ 국 군함 격침(6. 23., 청 · 일 전쟁)
        → 제1차 ___26___ 실시 : 김홍집 내각 조직 및 군국기무처 설치(6. 25.)

제2차 농민 봉기 (1894. 9.~12.)

삼례에서 재봉기(9월) → ___27___ 에 남접(전봉준, 전라도) + ___28___ (손병희, 충청도) 집결
→ 공주 ___29___ 전투에서 관군과 일본군에 패배 → 산발적 전투 지속(보은 전투 등)
→ 동학 지도부(전봉준) 체포 · 처형(12월), ___30___ 에 의해 잔여 세력 탄압

3) 영향
① 청 · 일 전쟁의 도화선이 됨
② 잔여 세력의 활동 : ___31___ (1900) · ___32___ 등 조직
        ┌ 영국의 종교로 위장 활동
        └ 부호의 재물 빼앗아 분배, 대한사민논설 발표
        → 의병 운동에 영향
        '방곡령 실시, 시장에 외국 상인의 출입을 금할 것, 철도 부설권을 허용하지 말 것'

연계 빈출 사료

4대 강령
1. 사람을 죽이지 말고 가축을 잡아먹지 말 것
2. 충효를 다하여 세상을 구하고 백성을 평안케 할 것
3. 일본 오랑캐를 몰아내고 나라의 정치를 깨끗하게 할 것
4. 군대를 이끌고 서울로 들어가 권세가와 귀족을 모두 없앨 것

폐정 개혁안 12개조
신분제 철폐(노비 문서 소각, 백정이 쓰는 평량갓 폐지), 과부의 재가 허용, ___33___ 의 평균 분작, 공 · 사채 무효, 잡세 폐지, 왜와 통하는 자 엄징 등
→ 갑오개혁에서 일부 실현

정답 1 삼 2 한 3 보 4 고 5 백 6 황 7 황 8 미곡 9 동학 10 조병갑 11 전봉준 12 이용태 13 보국안민 14 제폭구민 15 백산 16 황토현 17 황룡촌 18 청 19 일본 20 텐진 21 전주 22 집강소 23 교정청 24 경복궁 25 청 26 갑오개혁 27 논산 28 북접 29 우금치 30 민보군 31 활빈당 32 영학당 33 토지

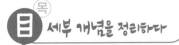 **큰 개념을 그리다**

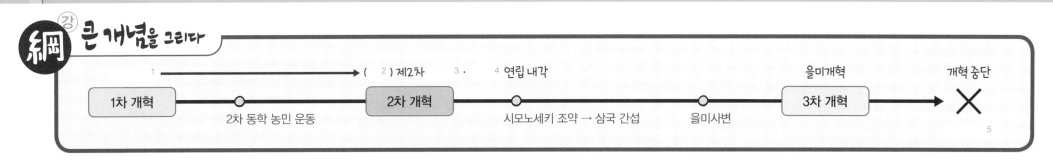

```
1 ──────────────────────────→ ( 2 ) 제2차    3 ·    4 연립 내각                    을미개혁          개혁 중단

1차 개혁      ○           2차 개혁      ○                      ○           3차 개혁      ✕
          2차 동학 농민 운동          시모노세키 조약 → 삼국 간섭    을미사변
                                                                                    5
```

세부 개념을 정리하다

1) 갑오개혁과 을미개혁의 전개 과정

1차 갑오개혁

청·일 전쟁   6

- 교정청 폐지 · _____ 7 설치(6. 25.) → 2차 동학 농민 운동(9월)
- 추진 : _____ 8 섭정(9월 퇴진), 제1차 _____ 9 내각(친일) 성립,
  김윤식 · 유길준 등 군국기무처 의원들이 개혁 주도

↓

2차 갑오개혁

⑪전쟁의 잡음   10 를

- _____ 11 폐지, 제2차 _____ 12 · _____ 13 연립 내각(친일) 성립
  → 고종이 독립 서고문과 _____ 14 반포(1894. 12.)

↓

을미개혁

전쟁   15
(일본   16)

- _____ 17 조약 체결(1895. 3.) → _____ 18 (러 · 프 · 독 / _____ 19 반환)
  └ 청이 일에 요동 반도 할양
- → 제3차 김홍집 내각(_____ 20 친러) 성립(1895. 7.) → _____ 21 (1895. 8.)
  └이완용, 이범진   └경복궁 옥호루
- → 제4차 _____ 22 내각(친일) 성립 → 을미개혁 → 을미의병
  └어윤중, 유길준
  ＊춘생문 사건(1895. 10.) : 정동파가 고종을 미국 공사관으로 옮기려 하였으나 실패
- → _____ 23 (1896. 2.)으로 개혁 중단
  └이범진 등이 러시아 공사 베베르와 함께 고종의 거처를 러시아 공사관으로 옮김

연계 빈출 사료

독립 서고문

이제부터는 다른 나라에 의지하지 말고 국운을 융성하게 하여 백성의 복리를 증진함으로써 자주독립의 터전을 튼튼히 할 것입니다. 그 방도는 낡은 습관에 얽매이지 말고 안일한 버릇에 파묻히지 말며 세상 형편을 살펴 내정을 개혁하여 오래 쌓인 폐단을 바로잡는 것입니다.

홍범 14조

1. 청에 의존하는 생각을 버리고 자주독립의 기초를 세운다.
4. 왕실 사무와 국정 사무를 나누어 서로 혼동하지 않는다.
7. 조세의 부과와 징수, 경비의 지출은 모두 탁지아문에서 관할한다.
11. 총명한 젊은이를 파견하여 외국의 문물을 견습시킨다.
13. 민법, 형법을 제정하여 인민의 생명과 재산을 보전한다.
14. 문벌을 가리지 않고 인재 등용의 길을 넓힌다.

정답 1 군국기무처 2 X 3 김홍집 4 박영효 5 아관 파천 6 발발 7 군국기무처 8 흥선 대원군 9 김홍집 10 승기 11 군국기무처 12 김홍집 13 박영효 14 홍범 14조 15 종결 16 승리 17 시모노세키 18 삼국 간섭 19 요동 반도 20 정동파 21 을미사변 22 김홍집 23 아관 파천

07 갑오개혁과 을미개혁

2) 갑오개혁과 을미개혁의 내용

구분		1차 갑오개혁 (1894)	2차 갑오개혁 (1894~1895)	을미개혁 (1895)
정치		• ___1 기년 사용(중국 연호 폐지) • 왕실(___2)과 정부(___3) 사무 분리 • 6조를 ___4 으로 개편 • ___5 폐지 • 경무청 설치(근대적 경찰 업무)	• 의정부와 8아문 체제를 ___13 과 ___14 부로 개편 • 지방 체제 개편 (전국 8도 → ___15 부 개편)	'___24' 연호 사용
군사		–	• ___16 · ___17 설치 • ___18 권한 축소 (사법 · 군사권 배제)	• ___25 (중앙군) · ___26 (지방군) 설치
경제		• ___6 으로 재정 일원화 • 조세의 ___7 • 일본 화폐로 조세 납부 허용 • ___8 화폐 제도 실시 (신식 화폐 발행 장정 제정) • 도량형 개정 · 통일 • 방곡령 반포 금지	• 탁지부 산하에 ___19 · ___20 (조세 징수 업무 관장) 설치 • ___21 · 상리국(보부상 통합 관할 기관) 폐지	–
사회		• ___9 제도 폐지 • ___10 (남 20세, 여 16세 이하) 금지 • 공문서 국문 사용 • ___11 재가 허용 • 고문과 ___12 등의 악습 폐지	• ___22 설립 (지방 · 한성 · 고등 재판소 → 사법권의 독립) • ___23 반포 (한성 사범 학교 · 외국어 학교 관제 공포)	• ___27 사용 • ___28 시행 • ___29 실시 • ___30 설립 • ___31 설치 (우편 사무 재개)

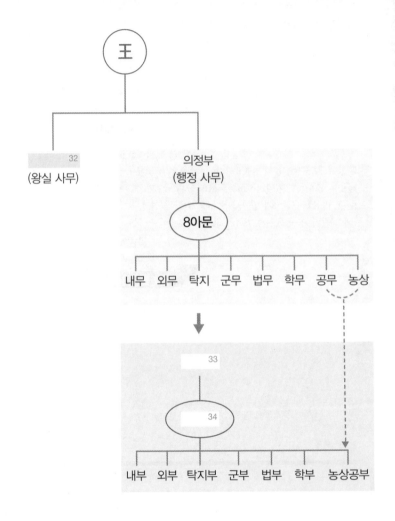

王

___32 (왕실 사무)

의정부 (행정 사무)

8아문

내무 | 외무 | 탁지 | 군무 | 법무 | 학무 | 공무 | 농상

___33

___34

내부 | 외부 | 탁지부 | 군부 | 법부 | 학부 | 농상공부

08 독립 협회

綱(강) 큰 개념을 그리다

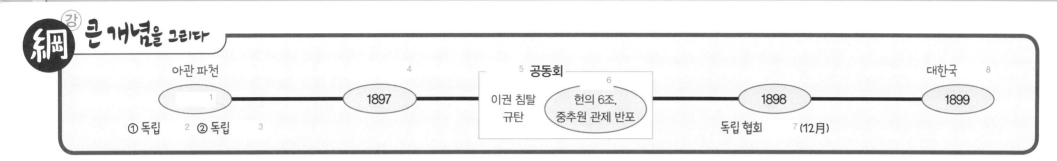

아관 파천	4	5 공동회	6	대한국 8
1	1897	이권 침탈 규탄 / 헌의 6조, 중추원 관제 반포	1898	1899
① 독립 2 ② 독립 3			독립 협회 7 (12月)	

目(목) 세부 개념을 정리하다

배경	9 → 열강의 이권 침탈 심화 → 10 이 정부의 지원을 받아 11 창간(1896. 4. 7.)
창립 (1896. 7.)	12 세력(서재필, 윤치호, 남궁억), 건양 협회, 관료층 등이 주도 → 이후 시민, 학생, 노동자, 여성, 천민 등도 참여
성격	13 (이권 수호), 14 (기본권, 참정권), 15 (의회 설립)

활동	• 민중 계몽 운동 : 16 (청의 사신을 맞이하던 곳)과 17 을 철거
	  → 18 · 19 건립(1897), 토론회 · 강연회 개최, 『대조선독립협회회보』 간행
	• 자주 국권 운동 : 20 (1898. 3.)를 통해 이권 침탈 규탄
	  → 러시아의 21 조차 저지, 일본의 석탄고 기지 반환,
	    러시아 재정 고문 · 군사 교련단 철수 요구, 22 은행 폐쇄
	• 자유 민권 운동 : 언론 · 출판 · 집회 · 결사의 자유 요구, 국민 23 운동 전개
	• 의회 설립 운동 : 국정 개혁 운동 전개(보수 세력 파면 요구, 박정양의 진보 내각 수립),
	  24 개최(1898. 10.), 25 채택 → 26 반포
	  (1898. 11., 의회의 1/2을 독립 협회가 선출, 관선 25명 + 민선 25명)

해산 (1898. 12.)	27 사건(독립 협회가 공화정을 추구한다고 모함) → 독립 협회 해산령에 만민 공동회 저항 → 보수 세력이 28 (보수적 보부상 단체)를 동원하여 탄압 → 고종이 강제 해산시킴
의의·한계	• 의의 : 민중을 개화 운동과 결합시킨 자주적 근대화 운동 → 29 운동으로 계승 • 한계 : 30 에 국한되어 배척(친미 · 친일적 성격), 31 · 32 에 비판적

▲ 독립신문　　　▲ 독립문

🔎 연계 빈출 사료

독립 협회 토론회 주제 (총 34회 중 일부)

제1회　조선의 급선무는 인민의 교육
제3회　나라를 부강하게 하는 데는 상업이 제일임.
제22회　대한국 토지는 조금이라도 다른 나라 사람에게 빌려주면 안 되는 일임.
제25회　의회를 설립하는 것이 정치상 제일 중요함.
제28회　백성의 권리가 튼튼할수록 임금의 지위가 높아지고 나라의 힘을 떨칠 수 있다.

헌의 6조

1. 외국인에게 의지하지 말고, 관·민이 힘을 합하여 전제 황권을 견고하게 할 것
2. 외국과의 이권에 관한 조약은 각 대신과 중추원 의장이 합동 날인하여 시행할 것
3. 국가 재정은 탁지부에서 전관하고, 예산과 결산을 국민에게 공포할 것
4. 중대 범죄를 공판하되, 피고의 인권을 존중할 것
5. 칙임관을 임명할 때에는 정부의 자문을 받아 다수의 의견에 따를 것
6. 정해진 규정을 실천할 것

정답 1 1896　2 신문　3 협회　4 대한 제국　5 만민　6 관료　7 해산　8 국제　9 아관 파천　10 서재필　11 독립신문　12 정동 구락부　13 자주 국권　14 자유 민권　15 자강 개혁　16 영은문　17 모화관　18 독립문
19 독립관　20 만민 공동회　21 절영도　22 한러　23 참정권　24 관민 공동회　25 헌의 6조　26 중추원 관제　27 익명서　28 황국 협회　29 애국 계몽　30 러시아　31 농민군　32 의병

해커스공무원학원·공무원인강·교재 Q&A gosi.Hackers.com

해커스공무원 연미정 강목 한국사 합격노트 77

09 대한 제국과 광무개혁

1. 대한 제국(1897~1910)의 성립

1) 배경 : 고종의 _____[1](덕수궁)으로의 환궁(1897. 2.) + 러시아와 일본의 세력 균형

2) 대한 제국 선포(1897. 10.) : 국호 '_____[2]', 연호 '_____[3]', _____[4](원구단)을 세우고 황제 즉위식 거행

2. 광무개혁 (1897~1904)

성격	_____[5](옛것을 근본으로 삼고 새것을 참고한다) → 복고적 개혁, 전제 황권 강화
정치	• _____[6] 반포(1899) • 교전소 설치(1897, 황제 직속 입법 기구 → 1899년에 법규 교정소로 개편) • 지방 행정 구역 개편([7]부 → [8]도), 양경 체제(평양을 서경으로 승격, 풍경궁 건설)
외교	• _____[9] 통상 조약 체결(1899) • 블라디보스토크에 해삼위 통상 사무관 파견 • 간도 시찰원 파견(1902, _____[10]), 간도를 함경도 영토에 편입 • 울릉도를 _____[11]으로 승격·독도를 관할 구역에 포함(1900, 대한 제국 칙령 제 [12]호)
군사	• _____[13] 설치(황제가 육·해군 통솔) • _____[14](황제 호위 부대)와 친위대(서울)·진위대(지방) 군사 수 증대 • 무관 학교 설립(장교 양성)　　• 징병제 시행 준비
경제	• 궁내부의 _____[15](황실 재정 담당) 확대(홍삼 전매권, 상업세 흡수) • 궁내부에 _____[16] 설치(경의선 부설 목적) • 양전 사업 : _____[17]아문 설치(1898, 전국 군현 2/3 실시), _____[18]아문을 통해 지계 발급 　(1901~1904, 경상도, 충청도) → _____[19] 전쟁으로 중단 • 식산 흥업 : 근대적 공장·회사 설립, 상무사 설치(1899, 보부상 지원), 　도량형 개정, 잠업 시험장 설치 • 금융 사업 : _____[20] 은행(1897)·_____[21] 은행(1899) 등 민족계 은행 지원, 　전환국에서 백동화 대량 발행, _____[22] 본위제 시도(실패)
교육	_____[23] 학교 설립(상공 학교, 광무 학교), 외국어·기술 교육 강화, 유학생 파견
문화	한성부 도시 개조 사업(도로 신설, 전차 부설, 탑골 공원과 극장 협률사 건설)

▲ 환구단

연계 빈출 사료

대한국 국제

제1조　대한국은 세계 만국이 공인한 자주독립 제국이다.

제2조　대한국의 정치는 만세불변의 전제 정치이다.

제3조　대한국 대황제는 무한한 군권을 누린다.

제5조　대한국 대황제는 육해군을 통솔한다.

제6조　대한국 대황제는 법률을 제정하여 그 반포와 집행을 명하고 대사, 특사, 감형, 복권 등
　　　을 명한다.

제7조　대한국 대황제는 행정 각부의 관제를 정하고, 행정상 필요한 칙령을 발한다.

제9조　대한국 대황제는 각 조약 체결 국가에 사신을 파견하고 선전, 강화 및 조규를 체결한다.

※ 러시아와 일본 사이의 협약

구분	내용
베베르 – 고무라 각서 (1896. 5. 14.)	• 일본은 아관 파천의 적법성 인정, 　환궁은 고종의 재량 • 러시아군과 일본군의 주둔이 가능함을 명시
로바노프 – 야마가타 의정서 (1896. 6. 9.)	• 조선에 대한 러·일 양국의 동등한 권리를 보장 • 조선에 소요 발생 시 충돌 방지를 위해 중립 지대를 　설정
로젠 – 니시 협정 (1898. 4. 25.)	러·일 양국은 대한 제국의 주권과 완전한 독립을 확인 하고 내정에 간섭하지 않음

정답　1 경운궁　2 대한 제국　3 광무　4 환구단　5 구본신참　6 대한국 국제　7 23　8 13　9 한청　10 이범윤　11 울도군　12 41　13 원수부　14 시위대　15 내장원　16 서북 철도국　17 양지　18 지계　19 러일　20 한성　21 대한천일　22 금　23 실업

綱(강) 큰 개념을 그리다

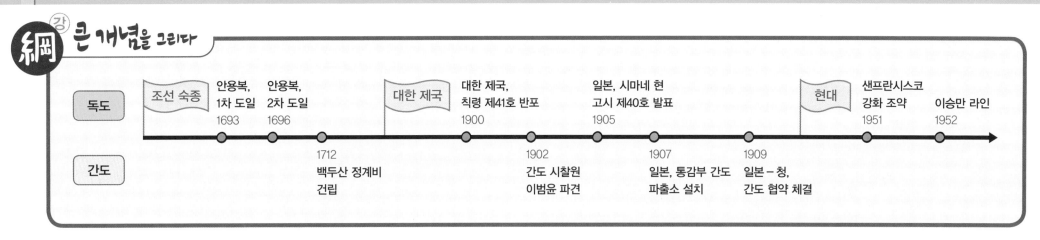

| | 조선 숙종 | 안용복, 1차 도일 1693 | 안용복, 2차 도일 1696 | | 대한 제국 | 대한 제국, 칙령 제41호 반포 1900 | | 일본, 시마네 현 고시 제40호 발표 1905 | | | 현대 | 샌프란시스코 강화 조약 1951 | 이승만 라인 1952 |

독도 / 간도

1712 백두산 정계비 건립 | 1902 간도 시찰원 이범윤 파견 | 1907 일본, 통감부 간도 파출소 설치 | 1909 일본 – 청, 간도 협약 체결

目(목) 세부 개념을 정리하다

독도

1) 전근대
① 삼국 시대 : 6세기 신라가 ____¹ 을 정벌한 이래 독도는 한반도의 영토
② 조선 시대 ┌〈태종〉 ____² (울릉도 주민 쇄환) 정책
└〈 ____³ 〉 ____⁴ 이 일본에 건너가 울릉도·독도가 우리나라의 영토임을 확인 받음
[1차(1693), 2차(1696)]

2) 근대
① 쇄환 정책 중단(1882), 울릉도 개척령을 반포하여 이민 장려
② 대한 제국, 칙령 제 ____⁵ 호 반포(1900. 10. 25.) : 울릉도를 ____⁶ 으로 승격, 울릉 군수가 독도를 관할함을 명시
③ 일본, 시마네 현 고시 제40호 발표(1905) : ____⁷ 전쟁 중 독도를 ____⁸ 현에 편입, 국제법상 명백한 불법 영토 침탈 행위

3) 현대
① ____⁹ 강화 조약(1951) : 일본의 영토 반환 대상에서 독도가 제외
② 이승만 라인(____¹⁰ 선언) 선포(1952) : 일본과의 어업 분쟁 방지 및 영유권 보호 목적, '인접 해양의 주권에 관한 대통령 선언'을 6·25 전쟁 중에 발표

간도

1) 조선 시대

[백두산 정계비(1712, ____¹¹) 건립]

: 청이 만주를 성역화 → 조선인이 만주에 이주하자 국경 분쟁
→ 조선(박권)과 청(목극등)의 대표가 백두산 일대를 답사하고 국경 확정
→ ____¹² 건립
"양국 간의 국경은 서쪽으로는 ____¹³ , 동쪽으로는 ____¹⁴ 을 경계로 한다"

정답 1 우산국 2 공도 3 숙종 4 안용복 5 41 6 군 7 러일 8 시마네 9 샌프란시스코 10 평화선 11 숙종 12 백두산 정계비 13 압록강 14 토문강

10 독도와 간도

[독도는 우리 땅!]

우리 측 기록	『삼국사기』	신라 (1) 때(512) 이사부의 우산국 정벌
	『고려사』	울릉도가 우릉(도) 또는 무릉(도)으로, 독도가 우산으로 표기
	『세종실록 지리지』	(2) 울진현 조(1454), 무릉도(울릉도)와 별도로 우산도(독도)를 기록 '두 섬의 거리가 멀지 아니하여 날씨가 맑으면 바라볼 수 있다'
	(3)	팔도총도에 울릉도와 독도를 별개의 섬, 반대로 그림 '독도, 울릉도가 강원도 울진현에 속한다'
일본 측 기록	『은주시청합기』(1667)	독도에 관한 일본 최초의 문헌, 일본 은주 지방의 관리가 울릉도와 독도는 고려의 영토이고, 일본의 경계는 은기도까지임을 명기
	(4) (1785)	울릉도와 독도가 조선 것이라고 표시된 지도 (일본은 녹색, 조선은 황색으로 표시)
	『조선국교제시말 내탐서』(1870)	메이지 정부가 울릉도와 독도가 조선 영토가 된 이유를 조사, 이 두 섬을 조선령으로 결론지음
	(5) (1877)	메이지 정부 최고 행정 기관인 태정관에서 '울릉도 외 1도(독도)는 일본과 관계 없음을 명심할 것'이라는 지시를 내림

2) 근대

[간도 귀속 문제]

: 19세기 후반 토문강의 위치(정계비의 구문 해석)를 놓고 분쟁

① 정부의 대응
- 1883, 서북 경략사 어윤중 파견
- 1885, 토문 감계사 이중하 파견
- 1902, (6) 정부가 간도를 함경도에 편입, 간도 시찰원 (7) 파견(→ 1903, 간도 (8)로 승격)

② 일본의 대응
- 1905, (9)으로 외교권 박탈
- 1907, 용정에 통감부 (10) 설치

↓ (청 · 일 사이 영유권 문제로 변화)

③ 일본 – 청의 간도 협약(1909) 체결 :
- ㉠청 간도가 청의 영토로 귀속
- ㉡日 (11) 철도 부설권, 탄광 채굴권 획득

"일·청 두 나라 정부는 도문강(두만강)을 청국과 한국의 국경으로 하고 강 원천지에 있는 정계비를 기점으로 하여 석을수(石乙水)를 두 나라의 경계로 한다"

정답 1 지증왕 2 강원도 3『신증동국여지승람』 4 삼국접양지도 5 태정관 지령문 6 대한 제국 7 이범윤 8 관리사 9 을사늑약 10 간도 파출소 11 안봉선

11 국권 침탈 과정

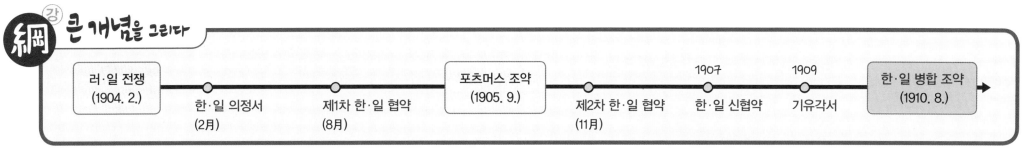

綱(강) 큰 개념을 그리다

러·일 전쟁 (1904. 2.) → 한·일 의정서 (2月) → 제1차 한·일 협약 (8月) → 포츠머스 조약 (1905. 9.) → 제2차 한·일 협약 (11月) → 1907 한·일 신협약 → 1909 기유각서 → 한·일 병합 조약 (1910. 8.)

目(목) 세부 개념을 정리하다

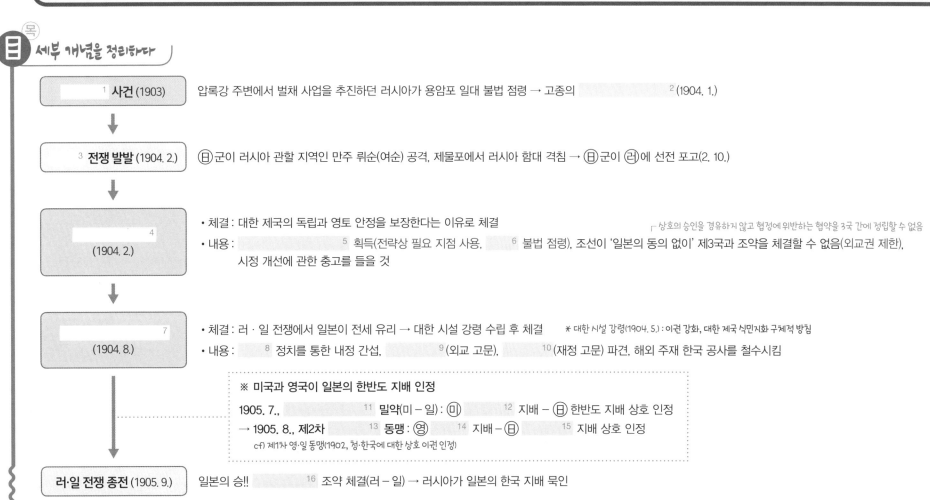

_____[1] 사건 (1903)
압록강 주변에서 벌채 사업을 추진하던 러시아가 용암포 일대 불법 점령 → 고종의 _____[2] (1904. 1.)

↓

_____[3] 전쟁 발발 (1904. 2.)
㉰군이 러시아 관할 지역인 만주 뤼순(여순) 공격, 제물포에서 러시아 함대 격침 → ㉰군이 ㉱에 선전 포고(2. 10.)

↓

_____[4] (1904. 2.)
- 체결 : 대한 제국의 독립과 영토 안정을 보장한다는 이유로 체결
- 내용 : _____[5] 획득(전략상 필요 지점 사용, _____[6] 불법 점령), 조선이 '일본의 동의 없이' 제3국과 조약을 체결할 수 없음(외교권 제한), 시정 개선에 관한 충고를 들을 것
  - ┌ 상호의 승인을 경유하지 않고 협정에 위반하는 협약을 3국 간에 정립할 수 없음

↓

_____[7] (1904. 8.)
- 체결 : 러 · 일 전쟁에서 일본이 전세 유리 → 대한 시설 강령 수립 후 체결 * 대한 시설 강령(1904. 5.) : 이권 강화, 대한 제국 식민지화 구체적 방침
- 내용 : _____[8] 정치를 통한 내정 간섭, _____[9](외교 고문), _____[10](재정 고문) 파견, 해외 주재 한국 공사를 철수시킴

※ **미국과 영국이 일본의 한반도 지배 인정**
1905. 7., _____[11] **밀약**(미 – 일) : ㉯ _____[12] 지배 – ㉰ 한반도 지배 상호 인정
→ 1905. 8., **제2차** _____[13] **동맹** : ㉲ _____[14] 지배 – ㉰ _____[15] 지배 상호 인정
cf) 제1차 영·일 동맹(1902, 청·한국에 대한 상호 이권 인정)

↓

러·일 전쟁 종전 (1905. 9.)
일본의 승!! _____[16] 조약 체결(러 – 일) → 러시아가 일본의 한국 지배 묵인

정답 1 용암포 2 국외 중립 선언 3 러일 4 한일 의정서 5 군사 기지 사용권 6 독도 7 제1차 한일 협약 8 고문 9 스티븐스 10 메가타 11 가쓰라·태프트 12 필리핀 13 영일 14 인도 15 한반도 16 포츠머스

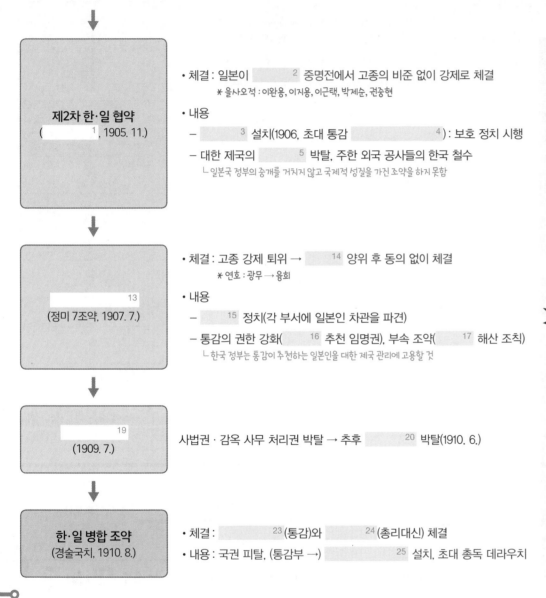

제2차 한·일 협약
(_____¹, 1905. 11.)

- 체결 : 일본이 _____² 중명전에서 고종의 비준 없이 강제로 체결
  ＊ 을사오적 : 이완용, 이지용, 이근택, 박제순, 권중현
- 내용
  - _____³ 설치(1906, 초대 통감 _____⁴) : 보호 정치 시행
  - 대한 제국의 _____⁵ 박탈, 주한 외국 공사들의 한국 철수
    └ 일본국 정부의 중개를 거치지 않고 국제적 성질을 가진 조약을 하지 못함

_____¹³
(정미 7조약, 1907. 7.)

- 체결 : 고종 강제 퇴위 → _____¹⁴ 양위 후 동의 없이 체결
  ＊ 연호 : 광무 → 융희
- 내용
  - _____¹⁵ 정치(각 부서에 일본인 차관을 파견)
  - 통감의 권한 강화(_____¹⁶ 추천 임명권), 부속 조약(_____¹⁷ 해산 조칙)
    └ 한국 정부는 통감이 추천하는 일본인을 대한 제국 관리에 고용할 것

_____¹⁹
(1909. 7.)

사법권·감옥 사무 처리권 박탈 → 추후 _____²⁰ 박탈(1910. 6.)

한·일 병합 조약
(경술국치, 1910. 8.)

- 체결 : _____²³ (통감)와 _____²⁴ (총리대신) 체결
- 내용 : 국권 피탈, (통감부 →) _____²⁵ 설치, 초대 총독 데라우치

- 조약 파기 상소 운동 : 최익현, 이상설, 조병세, 민영환
- _____⁶, 조병세 등 자결
- _____⁷ (5적 암살단) 조직 : 나철, 오기호
- 항일 언론 : _____⁸ 신문 – 장지연의 '시일야방성대곡', '오건조약청체전말' 게재,
  _____⁹ – 고종의 을사늑약 무효 친서 발표
- 을사의병
- 외교적 노력 : 미국에 특사 파견(1905. 10., _____¹⁰, 거중조정 근거)
- _____¹¹ 특사 파견(1907, 이준, _____¹², 이위종) : 실패, 英·日의 방해

VS
저항

- 정미의병
- 전명운·장인환의 _____¹⁸ 사살(1908, 샌프란시스코)
  (→ 대한인 국민회 조직 계기)

- 안중근 의사의 _____²¹ 저격(1909. 10., 하얼빈)
  (→ 뤼순 감옥 투옥, 『동양평화론』 저술, 옥중에서 순국)
  └ 옥중에서 쓴 미완성의 논책
- _____²² 의 이완용 저격 시도(1909. 12.)

황현의 절명시 "무궁화 삼천리가 이미 영락되다니~"

12 항일 의병 운동과 애국 계몽 운동

1. 항일 의병 운동

의병	배경 및 주요 인물	전개
을미의병 (1895)	• 배경 : ⬚1, ⬚2 • 주도 세력 : 유생 의병장 중심(⬚3, 이소응 등) 　　　　　+ 동학 농민군 잔여 세력	• 단발령 철회 + 아관 파천 이후 고종의 해산 권고 조칙 → 자진 ⬚4 • 의병에 참여했던 동학 농민군 잔여 세력은 ⬚5 · ⬚6으로 계승 · 발전
을사의병 (1905)	• 배경 : ⬚7 체결 • 주도 세력 : 유생 의병장 중심(민종식, ⬚8 등) 　　　　　+ 평민 의병장 등장(신돌석) + 농민	• ⬚9의 정산 봉기, 충청도 홍주성 점령(1906) • ⬚10의 전라도 태인 봉기, 전라도 정읍 점령(1906) → 쓰시마 섬에서 순국 • 평민 의병장인 ⬚11의 봉기(유격전, 태백산 호랑이)
정미의병 (1907)	• 배경 : ⬚12의 강제 퇴위, ⬚13 해산(1907) • 주도 세력 : 유생 의병장(이인영 · 허위) 　　　　　+ 평민 의병장(홍범도) + 해산 군인 • 한계 : 홍범도, 신돌석 등 서울 진공 작전 배제	• 박승환(시위대 대대장)의 자결로 시위대와 진위대 봉기 → 해산 군인의 의병 합류 　→ ⬚14 결성(1907. 12., 총대장 이인영, 군사장 허위) : 국제법상 교전 단체로 승인 요청 　→ ⬚15 전개(1908. 1., 양주 집결 – ⬚16 부친상, 무기 열세) → 실패 • 🗓 ⬚17 작전(1909. 9., 호남 지역 의병 대토벌) 　→ 국외로 이동하여 독립군으로 활동(연해주 : 13도 의군 결성, 1910)

2. 애국 계몽 운동

단체	주요 활동
⬚18 (1904)	• 목표 : 일본의 ⬚19 요구 저지　　• 중심 인물 : 송수만 등 유생, 관료 출신　　• 일본의 탄압으로 약화 cf) ⬚20 설립 : 국내 황무지를 우리 손으로 개간하기 위한 목적, 각종 채굴 사업 종사
⬚21 (1905)	독립 협회 계승, 입헌 군주제 주장 → 통감부에 의해 강제 해산
⬚22 (1906)	헌정 연구회 계승, 월보 간행, 전국 각지에 ⬚23(25개) 설치, 강연회 개최, 교육 진흥 → ⬚24 운동으로 강제 해산(보안법 위반)
⬚25 (1907)	교육 보급 · 산업 개발 · 민권 신장 → 친일 단체로 변모(일진회와 연합)　　＊일진회(1904~1910, 송병준 · 이용구 등이 조직한 친일 단체)
⬚26 (1907~1911)	• 목표 : 국권 회복, ⬚27 체제의 근대 국가 수립, 실력 양성 + ⬚28 병행, 전국적 ⬚29 결사 조직 • 중심 인물 : 윤치호, 안창호, 양기탁, 신채호, 박은식 등 • 활동 : 민족 교육 추진(⬚30 · ⬚31 설립), 민족 산업 육성(⬚32 설립, ⬚33 개설), 　　　　　1908, 평양, 안창호　1907, 정주, 이승훈 　　　　민족 문화 양성(대한매일신보 발행 담당, 조선 광문회 후원, 잡지 『소년』 간행), 독립군 기지 건설(만주 삼원보에 ⬚34 설립) • 해산 : ⬚35 사건(1911, 안명근의 ⬚36 총독 암살 미수 사건 조작)으로 해산

정답 1 을미사변 2 단발령 3 유인석 4 해산 5 활빈당 6 영학당 7 을사늑약 8 최익현 9 민종식 10 최익현 11 신돌석 12 고종 13 군대 14 13도 창의군 15 서울 진공 작전 16 이인영 17 남한 대토벌 18 보안회 19 황무지 개간권 20 농광 회사
21 헌정 연구회 22 대한 자강회 23 지회 24 고종 강제 퇴위 반대 25 대한 협회 26 신민회 27 공화정 28 독립운동 29 비밀 30 대성 학교 31 오산 학교 32 자기 회사 33 태극 서관 34 신흥 강습소 35 105인 36 데라우치

13 열강의 경제 침탈과 경제적 구국 운동

綱 큰 개념을 그리다

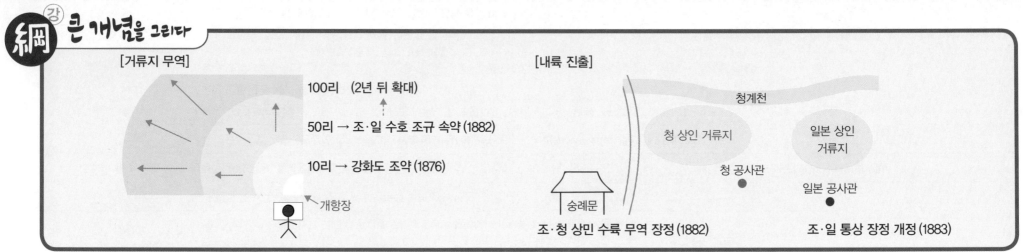

[거류지 무역]

100리 (2년 뒤 확대)

50리 → 조·일 수호 조규 속약 (1882)

10리 → 강화도 조약 (1876)

개항장

[내륙 진출]

청계천

청 상인 거류지

청 공사관

일본 상인 거류지

일본 공사관

숭례문

조·청 상민 수륙 무역 장정 (1882)

조·일 통상 장정 개정 (1883)

目 세부 개념을 정리하다

1) 청과 일본 상인의 침투

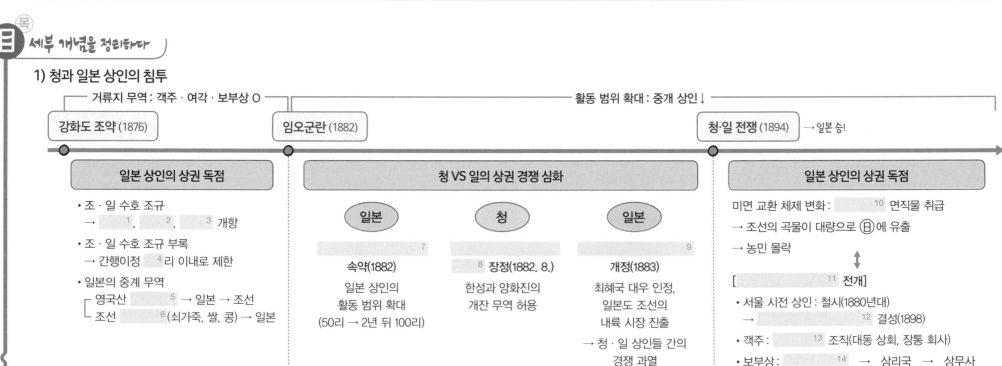

거류지 무역 : 객주 · 여각 · 보부상 O

활동 범위 확대 : 중개 상인↓

강화도 조약 (1876)   **임오군란 (1882)**   **청·일 전쟁 (1894)** → 일본 승!

일본 상인의 상권 독점

- 조 · 일 수호 조규
  →   1,   2,   3 개항
- 조 · 일 수호 조규 부록
  → 간행이정   4 리 이내로 제한
- 일본의 중계 무역
  ┌ 영국산   5 → 일본 → 조선
  └ 조선   6 (쇠가죽, 쌀, 콩) → 일본

청 VS 일의 상권 경쟁 심화

일본

       7

속약(1882)

일본 상인의
활동 범위 확대
(50리 → 2년 뒤 100리)

청

8 장정(1882. 8.)

한성과 양화진의
개잔 무역 허용

일본

       9

개정(1883)

최혜국 대우 인정,
일본도 조선의
내륙 시장 진출
→ 청 · 일 상인들 간의
경쟁 과열

일본 상인의 상권 독점

미면 교환 체제 변화 :   10 면직물 취급
→ 조선의 곡물이 대량으로 日에 유출
→ 농민 몰락

[11 전개]

- 서울 시전 상인 : 철시(1880년대)
  →   12 결성(1898)
- 객주 :   13 조직(대동 상회, 장통 회사)
- 보부상 :   14 → 상리국 → 상무사
      (1883)   (1885)   (1899)

2) 열강의 이권 침탈 (1896, 아관 파천 이후 본격화)

러시아	• 압록강 · 두만강 · 울릉도 ___15___ 채벌권(1896) • 경원 · 종성 광산 채굴권(1896)	미국	• ___16___ 금광 채굴권(1896)　　• 전등 · 전화 · 전차 부설권 • ___17___ 부설권(1896 → 1897 : 일본에 양도)
영국	은산 금광 채굴권(1900)	독일	당현 금광 채굴권(1897)
프랑스	___18___ 부설권 (1896, 재정 부족으로 포기 → 대한 제국이 착공 계획 → 이후 ___19___ 이 경의선 완공)	일본	• 직산 금광 채굴권(1900) • ___20___ 부설권(1898), ___21___ 부설권(1904) • 러 · 일 전쟁(1904~) 이후 토지 약탈 본격화 　– 국유지 · 역둔토 약탈 : 군용지, 철도 부지 확보 명목 　– ___22___ 규칙(1906) : 일본인의 토지 소유권 합법 허용 　– ___23___ 설립(1908) : 토지 수탈 자행

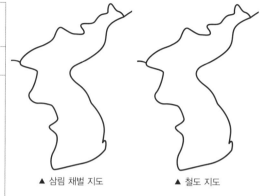

▲ 삼림 채벌 지도　　▲ 철도 지도

3) 일본의 금융·재정 장악

은행 설립	• ___24___ 은행 설립(경제적 침략 선봉) • ___25___ 은행 설립(1906, 메가타 설립, 이주 일본인 자금 지원)		
화폐 정리 사업 (1905)	전개	• 재정 고문 ___26___ 의 주도 • 조선 화폐인 ___27___ 와 엽전(___28___)을 　제일은행권 화폐로 교환하게 함 　– 교환 기준 : 액면가 기준 교환 X, 화폐의 ___29___ 에 따라 　　　갑종(2전 5리), 을종(1전), 병종(___30___ X) • ___31___ 폐지, 제일은행이 중앙은행이 됨
	결과	• 국내 중소 상공업자 타격, 국가 재정 악화 • 유통 화폐 부족 현상(디플레이션) • 조선의 민족 은행(한성은행, 대한천일은행) 파산 　→ 日은행에 예속, ___32___ 화폐 제도 실시(1905) • 일본의 차관 제공 : 화폐 정리와 시설 개선 명목, 　　　강제적 차관(식민지화에 대부분 사용)

4) 경제적 구국 운동

국내 민족 은행 설립	• 배경 : 일본의 금융 장악 • 내용 : 조선은행(1896), 한성은행(1897), 대한천일은행(1899) 설립	
___33___ 운동 (1907)	배경	일본의 거액 차관 제공(총 1,300만 원)
	전개	• ___34___ , ___35___ · 김광제 등 중심 • 모금 활동을 위한 국민 대회 개최 　→ 서울, 국채 보상 기성회 조직 　→ 언론 기관의 지원(___36___ · 황성신문 · 　　만세보), 전국적 확산(금연 · 금주 + 모금 운동 전개)
	결과	• 일진회, ___37___ 의 방해로 실패 • 일본은 ___38___ 이 모금액을 횡령하였다는 혐의를 　씌워 구속

정답 1 부산 2 원산 3 인천 4 10 5 면직물 6 토산품 7 조·일 수호 조규 8 조·청 상민 수륙 무역 9 조·일 통상 장정 10 일본산 11 상권 수호 운동 12 황국 중앙 총상회 13 상회사 14 혜상공국 15 삼림 16 운산 17 경인선 18 경의선 19 일본 20 경부선 21 경원선 22 토지 가옥 증명 23 동양 척식 주식회사 24 제일 25 농공 26 메가타 27 백동화 28 상평통보 29 질 30 교환 31 전환국 32 금 본위 33 국채 보상 34 대구 35 서상돈 36 대한매일신보 37 통감부 38 양기탁

14 개화기 문화 총정리

1. 종교의 새 경향

구분	국권 피탈 이전	국권 피탈 이후
천주교	• ⬜⬜⬜ [1] 조약(1886) 체결로 포교의 자유 획득 　• 고아원 · 양로원 설립 • ⬜⬜ [2] 을 통해 애국 계몽 운동 전개	의민단 조직(1919) : 만주에서 조직, 청산리 전투에 참여
개신교	• ⬜ [3] 보급 · ⬜ [4] 타파 · 평등 사상 전파 등에 공헌 　• 근대 교육과 근대 의료 발전에 기여	• 3 · 1 운동 주도 　• 1930년대에 신사 참배 거부 운동 전개
천도교	• 동학의 3대 교주 ⬜⬜ [5] 가 친일 세력(시천교)과 결별 후 개편(1905) • ⬜⬜ [6] 발간(1906)	잡지 『개벽』, 『어린이』 등을 간행
대종교	⬜ [7] · ⬜ [8] 등이 단군교 창시(1909) → ⬜ [9] 로 개칭(1910)	간도에서 항일 무장 투쟁에 참여(⬜⬜ [10] → 대한 정의단 → ⬜⬜ [11])
유교	박은식 : ⬜⬜ [12](양명학과 사회 진화론의 진보 원리를 조화시킨 대동 사상을 주장), ⬜⬜ [13] 창설(1909)	
불교	한용운 : ⬜⬜ [14](친일 불교에 대하여 저항하고, 불교의 혁신과 자주성 회복 주장)	일제의 불교 탄압(사찰령, 포교 규칙 등), 일본 불교에 예속시키려 하자 반발 → 조선 불교 유신회 창립(1921) : 한용운을 중심으로 불교 교단 친일화에 대항

원불교 (국권 피탈 이후, 불교 행)
• ⬜⬜ [15] 이 창시(1916) – 불교의 현대적 생활화 추구
• ⬜⬜ [16] 운동 전개(개간 사업, 저축 운동, 허례허식 폐지 등)

2. 근대 문물 총정리

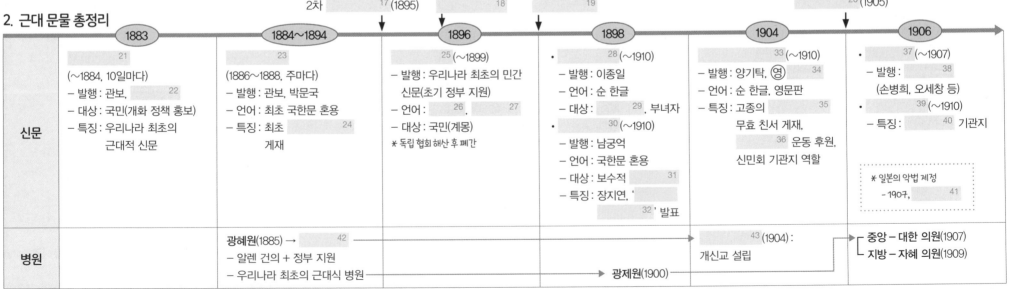

2차 ⬜⬜ [17](1895)　　⬜⬜ [18]　　⬜⬜ [19]　　⬜⬜ [20](1905)

	1883	1884~1894	1896	1898	1904	1906
신문	⬜⬜ [21] (~1884, 10일마다) – 발행 : 관보, ⬜⬜ [22] – 대상 : 국민(개화 정책 홍보) – 특징 : 우리나라 최초의 근대적 신문	⬜⬜ [23] (1886~1888, 주마다) – 발행 : 관보, 박문국 – 언어 : 최초 국한문 혼용 – 특징 : 최초 ⬜⬜ [24] 게재	⬜⬜ [25](~1899) – 발행 : 우리나라 최초의 민간 신문(초기 정부 지원) – 언어 : ⬜ [26], ⬜⬜ [27] – 대상 : 국민(계몽) ＊독립 협회 해산 후 폐간	• ⬜⬜ [28](~1910) – 발행 : 이종일 – 언어 : 순 한글 – 대상 : ⬜⬜ [29], 부녀자 • ⬜⬜ [30](~1910) – 발행 : 남궁억 – 언어 : 국한문 혼용 – 대상 : 보수적 ⬜⬜ [31] – 특징 : 장지연, '⬜⬜ [32]' 발표	• ⬜⬜ [33](~1910) – 발행 : 양기탁, (영) ⬜ [34] – 언어 : 순 한글, 영문판 – 특징 : 고종의 무효 친서 게재, ⬜⬜ [35] 운동 후원, ⬜⬜ [36] 운동 후원, 신민회 기관지 역할	• ⬜⬜ [37](~1907) – 발행 : ⬜⬜ [38] (손병희, 오세창 등) • ⬜⬜ [39](~1910) – 특징 : ⬜⬜ [40] 기관지 ＊일본의 악법 제정 – 1907, ⬜⬜ [41]
병원		광혜원(1885) → ⬜⬜ [42] – 알렌 건의 + 정부 지원 – 우리나라 최초의 근대식 병원			⬜⬜ [43](1904) : 개신교 설립	중앙 – 대한 의원(1907) 지방 – 자혜 의원(1909)

광제원(1900)

정답 1 조·프 수호 통상 2 경향신문 3 한글 4 미신 5 손병희 6 만세보 7 나철 8 오기호 9 대종교 10 중광단 11 북로 군정서 12 『유교구신론』 13 대동교 14 『조선불교유신론』 15 박중빈 16 새 생활 17 갑오개혁 18 아관 파천 19 광무개혁 20 을사늑약 21 한성순보 22 박문국 23 한성주보 24 상업 광고 25 독립신문 26 한글 27 영문판 28 제국신문 29 서민층 30 황성신문 31 유림층 32 시일야방성대곡 33 대한매일신보 34 베델 35 을사늑약 36 국채 보상 37 만세보 38 천도교 39 경향신문 40 천주교 41 신문지법 42 제중원 43 세브란스

구분						
통신·교통		• ___¹(1885): 서울~인천, 서울~의주 가설 • 전등(1887, 최초 – ___²)		• 전화(1898, 최초 – ___⁴) • ___⁵(1899): Ⓜ착공 → Ⓙ완성, 서울(노량진)~인천(제물포) • ___⁶(1899): 서대문~청량리, 한성 전기 회사	___⁷(1905): 러·일 전쟁 중 부설 → Ⓙ'군사적 이용'	___⁸(1906): Ⓕ부설권 획득 → Ⓙ 러·일 전쟁 중 부설 → Ⓙ'군사적 이용'
		우편(갑신정변으로 중단) ⟶	___³(을미개혁) ⟶	만국 우편 연합 가입(1900)		
건축			___⁹(1897): Ⓕ개선문 모방	___¹⁰(1898): 중세 고딕 양식	덕수궁 ___¹¹(1901): ___¹² 체결	• 덕수궁 ___¹³(1910): 르네상스 양식 • ___¹⁴(1908): 이인직, 최초의 서양식 극장, '은세계', '치악산' 작품 공연
학교 **공립**	___¹⁵(1883) – 묄렌도르프, 정부의 지원 – 통역관 양성소 – 영어와 일어 교육	• ___¹⁶(1886, 최초의 근대식 공립 학교) – 대상 : 좌원(현직 관료) + 우원(양반 자제) – ___¹⁷·길모어·벙커 등 외국인 교사 초빙 • ___¹⁸(1888): 장교 양성을 위해 설립	• ___¹⁹(1895) 반포 → 한성 사범 학교, 외국어 학교 설립 세계 형세를 보면 부강하고 독립하여 발전하는 나라는 인민의 지식이 개명하였다. …… 교육은 실로 국가를 보존하는 근본이라 할 수 있다. …… • 소학교령 공포(을미개혁) → ___²⁰ 설립	___²¹ 중학교(1900)		

학교 **사립**	___²²(1883, 최초의 근대식 사립 학교) – 설립 : 덕원·원산 주민 설립 – 내용 : 근대 학문과 무술 교육, 문예반 + 무예반 운영	**개신교 계열**		___²⁵ 여학교(1898) : 최초의 민간 사립 여학교	**민족주의 운동 계열**	
		• ___²³ 학당(1885, 아펜젤러) • ___²⁴ 학당(1886, 스크랜턴) : 최초의 여성 전문 교육 기관 • 정신 여학교(1887)	숭실 학교(1897)		• 보성 학교(1905, 서울) • 양정의숙(1905, 서울)	• 호남 학회·호서 학회(1907) • 서북 학회·기호 흥학회(1908) ＊ 일본의 악법 제정 – 1908, ___²⁶, 교과용 도서 검정 규정

정답 1 전신 2 경복궁 3 우체사 4 경운궁 5 경인선 6 전차 7 경부선 8 경의선 9 독립문 10 명동 성당 11 중명전 12 을사늑약 13 석조전 14 원각사 15 동문학 16 육영 공원 17 헐버트 18 연무 공원 19 교육 입국 조서 20 소학교 21 한성 22 원산 학사 23 배재 24 이화 25 순성 26 사립 학교령

3. 국사와 국어 연구 (1905년 을사늑약 이후~)

1) 역사 연구

위인전 저술	• 신채호 : _____1, _____2 • 박은식 : _____3 (연개소문)
외국 흥망사 소개	『미국 독립사』, 『월남 망국사』, 『이태리 건국 삼걸전』
교과용 도서 저술	현채의 『동국사략』(중등용), 『유년필독』(아동용)
외세 침략 비판	황현의 『매천야록』·절명시, 정교의 『대한계년사』

2) 역사학자 및 단체

_____4	_____5 (1908) : 왕조 중심의 전통 사관을 극복하고 근대 민족주의 사학의 방향 제시, 식민 사관에 대응
_____6	『동명성왕실기』, 『천개소문전』, 『안중근전』 저술
_____7 (1910)	• 박은식·최남선이 설립 • 『삼국사기』, 『삼국유사』, 『동국통감』, 『발해고』 등 역사서, 실학자의 저서와 『춘향전』, 『심청전』 등 민족 고전 간행

3) 국어 연구

: 한글 사용 확대(갑오개혁 이후 _____8 – 국한문 혼용 사용 / 학교 – 국한문체 교과서 사용)
→ 표기법 정리의 필요성·민족과 언어의 상관관계 강조

_____9 (1907)	주시경·지석영 중심, 국어 문법의 연구와 정리를 위해 설립

문법서 편찬	• 주시경, 『국어문법』
	  └ 국문 동식회(1896, 최초의 국문 연구회) 설립
	• 유길준, 『조선문전』(1897, 국어 문법서), 『대한문전』(1909)
	  └ _____10 (1895, 최초의 국한문 혼용체)

4. 개화기의 예술

1) 문학

신소설	이인직의 『혈의 누』(1906)·_____11 (1908), 안국선의 『금수회의록』(1908), 이해조의 『자유종』(1910) 등
신체시	• 전통시에서 근대시로 넘어가는 장르 • _____12, '해에게서 소년에게'(1908, 최초의 신체시, 잡지 『소년』)
외국 문학 번역	『성경』, 『천로역정』, 『이솝 이야기』 등

2) 음악

창가	• 외국곡 + 우리말 가사를 붙인 노래, 독립 의식·민족의식을 높임 • 「학도가」, 「권학가」, 「애국가」, 「독립가」 등 유행
서양 음악	찬송가를 통해 서양 근대 음악이 전해짐

정답 1 『이순신전』, 2 『을지문덕전』, 3 『천개소문전』, 4 신채호, 5 『독사신론』, 6 박은식, 7 조선 광문회, 8 공문서, 9 국문 연구소, 10 『서유견문』, 11 『은세계』, 12 최남선

memo

시대 흐름 잡기

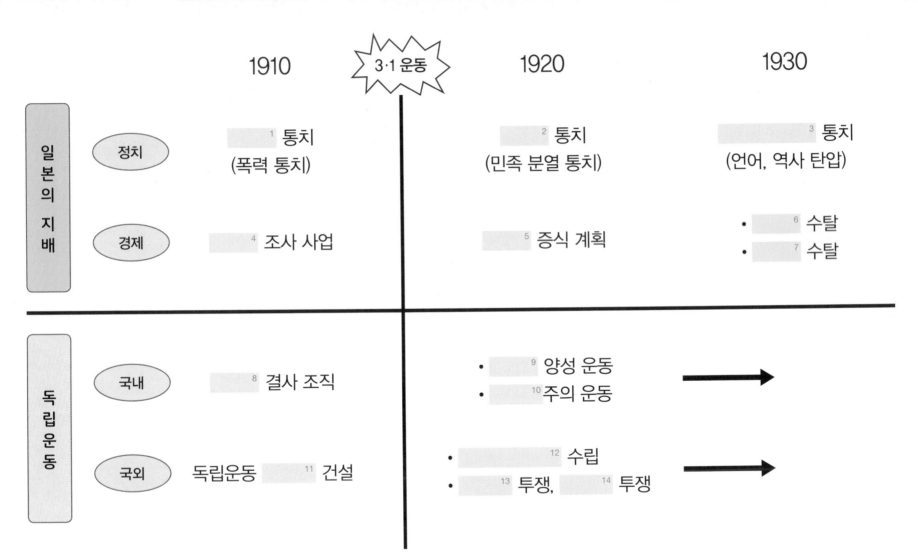

		1910	3·1 운동	1920	1930
일본의 지배	정치	___¹ 통치 (폭력 통치)		___² 통치 (민족 분열 통치)	___³ 통치 (언어, 역사 탄압)
	경제	___⁴ 조사 사업		___⁵ 증식 계획	• ___⁶ 수탈 • ___⁷ 수탈
독립 운동	국내	___⁸ 결사 조직		• ___⁹ 양성 운동 • ___¹⁰ 주의 운동 →	
	국외	독립운동 ___¹¹ 건설		• ___¹² 수립 • ___¹³ 투쟁, ___¹⁴ 투쟁 →	

정답 1 무단 2 문화 3 민족 말살 4 토지 5 산미 6 인적 7 물적 8 비밀 9 실력 10 사회 11 기지 12 임시 정부 13 무장 14 의열

01 일제 강점기의 식민 통치

구분	무단 통치 (1910~1919) : ___1 마사다케 총독	문화 통치 (1919~1931) : ___14 마코토 총독	민족 말살 통치 (1931~1945) : 우가키 가즈시게 (1931~), ___31 지로 (1936~) 총독
배경	대한 제국 식민지 시작	3·1 운동, 악화된 국제 여론을 인식	일제의 경제 대공황 극복 → 만주 사변(1931), 중·일 전쟁(1937), 태평양 전쟁(1941)을 일으킴
목적	민족 억압	___15 양성, 민족 분열책	인적·물적 수탈 정당화, 한반도를 대륙 침략의 병참 기지화

식민 기구

조선 총독부 설치(1910)
- 총독은 일본 국왕에 직속
- 행정권, 입법권, 사법권 및 군사 통수권

```
                    총독부(총독)
                    ┌──────┴────── - - - - - - - - ───┐
            ┌───────┴───────┐              ┌──────────┴──────────┐
     정무총감  행정 사무 담당      2 총감  경찰 업무와 치안 담당      ___3 자문 기구
                                                          (but 친일파 구성, 3·1 운동 이전까지 소집 X)
```

식민 정책

폭력 정책 😠	표면 정책 😊	속내 😠	황국 신민화 정책	
___4 (헌병 사령관) - 범죄 즉결례 (1910, 재판을 거치지 않고 벌금 등 처벌) - 경찰범 처벌 규칙 (1912, 일상 생활까지 단속)	___16 실시	• 경찰 인원·장비 ___17 증가 • 고등 경찰제 실시	• ___32 (일선 동조론) • ___35 · 궁성 요배 • ___36 (1939, 조선 민사령 개정)	• ___33 · ___34 교육 금지(1943) • ___37 암송 (1937) • ___38 개칭(1941)
• ___5 (1912) • 관리 및 교원의 제복 착용과 ___6	• 조선 태형령 ___18 (1920) • 관리 및 교원의 제복 착용과 착검 ___19	___20 제정(1925~1945) "국체를 변혁하고 또는 사유 재산 제도를 부인하는 것을 목적으로 하여 결사를 조직 … 10년 이하의 징역 또는 금고에 처함"	+ ┌ 조선 사상범 ___39 제정(1936) │ 독립운동가에 대한 감시 강화 └ 조선 사상범 ___40 제정(1941) 관찰령을 강화한 법령으로 독립운동가는 언제든지 사상범으로 구금이 가능	
현역 ___7 대장 총독 임명	___21 임명 가능	해방까지 단 한 명도 임명 X	[기타 통제 정책]	

기본권 박탈
- ___8 (1907), ___9 (1907), ___10 (1909) 적용
	언론·출판·집회·결사의 자유 허용
	- ___22 · ___23 간행 (1920)
		___24, ___25, ___26
		___27 자행
			• 대화숙 설치(1937년 → 41년 확대) : 사상범 관리 및 전향시키는 활동
			• ___41 편성
			  - 국민 정신 총동원 조선 연맹(1938)의 산하 기구
			  - 10호 단위로 총독부 시책 강요	

독립운동 탄압 : ___11 사건(1910), ___12 사건(1911) 등	___28 협의회, 도 평의회 설치	___29 제한 → 친일파 및 상층 자산가만 선거권 부여	• 경방단 설립(1939) : 중·일 전쟁 개시 이후 화재 방지 및 조선인 감시	
제1차 조선 교육령(1911) - 보통학교 수업 연한 6년 → ___13 으로 축소	제2차 조선 교육령(1922) - 보통학교 수업 연한 ___30 으로 증가	초등 교육과 기술 교육 강조	• 신문 폐간(1940) : 일제는 ___42, ___43 등 폐간	

정답 1 데라우치 2 경무 3 중추원 4 헌병 경찰제 5 조선 태형령 6 착검 7 육해군 8 보안법 9 신문지법 10 출판법 11 안악 12 105인 13 4년 14 사이토 15 친일파 16 보통 경찰제 17 3배 18 폐지 19 폐지 20 치안 유지법 21 문관 총독 22 조선일보 23 동아일보 24 검열 25 삭제 26 정간 27 폐간 28 부면 29 선거권 30 6년 31 미나미 32 내선일체 33 조선어 34 조선사 35 신사 참배 36 창씨개명 37 황국 신민 서사 38 국민학교 39 보호 관찰령 40 예방 구금령 41 애국반 42 조선일보 43 동아일보

02 일제 강점기의 경제 수탈

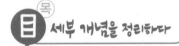 **큰 개념을 그리다**

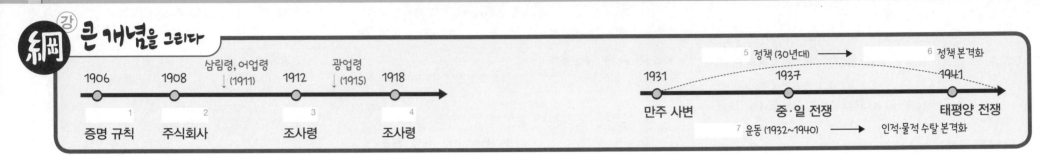

1906 ── 1908 ── 삼림령, 어업령 ↓ (1911) ── 1912 ── 광업령 ↓ (1915) ── 1918

| 1 | 2 | 3 | 4 |
증명 규칙 · 주식회사 · 조사령 · 조사령

5 정책 (30년대) ⟶ 6 정책 본격화

1931 ── 1937 ── 1941
만주 사변 · 중·일 전쟁 · 태평양 전쟁

7 운동 (1932~1940) ⟶ 인적·물적 수탈 본격화

目 세부 개념을 정리하다

1) 일제의 경제 수탈

1912~1918
8 사업

➡

1920~1934
17 계획

➡

1930년대 이후
21 운동 + 22 정책

1912~1918 / 8 사업

- **목적**
  - 명분 : 공정한 지세 확보, 근대적 토지 소유권 확립
  - 실상 : 안정적인 지세 확보, 토지 약탈, 한국인 지주층 회유
- **방법**
  - 임시 토지 조사국 설치(1910) → _____ 9 공포(1912)
  - _____ 10 신고제 원칙(신고 11 짧음, 12 복잡, 13 토지 多)
- **결과**
  - 토지 약탈 : _____ 14 토지, 왕실·문중의 토지, 공공 기관에 속한 토지 등을 조선 총독부에 귀속시킴
  - 토지 불하 : 수탈한 토지는 동양 척식 주식회사를 비롯한 일본 토지 회사 및 일본 이주민에게 싼값으로 불하(일본인 이주민이 증가)
  - 지세 수입 증가 : 총독부 지세 수입 15 증가
  - 지세령 공포(1914) : 지세 대상과 납부자 지주 확인
    → 개정 지세령(1918) : 결부법 폐지, 지가 기준 과세, 지가의 1.3% 1년 세액 책정
  - 지주 권한 강화·농민 몰락 : 지주는 소유권의 법적 보장을 받았으나, 농민의 관습적 16 · 입회권(마을 공유지)·도지권(영구 소작권)은 인정 X
  - 농민의 유민화 : 화전민, 만주·연해주 등지로 이주

1920~1934 / 17 계획

- **목적**
  조선의 미곡 생산량을 늘려 일본의 부족한 식량 충당
- **내용**
  - 토지 개량 : 관개 시설 개선과 지목 전환, 개간·간척 사업
  - 농사 개량 : 품종·농법·시비 개량 등을 추진
- **결과**
  - 증산량 < _____ 18에 미달 → 수탈 진행
  - 국내 식량 부족
    → 만주에서 19 수입하여 충당
  - 과도한 수리 조합비와 비료 대금 부담
    → 농민층 몰락
  - 쌀 중심의 _____ 20 농업 구조 형성
    → 식민지 지주제 강화
  - 일시 중단(1934) : 경제 대공황으로 일본 지주들이 쌀 수입 반대

1930년대 이후 / 21 운동 + 22 정책

① 농촌 진흥 운동 (1932~1940)
- **배경** : _____ 23 (1929) → 농산물 가격 하락
  → 소작 쟁의 심화, 사회주의 세력 확산
  → 일제의 위기 의식
- **내용**
  - 소작 쟁의 억제 : 조선 소작 조정령(1932), _____ 24 (1934)
  - 정신 운동 전개 : 농민 스스로가 가난에서 벗어나야 한다며 자력갱생 추구(춘궁 퇴치, 농가 부채 근절), 농민의 정신 계몽에 주력 → 농민 통제 강화

② 병참 기지화 정책
- **배경** : 경제 대공황(1929) 극복을 위한 일본의 대외 침략
- **내용**
  - _____ 25 정책 : 공업 원료 수탈 목적, 남부 지방에는 면화 재배(면직물 공업 육성 목적)를, 북부 지방에는 양 사육(모직물 공업 육성 목적)을 강요
  - 1937년 _____ 26 이후 병참 기지화 본격화
    → 국가 총동원법 제정(1938. 4.)

2) 기타 침탈

구분	무단 통치	문화 통치
회사 설립	회사령 O (1910) – 조선인의 회사 설립 시 총독부 허가 필요	회사령 ___31___ (1920) – 신고제로 전환하여 일본 기업 진출 용이
자원 약탈	• 담배, 인삼, 소금 등을 총독부가 전매 • 삼림령(1911) → 어업령(1911) → 광업령(1915) → ___27___ (1918)	• 연초 전매령(1921) • 관세 ___32___ (1923) • 중공업 : 흥남 질소 비료 공장(1927)
철도	호남선(1914), ___28___ (1914) 건설	함경선(1928) 건설 : X자형 간선 철도 완성
금융	(농공은행 개편 →) ___29___ 은행(1918)	___33___ (1928) : 한국인 소유 은행을 일본 은행으로 편입
선전	조선 물산 공진회(1915) : 일제가 ___30___ 에서 박람회 개최	

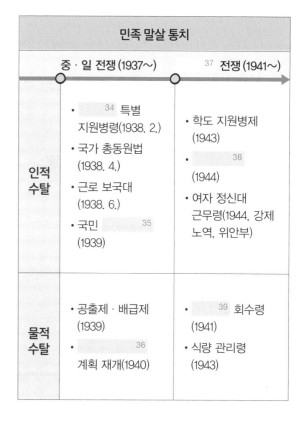

민족 말살 통치		
	중 · 일 전쟁 (1937~)	___37___ 전쟁 (1941~)
인적 수탈	• ___34___ 특별 지원병령(1938. 2.) • 국가 총동원법(1938. 4.) • 근로 보국대(1938. 6.) • 국민 ___35___ (1939)	• 학도 지원병제(1943) • ___38___ (1944) • 여자 정신대 근무령(1944, 강제 노역, 위안부)
물적 수탈	• 공출제 · 배급제(1939) • ___36___ 계획 재개(1940)	• ___39___ 회수령(1941) • 식량 관리령(1943)

철도 지도: 회령, 신의주, 원산, 서울, 대전, 목포, 부산

연계 빈출 사료

토지 조사령 (1912)

제4조 토지 소유자는 조선 총독이 정하는 기간 안에 주소, 씨명, 명칭 및 소유지의 소재, 지목, 자번호(字番號), 사표(四標), 등급, 결수를 임시 토지 조사 국장에게 신고해야 한다. 단, 국유지는 보관 관청이 임시 토지 조사 국장에게 통보해야 한다.

제5조 토지 소유자나 임차인, 기타 관리인은 조선 총독이 정하는 기간 안에 토지의 사방 경계에 표식을 세우고, 지목 및 자번호와 더불어 민유지에서는 소유자의 씨명, 명칭을, 국유지는 보관 관청명을 써야 한다.

국가 총동원법 (1938)

제1조 국가 총동원이란 전시에 국방 목적을 달성하기 위해 국가의 전력을 가장 유효하게 발휘하도록 인적 및 물적 자원을 운용하는 것을 말한다.

제4조 정부는 전시에 국가 총동원상 필요할 때는 칙령이 정하는 바에 따라 제국 신민을 징용하여 총동원 임무에 종사하게 할 수 있다. 단, 병역법의 적용을 방해하지 않는다.

제8조 정부는 전시에 국가 총동원상 필요할 때는 칙령이 정하는 바에 따라 물자의 생산 · 수리 · 배급 · 양도 및 기타의 처분, 사용 · 소비 · 소지 및 이동에 관하여 필요한 명령을 내릴 수 있다.

– 조선 총독부, 『조선 법령 집람』 제13집

정답 1 토지 가옥 2 동양 척식 3 토지 4 임야 5 남면북양 6 병참 기지화 7 농촌 진흥 8 토지 조사 9 토지 조사령 10 기한부 11 기간 12 절차 13 미신고 14 미신고 15 2배 16 경작권 17 산미 증식 18 목표량 19 잡곡 20 단작형 21 농촌 진흥 22 병참 기지화 23 경제 대공황 24 조선 농지령 25 남면북양 26 중·일 전쟁 27 임야 조사령 28 경원선 29 조선식산 30 경복궁 31 X 32 철폐 33 신은행령 34 육군 35 징용령 36 산미 증식 37 태평양 38 징병제 39 금속

03 1910년대 민족 독립운동

綱 큰 개념을 그리다

▲ 국내의 비밀 결사 단체

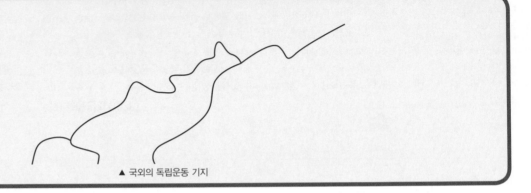
▲ 국외의 독립운동 기지

目 세부 개념을 정리하다

1) 국내의 비밀 결사 단체 (무단 통치의 탄압으로 일제의 감시를 피해 조직된 비밀 결사 단체)

___1___ (1912~1914)	• 조직 : ___2___, 전라도에서 고종의 밀명을 받아 유림 세력 규합·조직, 의병 전쟁 목표 • 성향 : ___3___ (왕정 복고 → 고종 복위 주장) • 활동 : 조선 총독부에 ___4___ 전송 시도, 전국적인 의병 봉기 계획
___5___ (1915~1918)	• 조직 : ___6___, 김좌진, 풍기 광복단(채기중 중심 의병 계열) + 조선 국권 회복단(애국 계몽 계열) 회원 중심, 군대식 • 성격 : ___7___ 체제 지향 • 활동 : 군자금 모금과 친일파 색출 및 처단, 만주에 무관 학교 기지 설립 추진
___8___ (1913)	평양 숭의 여학교 교사와 학생으로 구성
___9___ (1914)	평양 대성 학교 출신으로 조직
___10___ (1915~1919)	• 조직 : 윤상태, 이시영 등 주도, 경북 지방의 유생들이 조직 • 활동 : 3·1 운동 참여, 임시 정부에 군자금 송금, 파리 강화 회의에 독립 청원서 제출
조선 국민회 (1915)	평양 숭실 학교 학생 중심, 대조선 국민 군단(하와이, 박용만)의 국내 지부로 시작
자립단 (1915)	기독교 교인 중심, 함경남도 단천에서 결성
조선 산직 장려계 (1915)	사립 학교 교사, 경성 고등 보통학교 부설 교원 양성소 재학생 조직, 민족 경제 자립을 통한 국권 회복 추구

※ 1910년대의 의병 활동 : 채응언의 항전
• 마지막 의병장
• 1915년까지 서북 지방에서 활약

연계 빈출 사료

대한 광복회 실천 강령
1. 부호의 의연금 및 일인이 불법 징수하는 세금을 압수하여 무장을 준비한다.
2. 남북 만주에 군관 학교를 세워 독립 전사를 양성한다.
3. 종래의 의병 및 해산 군인과 만주 이주민을 소집하여 훈련한다.
......
7. 무력이 완비되는 대로 일본인 섬멸전을 단행하여 최후 목적의 달성을 기한다.

2) 국외의 독립운동 기지 (일제의 간섭이 미약한 만주, 연해주 등지에 독립운동 기지를 건설하여 독립운동 전개)

만주	서간도 (남만주, 삼원보)	• 자치 기구 : _____ 11 (1911, 이회영, 최초의 한인 단체) → 부민단(1912) → _____ 12 (1919)로 개편, 산하에 _____ 13 편성(1919) • 학교 : _____ 14 (1911) → 신흥 중학교(1913) → _____ 15 (1919)
	북만주	한흥동 : 소·만 국경 지대인 밀산부에 설립(이상설 등)
	북간도	• _____ 16 (1906, 용정, 이상설 설립), _____ 17 (1908, 김약연 주도) • _____ 18 (1911, 서일, 대종교 본사, 대한 독립 선언서 발표 주도) → _____ 19 로 개편(1919, 김좌진) • 간민회(1913, 한인 자치 단체) → 대한 국민회(1919, 안무의 국민회군 편성)
	연해주	• 13도 의군(1910) : 구한말 의병장 중심(유인석·이상설·홍범도 등), 망명 정부 수립 시도 • _____ 20 (1910) : 유인석, 이상설 주도, 한·일 합병의 부당함을 각국에 호소하고 격문을 한인 사회에 배포 • _____ 21 (1911) : 이상설 주도, 신한촌의 의병 계열 + 계몽 운동 계열 합작 자치 기관, 권업신문 발행 • _____ 22 정부(1914) : 권업회가 신한촌에서 _____ 23 과 _____ 24 를 정·부통령으로 하여 수립(공화정체 지향) • 전로 한족회 중앙 총회(1917) : 문창범, 이동휘 등이 러시아 혁명의 영향을 받아 설립 → _____ 25 로 개편(1919)
중국 관내	상하이	• _____ 26 (1912) : 박은식·신규식·조소앙이 결성한 비밀 결사 조직, 박달 학원 설립(1913, 청년 교육) • 대동 보국단(1915) : 신규식·박은식 등이 조직, 잡지 『진단』 발간 • _____ 27 (1918) : 여운형 중심, 『신한청년보』 발간, 파리 강화 회의에 _____ 28 을 파견해 독립 청원서 제출 → 상하이 임시 정부 수립에 영향
	베이징	_____ 29 (1915, 상하이 조직 → 본부 베이징) : _____ 30 제창(1917, 최초로 임시 정부의 필요성 제안), 복벽주의 → 민주 공화정 주장
미주	샌프란시스코	• _____ 31 (1910) 　– 장인환, 전명운의 _____ 32 사살(1908)을 계기로 조직 　– 박용만·이승만 중심, 이승만이 위임 통치 청원서 제출 • _____ 33 (1913) 　– 안창호 조직, 미주 동포들이 애국 계몽 운동 전개 　– 국내 지부로 수양 동우회(국내 애국 계몽 운동 단체) 조직 　– 잡지 『동광』 발간
	하와이	_____ 34 (1914) : _____ 35 이 조직, 독립군 양성
	멕시코	_____ 36 (1910) : 독립군 양성

※ 국외 이주 동포의 활동과 시련

연해주	• 신한촌(한인 집단촌) 중심으로 독립운동 • 독립운동 단체 조직 [시련] 자유시 참변(1921), _____ 37 강제 이주(1937)
일본	• 19세기 말 유학생·정치적 망명자들이 이주 • 국권 피탈 이후 농민들이 이주하여 산업 노동자로 취업 [시련] _____ 38 (1923)
미주	• 20세기 초 대한 제국 정부의 공식 해외 이민 허용(1902) • _____ 39 사탕수수 농장, 공사장 등 노동자 생활 • 한인 사회 형성(대한인 국민회 등) [시련] 16시간 이상의 가혹한 노동, 저임금

정답 1 독립 의군부 2 임병찬 3 복벽주의 4 국권 반환 요구서 5 대한 광복회 6 박상진 7 공화 정치 8 송죽회 9 기성단 10 조선 국권 회복단 11 경학사 12 한족회 13 서로 군정서 14 신흥 강습소 15 신흥 무관 학교 16 서전서숙 17 명동 학교 18 중광단 19 북로 군정서 20 성명회 21 권업회 22 대한 광복군 23 이상설 24 이동휘 25 대한 국민 의회 26 동제사 27 신한청년당 28 김규식 29 신한 혁명당 30 대동 단결 선언 31 대한인 국민회 32 스티븐스 33 흥사단 34 대조선 국민 군단 35 박용만 36 숭무 학교 37 중앙아시아 38 관동 대학살 39 하와이

04 3·1 운동 (1919)

1. 배경

| 국외 | • 레닌, 식민지 민족 해방 운동 지원 선언(1917, ____1____)
• 윌슨, 파리 강화 회의, '____2____' 주창(1918, ____3____ 식민지에만 해당)
• ____4____, ____5____을 파리 강화 회의에 대표로 보내 독립 청원서 제출
• 국외의 독립 선언 : ____6____ 선언(1919, 도쿄) : 조선 청년 독립단 주축(일본 한인 유학생 중심) → 3·1 운동의 도화선으로 작용
└ "민족 자결주의를 우리에게 적용하라 ⋯ 실현되지 않을 경우 영원한 혈전을 선언한다." | 국내 | • 고종 독살설 유포로 국민들의 분노
• 무단 통치에 대한 반발 증대 |

2. 전개

1단계 (점화기)	• 계획 : 천도교, 대중화·일원화·비폭력화의 3대 행동 원칙 확립, 기독교, 불교 + 학생 세력 = 민족 대연합 전선 구축 • 3·1 독립 선언서(____7____) 작성 : 본문 + 공약 3장 → 손병희, 최남선 등 작성, 민족 대표 33인 서명 • 독립 선언서 낭독 : 탑골 공원 X → ____8____에서 선언서를 낭독하고 자진 체포 • ____9____ 시위 전개 : 수천 명의 학생, 시민들이 이미 배포되었던 독립 선언서를 낭독 후 만세 시위 전개(비폭력 시위)	
2단계 (도시 확산기)	• 학생들의 주도하에 지방 도시를 중심으로 확산	• 계층 확산 : 상인과 노동자 계층의 시위 참여 확대, 파업·자금 제공
3단계 (농촌 확산기)	• 농민 참여	• ____10____ 투쟁 전개 : 면사무소·헌병 주재소·친일 지주 등을 습격하는 무력적인 저항으로 변모
4단계 (해외 확산기)	• 도쿄 유학생 참여	• 만주와 연해주, 상하이, 미주(필라델피아 한인 자유 대회) 등
일제의 탄압	헌병 경찰, 육·해군까지 동원하여 군중에게 총격을 가하며 탄압 ex) 화성 ____11____ 학살 사건, ____12____ 열사 순국	

3. 의의와 영향

의의	독립 의지 세계에 천명, 독립운동 참여 계층 기반 확대 (종교계와 학생, 노동자, 농민, ____13____ 등 전 국민이 신분 구분 없이 동참) └ 황에스더(대한 애국 부인회 조직), 김마리아
영향	• 일제 통치 방식의 변화 : 무단 통치 → ____14____ 통치 • ____15____ 수립 계기 • ____16____ 운동 자극 : 봉오동, 청산리 전투(1920) 등의 독립 전쟁으로 발전 • 중국의 ____17____, 인도의 ____18____·____19____ 운동에 영향

🔩 연계 빈출 사료

기미 독립 선언서

오등은 이에 아(我) 조선의 독립국임과 조선인의 자유민임을 선언하노라. 이로써 세계 만방에 고하여 인류 평등의 대의를 극명하며, 이로써 자손만대에 고하여 민족 자존의 정권을 영유하게 하노라 ⋯

공약 3장

1. 금일 오인(吾人)의 차거는 정의, 인도, 생존, 번영을 위한 민족 전체의 요구이니, 오직 자유의 정신을 나타낼 것이며, 남을 배척하는 감정으로 그릇되게 달려 나가지 말라.
2. 마지막 한 사람까지, 마지막 한 순간까지 민족의 정당한 요구를 시원스럽게 발표하라.
3. 모든 행동은 가장 질서를 존중하여 오인의 주장과 태도로 하여금 어디까지든지 밝고 정당하게 하라.
⇒ 대한 독립 선언 → 조소앙 집필, 무장 독립 전쟁을 통한 독립 주장, 중광단 중심(대종교 계열)

정답 1 러시아 혁명 2 민족 자결주의 3 패전국 4 신한청년당 5 김규식 6 2·8 독립 7 기미 독립 선언서 8 태화관 9 탑골 공원 10 폭력 11 제암리 12 유관순 13 여성 14 문화 15 대한민국 임시 정부 16 무장 투쟁 17 5·4 운동 18 비폭력 19 불복종

1. 수립 : 3·1 운동 이후 독립운동의 구심체 역할을 수행할 단체의 필요성 → 각지의 임시 정부 통합(1919. 9.)

└ ___1___ 선언(1917, 상하이, 신채호, 조소앙 등 14인) : "융희 황제가 삼보(영토, 인민, 주권)를 포기한 경술년(1910) 8월 29일은, 즉 우리 동지가 계승한 8월 29일이니…"

[각지의 임시 정부]

임시 정부	위치	대표
대한 국민 의회(1919. 3.)	연해주	대통령 손병희, 국무총리 이승만
대한민국 임시 정부(1919. 4.)	상하이	임시 의정원 의장 이동녕, 국무총리 이승만
한성 정부(1919. 4.)	서울	집정관 총재 이승만, 국무총리 총재 이동휘

→ 통합

[대한민국 임시 정부]

위치	___2___	대표	대통령 ___4___, 국무총리 ___5___
법통	___3___ 계승	형태	• ___6___ 중심제의 ___7___ [___8___(입법 기관), ___9___(사법 기관), ___10___(행정 기관)]
명칭	대한민국 임시 정부		• 최초의 ___11___ 정부 형태

2. 임시 정부의 활동

비밀 행정 조직망	• ___12___(국내 비밀 행정 조직) – 재정 확보, 공문 국내 전파 – 총판, 독판, 군감, 면감 임명	• ___13___(통신 기관) – 정보 수집 및 분석, 자금 모집 ex) ___14___(부산, 안희제), ___15___(만주 단둥, 조지 쇼)	외교 활동	___19___ 위원부(김규식), ___20___ 위원부(워싱턴, 이승만) 설치
자금 모금	의연금 모금, ___16___ 발행		문화 활동	___21___ 발간(발행인 : 이광수), ___22___ 설치(『한·일 관계 사료집』 간행), 인성 학교·삼일 중학 운영
군사 활동	군무부와 육군 무관 학교 설립, 직할 부대로 광복군 사령부 창설(→ ___17___), 남만주에 육군 주만 ___18___ 조직(1924)			

3. 국민 대표 회의 (1923)

• 배경 ___23___와 ___24___이 일제에 의해 해체, 독립운동 방향에 대한 갈등
└ 이승만의 국제 연맹 위임 통치 청원서(1919. 2.) 사건

• 소집 요구 : 신채호 등 중국 관내 세력과 만주, 연해주의 무장 세력이 독립운동의
방향 전환을 위해 회의 소집 요구(박은식, 김창숙, 원세훈 등 주창)

• 결과 : ___25___ VS ___26___, 현상 유지파 참여 X → 회의 결렬, 창조파 이탈

창조파	___27___·박용만, 임시 정부 해체, 무력 항쟁 강조
개조파	___28___, 임시 정부 개혁, 실력 양성 + 외교 활동
현상 유지파	___29___, 임시 정부 유지

4. 임시 정부의 재정비

• 변화 : 이승만 ___30___(1925), 제2대 대통령 ___31___ 추대, ___32___ 중심의 내각 책임제 개헌(1925)

• 이동 : 김구, ___33___ 조직(1931) → 이봉창·윤봉길 의거 → 일제의 공격으로 ___34___ 이동·정착(1940)

5. 임시 정부의 정치 체제 변화

개헌	정치 체제	정부 수반
제1차 개헌(___35___)	___36___ 중심제(3권 분립)	이승만 → ___37___(1925)
제2차 개헌(___38___)	___39___ 중심의 ___40___	이상룡 → 홍진 → 김구
제3차 개헌(___41___)	___42___ 집단 지도 체제	–
제4차 개헌(___43___)	___44___ 중심의 단일 지도 체제	___45___
제5차 개헌(___46___)	___47___·___48___ 체제	___49___(주석), ___50___(부주석)

정답 1 대동 단결 2 상하이 3 한성 정부 4 이승만 5 이동휘 6 대통령 7 3권 분립 8 임시 의정원 9 법원 10 국무원 11 민주 공화제 12 연통제 13 교통국 14 백산 상회 15 이륭 양행 16 애국 공채 17 광복군 총영 18 참의부 19 파리 20 구미 21 독립신문 22 사료 편찬소 23 연통제 24 교통국 25 창조파 26 개조파 27 신채호 28 안창호 29 김구 30 탄핵 31 박은식 32 국무령 33 한인 애국단 34 충칭 35 1919 36 대통령 37 박은식 38 1925 39 국무령 40 내각 책임제 41 1927 42 국무위원 43 1940 44 주석 45 김구 46 1944 47 주석 48 부주석 49 김구 50 김규식

06 1920년대 만주의 무장 투쟁

綱 큰 개념을 그리다

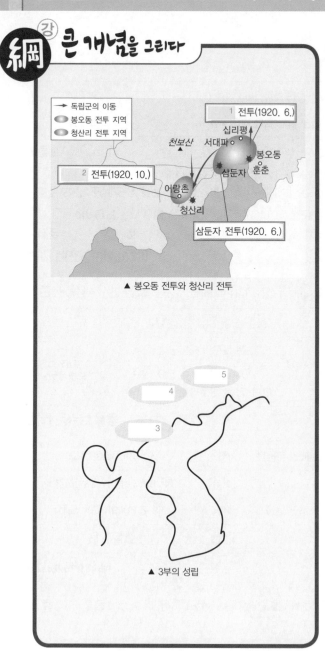

독립군의 이동
봉오동 전투 지역
청산리 전투 지역

```
    1  전투 (1920. 6.)
       십리평
       서대파
천보산          봉오동
    2  전투 (1920. 10.)   삼둔자  훈춘
    어랑촌
       청산리
    삼둔자 전투 (1920. 6.)
```

▲ 봉오동 전투와 청산리 전투

```
        5
    4
  3
```

▲ 3부의 성립

目 세부 개념을 정리하다

1) 배경 : 평화적 3·1 운동의 실패 → 무장 독립 전쟁의 필요

2) 전개

※ **국내의 무장 투쟁**
- 천마산대(1919) : 평안북도 의주 천마산, 유격전
- 보합단(1920) : 평안북도 의주 동암산, 군자금 모금, 임정에 전달
- 구월산대(1920) : 황해도 구월산, 일제 관리와 밀정 처단, 유격전 전개

1920 ─────── 1921 ─────── 1922

봉오동 전투 (6月)	청산리 전투 (10月)	[9] 참변 (경신참변)	독립군 이동	[11] 참변 (6月)	독립군의 재정비
삼둔자 전투 ↓ 일본군 봉오동 공격 ↓ 홍범도의 [6] + 안무의 국민회군, 최진동의 군무 도독부 승리	㉓ 훈춘 사건 ↓ 일본군 대부대 출동 ↓ [7]의 북로 군정서군 + [8]의 대한 독립군 '백운평, 완루구, 천수평, 어랑촌 전투' 등 승리	일본의 보복 (독립군 소탕 목적) – 한인 학살, 한인 부락 몰살	밀산부(한흥동) 집결 ↓ 밀산부에서 [10] 결성 (총재 : 서일) ↓ 자유시 (스보보드니)로 이동	독립군 내부의 지휘권 다툼 (상하이파 공산당 VS 이르쿠츠크파 공산당) ↓ [12]이 독립군 강제 무장 해제 ↓ 독립군 세력 와해	대한 통의부 조직(1922), 만주 독립 단체 통합 ↓ 참의부, 정의부에 흡수

1924~1925 ─────── 1925 ─────── 1928~1929

3부의 성립	미쓰야 협정	1928~1929		
• [13] (1924, 압록강 유역, 임시 정부 직할 부대) • [14] (1924, 남만주 일대) • [15] (1925, 북만주 일대, 소련에서 되돌아온 독립군 중심) – 민정 자치 기구(행정 조직) + 군정 기구 (군사 조직), [16] 체제	한국 독립군 탄압 협정 → 3부 활동 위축 [17] (조선 총독부 경무국장) & 장쭤린(만주 군벌) 체결	**3부 통합 운동** (민족 유일당 운동)		
		북만주	혁신 의회 (1928)	(김좌진 암살 이후) [18]으로 개편, 한국 독립군 편성([19])
		남만주	국민부 (1929)	[20] 조직, 조선 혁명군 편성([21], 이진탁)

정답 1 봉오동 2 청산리 3 참의부 4 정의부 5 신민부 6 대한 독립군 7 김좌진 8 홍범도 9 간도 10 대한 독립 군단 11 자유시 12 적색군 13 참의부 14 정의부 15 신민부 16 3권 분립 17 미쓰야 18 한국 독립당 19 지청천 20 조선 혁명당 21 양세봉

07 의열단과 한인 애국단

綱 (강) 큰 개념을 그리다

1 (1919)	의열 투쟁	2 (1931)
김원봉		김구

目 (목) 세부 개념을 정리하다

1) 의열단 (1919)

조직	만주 ___3___ (지린), ___4___, 윤세주 등 중심
활동	• 일제의 주요 요인 사살 및 식민 기관 파괴를 목표(5파괴 7가살) • 신채호의 ___5___ 을 활동 지침으로 삼음 　└ 무정부주의 바탕, 민중의 직접 혁명 주장
단원	① 박재혁(1920, 부산 경찰서 투탄) ② 최수봉(1920, 밀양 경찰서 투탄) ③ ___6___ (1921, 조선 총독부 투탄 / 1922, 상하이 황포탄 의거) ④ ___7___ (1923, 종로 경찰서 투탄) ⑤ ___8___ (1924, 도쿄 궁성 이중교 투탄) ⑥ ___9___ (1926, 동양 척식 주식회사 · 조선식산은행 투탄)

활동 방향의 전환 (1920년대 후반부터 개별적 투쟁의 한계 인식)

① 중국 세력과 연대 도모, 20개조 강령 발표(계급 타파, 토지 평균 분작 등)
　– ___10___ 에 입교(1926)
　– ___11___ 설립(1932, 중국 국민당 정부의 지원)
② ___12___ 결성(1935, 난징) : 민족 유일당 운동(민족주의 계열 + 사회주의 계열)
　– 중국 내 독립운동 세력 통합 목적 → ___13___ 결성(1938, 김원봉, 한커우)

2) 한인 애국단 (1931)

조직	• ___14___, ___15___ 중심	• 국민 대표 회의 결렬 후 임시 정부의 난국을 타개하기 위해 조직
활동	① ___16___ 의거 (1932. 1.)	• 활동 : 일본 ___17___ 에서 ___18___ 히로히토의 마차에 폭탄 투척 → 실패 • 영향 : 이봉창의 의거 실패에 대해 중국 신문이 '___19___'고 보도 　→ 신문 보도를 문제 삼아 일본이 상하이 점령(1932. 1., ___20___ 사변)
	② ___21___ 의거 (1932. 4.)	• 활동 : 상하이 사변에서 승리한 일본이 ___22___ 공원에서 개최한 전승 　축하식에 폭탄 투척 → 일본군 장성과 고관들 살상 • 영향 : 만보산 사건(1931. 7.) 이후 나빠졌던 중국인의 반한 감정 완화, 　중국 국민당 정부의 임시 정부 지원, 중국 영토 내 무장 독립 투쟁 허용 　(중국 군관 학교 내에 한인 특별반 설치)

[기타 의거 활동]

___23___ (1919)	___24___ 가 조선 총독 사이토에게 투탄
불령사 (1923)	___25___ 이 일본 국왕 폭살을 시도하였으나 실패
다물단 (1925)	김창숙이 친일파 밀정 김달하 암살
___26___ 의거 (1928)	타이완에서 조명하가 일왕의 장인(일본 육군 대장) 척살
___27___ 폭탄 의거 (1945. 7.)	대한 애국 청년단의 유만수 등이 경성 부민관에 폭탄을 설치하여 친일파 제거 시도

정답 1 의열단 2 한인 애국단 3 길림 4 김원봉 5 「조선혁명선언」 6 김익상 7 김상옥 8 김지섭 9 나석주 10 황포 군관 학교 11 조선 혁명 간부 학교 12 민족 혁명당 13 조선 의용대 14 상하이 15 김구 16 이봉창 17 도쿄 18 일왕 19 안타깝다 20 상하이 21 윤봉길 22 훙커우 23 노인 동맹단 24 강우규 25 박열 26 조명하 27 경성 부민관

08 1920년대 실력 양성 운동

정치사

綱 큰 개념을 그리다

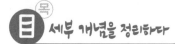

(경제) (교육) (사회) (학생) (민족 유일당)

目 세부 개념을 정리하다

1) 경제적 실력 양성 운동

① 민족 기업의 성장

배경	• 회사령 철폐(1920, ___1 전환) • 한국인들의 경제적 자립을 도모하고자 기업(경공업 위주의 소규모 공장) 설립 열풍
전개	• ___2 주식회사(1919, 김성수, 지주·상인 자본가 주도) • ___3 공장 및 부산 고무신 공장(서민 자본) 등 설립

② 물산 장려 운동

배경	___4 철폐(1920), 일본의 관세 철폐 움직임(1923년 철폐)
전개	• ___5 물산 장려회 발족(1920) : 평양에 설립, ___6 등의 민족 자본가 중심 → 조선 물산 장려회 조직(1923, 서울)을 비롯 전국 확산 • 기타 참여 조직 : ___7 (1922), 토산 애용 부인회(여성), 자작 자급회 등 전국적으로 다양한 단체 탄생
활동	___8 애용 "내 살림 내 것으로", "조선 사람, 조선 것", 근검절약, 생활 개선, 금주·단연 운동 전개
한계	• ___9 상승 : 늘어난 수요를 뒷받침할 수 있는 자본과 생산 시설의 미흡으로 국산품 가격 폭등 • ___10 계열의 운동가들과 일부 민중들이 자본가 계급만을 위한 운동이라고 비판

연계 빈출 사료

물산 장려 운동 취지서

비록 우리의 재화가 남의 재화보다 품질상 또는 가격상으로 개인 경제상 다소 불이익이 있다 할지라도 민족 경제의 이익에 유의하여 이를 애호하며 장려하여 수요하며 구매하지 아니치 못할지라.
– 『산업계』

물산 장려 운동 궐기문

내 살림 내 것으로!
보아라! 우리의 먹고 입고 쓰는 것이다.
다 우리의 손으로 만든 것이 아니었다.
입어라! 조선 사람이 짠 것을
먹어라! 조선 사람이 만든 것을
써라! 조선 사람이 지은 것을
조선 사람, 조선 것.

2) 민족 교육 운동

① 민립 대학 설립 운동

배경	• 3·1 운동 이후 교육열 고조 • _____ [11] (1922, 대학 설립 규정 신설) 공포 → 일제의 식민지 차별 교육에 대항하여 한국인 본위의 고등 교육 기관 설립의 필요성
전개	조선 교육회 결성(1920, 한규설, 이상재 등 중심) → 민족주의자들을 중심으로 실력 양성 운동 전개
활동	_____ [12] 설립(1923, 이승훈), 한국인 본위의 고등 교육 기관 설립 주장 → '한민족 1천만이 한 사람이 _____ [13]'이라는 구호 제창, 강연회와 모금 운동 전개 → 전국적, 해외 모금 운동으로 확산
한계	• 거듭된 가뭄과 수해로 모금 운동 부진 • 일제의 탄압 → _____ [14]을 설립(1924)하여 여론을 무마

←→ 일제의 방해 ←→

경성 제국 대학	
설립 목적	대학 설립을 주장하는 여론을 무마하기 위하여 설립
학부 구성	• 정치, 경제, 이공 등의 학부 X (조선의 자립 의식과 독립 의식 고양 X) • 법문학부·의학부만 설치(식민 통치 이용 가능)

② 문맹 퇴치 운동 (← 일제의 우민화 교육으로 한국인의 문맹률 증가)

야학 운동	배경	일제의 탄압으로 사립 학교와 개량 서당 감소
	전개	• 학생·지식인을 중심으로 야학 설립 • 농민, 노동자, 도시 빈민의 자녀, 일반 성인 등 대상 → 국어와 역사, 지리 교육을 우리말로 전개 • 노동자의 계급 의식 고취 → 소작 쟁의와 노동 쟁의에 영향
농촌 계몽 운동	문자 보급 운동 (1929~1934)	• _____ [15] 주도, '아는 것이 힘, 배워야 산다!' • 한글 교재인 『한글원본』 간행·보급, 귀향 학생들이 농촌에서 한글 교육
	브나로드 운동 (1931~1934)	• _____ [16] 주도, '배우자! 가르치자! 다함께! 브나로드!' • 귀향 학생들을 통한 한글 교육과 구습 제거·미신 타파 등의 계몽 운동 전개 ＊ 브나로드 운동의 배경이 되는 소설 등장 : 「상록수」(심훈), 「흙」(이광수)

🔍 연계 빈출 사료

브나로드 운동 선전문

여러분들의 고향에는 조선 문자도 모르고 숫자도 모르는 이가 얼마쯤 있는가. …… 우리는 모름지기 자신을 초월한 것이다. 모든 이들을 위해 자신의 이해와 고락을 희생할 것이다. 우리는 보수를 바라지 않는 일꾼이 되어야 할 것이다. 새로운 사상을 갖는 새로운 학생들을 보라! …… 참으로 민중을 생각하는 마음으로 민중을 대하라. 그리하여 민중의 계몽자가 되고, 민중의 지도자가 되라!

– 동아일보

정답 1 신고제 2 경성 방직 3 평양 메리야스 4 회사령 5 평양 6 조만식 7 자작회 8 국산품 9 물가 10 사회주의 11 제2차 조선 교육령 12 민립 대학 기성회 13 1원씩 14 경성 제국 대학 15 조선일보 16 동아일보

해커스공무원학원·공무원인강·교재 Q&A gosi.Hackers.com   해커스공무원 연미정 강목 한국사 합격노트 101

09 1920년대 사회 운동

1. 농민 운동과 노동 운동

1) 농민 운동

시대	1920년대	1930년대
배경	토지 조사 사업, 산미 증식 계획 ➡	식민지 지주제 강화, 일제의 수탈 심화
성격	소작료 인하, 소작권 이동 반대 요구 → 농민의 [ ]1 투쟁 중심으로 전개 (소작료 납부 거부, 아사 동맹 등의 형태)	• 토지의 분배, 식민지 지주제 철폐 요구 → [ ]4의 성격 강화, 일본 제국주의 타도 주장 • [ ]5와 연계된 비합법적인 적색 농민 조합 운동 전개 → 농민 조합 결성(소작인 + 전체 농민 포괄)

사례	• [ ]2 쟁의(1923)
	  – 전개 : 암태도(전남 신안)의 소작인들이 1여 년간
	    지주 문재철과 그를 비호하는 일제에 대항
	  – 결과 : 소작인들의 소작료 인하 요구 [ ]3
	• 동척 농장 소작 쟁의(1924, 황해도 재령)
		• 단천 농민 투쟁(1930), 정평 농민 시위 등
		• 일제의 회유책
		  – 소작 쟁의를 막기 위해 조선 소작 조정령(1932),
		    조선 농지령(1934) 등 제정

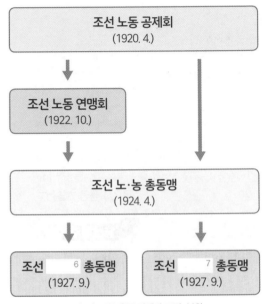

▲ 농민·노동 운동 단체의 조직·분화

조선 노동 공제회 (1920. 4.)

조선 노동 연맹회 (1922. 10.)

조선 노·농 총동맹 (1924. 4.)

조선 [ ]6 총동맹 (1927. 9.)

조선 [ ]7 총동맹 (1927. 9.)

2) 노동 운동

시대	1920년대	1930년대
배경	[ ]8 철폐로 공장, 노동자 수 증가 → 저임금, 장시간 노동	사회주의의 확산으로 노동자의 계급 의식 향상
성격	임금 인상, 노동 조건 개선 등 [ ]9 투쟁의 형태로 전개	• 일본 [ ]11 타도, 노동자·농민의 정부 수립 등 주장 • [ ]12와 연계된 비합법적인 적색 노동 조합 운동 전개(지하 조직화)

사례	• 부산 부두 노동자 파업(1921), 경성 고무 공장 여성 노동자 아사 동맹 파업(1923)
	• [ ]10 총파업(1929)
	  – 배경 : 한 석유 회사의 일본인 감독이 조선인 노동자를 폭행
	  – 전개 : 3천여 명의 노동자가 근로 조건의 개선 등을 요구하며 노동 쟁의 전개
	    → 프랑스, 소련 등 해외 노동 단체의 후원, 최대 규모의 노동 쟁의
		평원 고무 공장 노동자 파업(1931)
		  – 평양 평원 고무 공장에서 일하는 [ ]13이 을밀대에 올라가 농성

2. 사회 각 계층의 운동

<배경> 3·1 운동 이후 사회주의 사상 유입·확산 → 부르주아 세력, 일제에 대한 저항 의식 고취

청년 운동	단체	• 조선 청년 연합회(1920, 물산 장려 운동 참여) • 서울 청년회(1921, 사회주의 단체) → 조선 청년 총동맹(1924, 민족주의와 사회주의 연합 단체)
소년 운동	배경	아동 노동자 수 증가
	단체	• ⬚ [14] 소년회(1921) 조직, ⬚ [15] (회장) 중심 • 어린이날 제정(1922. 5. 1.) • 잡지 『어린이』 발간(1923), 색동회(1923)

▲ 잡지 『어린이』

형평 운동	배경	신분제는 철폐되었으나 ⬚ [16] 에 대한 사회적 차별 존재(호적에 '도한' 기록, 붉은 점 표시, 보통학교 입학 통지서에 신분 기재)
	단체	조선 ⬚ [17] (1923, ⬚ [18]) : 이학찬 조직, 전국 회원 수 40만 명, 전국에 지부 설치, 본부 서울로 이전(1925)
	활동	사회적 차별 철폐를 요구하는 ⬚ [19] 운동 전개
	변질	일제의 탄압으로 인해 대동사로 개칭(1935, 친일로 변질)

여성 운동	배경	신교육을 받은 여성들이 증가하면서 여성의 사회의식이 성장함
	단체	• 조선 여자 기독교 청년 연합회(1922, YWCA) • 조선 여성 동우회(1924) : 사회주의의 영향을 받은 단체 • ⬚ [20] (1927) : 여성계 민족 유일당 단체, 기관지 『근우』 발간, 여성 계몽 운동과 신생활 운동 전개, 신간회의 ⬚ [21] 단체, 신간회가 해소된 이후 약화·해체(1931)

[여성 독립운동가의 활동]

남자현	• 서로 군정서에서 활약 • 사이토 총독 암살 계획(1925) • 혈서 '조선독립원'을 작성하여 국제 연맹 리튼 조사단에 독립 호소(1932)
김마리아	상하이, 대한민국 애국 부인회 간부(1919)
나혜석	• 최초의 서양 화가 • 근대적 여권 운동 • 3·1 운동 참여

연계 빈출 사료

암태도 소작 쟁의

지주 문재철과 소작 쟁의 중인 전남 무안군 암태도 소작인 남녀 500여 명은 …… 광주지방법원 목포 지청에 몰려들어 왔는데 …… 무엇보다도 두려운 죽음에 불구하고 다시 이 법정에 들어온 것은 사활 문제가 이때에 있다하며, …… 이번 운동의 결과를 얻지 못할 경우면 아사 동맹을 결속하고 자기들의 집에서 떠날 때부터 지금까지 식사를 폐지하였다고 한다.

조선 형평사 취지문

공평은 사회의 근본이고 사랑은 인간의 본성이다. 고로 우리는 계급을 타파하고 모욕적인 칭호를 폐지하여 교육을 장려하고 우리도 참다운 인간으로 되고자 함이 본사(本社)의 주지이다. …… 우리도 조선 민족의 2천만의 분자로서 갑오년 6월부터 칙령으로써 백정의 칭호가 없어지고 평민이 된 우리들이다.

근우회 창립 취지문

인류 사회는 많은 불합리를 생산하는 동시에, 그 해결을 우리에게 요구하고 있다. 여성 문제는 그 중의 하나이다. …… 과거의 조선 여성 운동은 분산되어 있었다. 그것에는 통일된 조직이 없었고 통일된 지도 정신도 없었고 통일된 항쟁이 없었다. …… 우리 조선 자매 전체의 역량을 공고히 단결하여 운동을 전반적으로 전개하지 아니하면 아니 된다. 일어나라! 오너라! 단결하자! 분투하자! 조선 자매들아! 미래는 우리의 것이다.

– 동아일보

정답 1 경제적 권익 2 암태도 소작 3 관철 4 정치 투쟁 5 사회주의 6 노동 7 농민 8 회사령 9 생존권 10 원산 노동자 11 제국주의 12 사회주의 13 강주룡 14 천도교 15 방정환 16 백정 17 형평사 18 진주 19 신분 해방 20 근우회 21 자매

10 1920년대 학생 운동과 민족 유일당 운동

綱(강) 큰 개념을 그리다

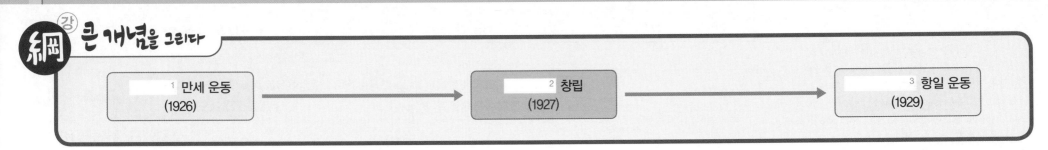

| ___ 1 만세 운동 (1926) | → | ___ 2 창립 (1927) | → | ___ 3 항일 운동 (1929) |

目(목) 세부 개념을 정리하다

1) 학생 운동

① 6·10 만세 운동 (1926)

배경	일제의 수탈과 식민지 차별 교육 정책
전개	___ 4 계열 중심의 만세 운동 계획 → 사전 발각 → 조선 학생 ___ 5 학생들이 주도
	→ 민족주의 계열의 전폭적 지원 + 종로, ___ 6 의 인산일(6. 10.)에 대규모 시위 운동 전개
	→ 학생들 동맹 휴학 시도, 많은 학생들 투옥
의의	• ___ 7 (비밀 결사) 조직 계기 → ___ 8 항일 운동에 영향
	• 민족주의 계열과 사회주의 계열 연대 계기(민족 유일당 운동의 신호탄) → ___ 9 창립에 기여

② 광주 학생 항일 운동 (1929)

배경	• ___ 10 교육(조선인의 고등 교육 제한, 일본인 교사들의 차별)
	• 1920년대 ___ 11 성장 → 각급 학교 내에 성진회(1926. 11. → 1929, 독서회로 개편) 등 조직, 동맹 휴학
원인	광주에서 나주로 가는 ___ 12 안에서 한·일 학생 간의 충돌 → 일본 경찰의 편파적인 사법 처리
전개	• 학생들을 중심으로 광주에서 가두시위(1953. 11. 3., 학생의 날 지정)
	→ 광주·전라도 지역으로 확산(독서회 지도) → 전국적 항일 투쟁
	• ___ 13 의 지원 : 광주에 진상 조사단 파견, 대규모 민중 대회 개최 계획 → 일제에 발각
의의	• 3·1 운동 이후 최대 규모의 민족 운동 : 광주에서 시작 → ___ 14 확산
	• 식민지 차별 교육 철폐, 한국인 본위의 교육 제도 확립 요구 → 일제 타도와 민족 해방을 부르짖는 항일 민족 운동으로 발전

연계 빈출 사료

6·10 만세 운동 격문

조선 민중아! 우리의 철천지 원수는 자본·제국주의 일본이다. 2천만 동포야! 죽음을 각오하고 싸우자! 만세 만세 조선 독립 만세! 식민지에 있어서는 민족 해방이 곧 계급 해방이고, 정치적 해방이 곧 경제적 해방이라는 것을 알지 않으면 안 된다. …… 최후까지 싸워 완전 독립을 쟁취하자! 혁명적 민족 운동자 단체 만세! 조선 독립 만세!

광주 학생 항일 운동 격문

검거된 학생들을 즉시 우리 손으로 탈환하자. 조선인 본위의 교육 제도를 확립하라. 식민지적 노예 교육 제도를 철폐하라. 사회 과학 연구의 자유를 획득하자.

2) 민족 유일당 운동 (신간회)

① 국내 상황

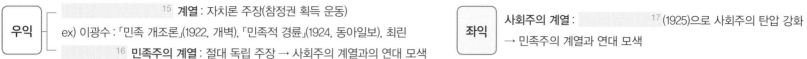

우익
- [   ]15 계열 : 자치론 주장(참정권 획득 운동)
  ex) 이광수 : 「민족 개조론」(1922, 개벽), 「민족적 경륜」(1924, 동아일보), 최린
- [   ]16 민족주의 계열 : 절대 독립 주장 → 사회주의 계열과의 연대 모색

좌익
사회주의 계열 : [   ]17 (1925)으로 사회주의 탄압 강화
→ 민족주의 계열과 연대 모색

② 전개

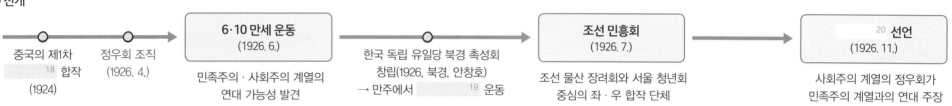

| 중국의 제1차 [ ]18 합작 (1924) | 정우회 조직 (1926. 4.) | **6·10 만세 운동 (1926. 6.)** 민족주의·사회주의 계열의 연대 가능성 발견 | 한국 독립 유일당 북경 촉성회 창립(1926, 북경, 안창호) → 만주에서 [ ]19 운동 | **조선 민흥회 (1926. 7.)** 조선 물산 장려회와 서울 청년회 중심의 좌·우 합작 단체 | 20 **선언 (1926. 11.)** 사회주의 계열의 정우회가 민족주의 계열과의 연대 주장 |

③ 결과

	신간회 (1927~1931) (新幹出古木 [ ]21 : 오래된 나무에서 새 가지가 돋는다)
창립 (1927. 2.)	• 구성 : [ ]22 민족주의계 + [ ]23 (자치 운동 배척) • 주도 세력 : [ ]24 (회장, 우익), 홍명희(부회장, 좌익) *소설 「임꺽정」 발표(1928) • 최대 규모의 [ ]25 항일 단체(일제의 묵인) : 회원수 4만여 명, 140여 개 지회, 만주와 일본에도 지회 조직
강령	1. 우리는 정치적·경제적 각성을 촉진함. 2. 우리는 [ ]26 을 공고히 함. 3. 우리는 [ ]27 를 일체 부인함.
활동	• 조선인 본위 교육 주장, 토론회·강연회 개최, 여성 차별 철폐 주장 • 농민·노동 운동 지원([ ]28) • 학생 운동 지원([ ]29) • 갑산군 화전민 사건(1929) 규명 • 단천 산림 조합 시행령 반대 운동 지원(1930)
해소 (1931)	• 일제의 탄압 : 전국 민중 대회 불허 → 위원장 허헌과 간부들을 구속 • 신 집행부의 [ ]30 (타협적 민족주의자와의 협력 주장) → 갈등 심화 • 코민테른의 노선 변화 : [ ]31 발표(민족주의자들과의 통일 전선 운동 방침 폐기, 계급 투쟁 전개 지시) • 해소 이후 : 비타협적 민족주의 계열은 문화·학술 활동에 주력 → [ ]32 운동, 사회주의 계열은 혁명적 농민·노동 조합 결성 → 적색 [ ]33 · [ ]34 조합
의의	3·1 운동 이후 연합 전선을 구축한 최초의 [ ]35 운동

연계 빈출 사료

자치론

왜 지금의 조선 민족에게는 정치적 생활이 없나? …… 지금까지 하여 온 운동이 전혀 일본을 적대시하는 운동뿐이었다. 그러므로 이런 종류의 정치 운동은 해외에서나 만일 국내에서 한다면 비밀 결사적일 수밖에 없다. 그러니 우리는 무슨 방법으로나 조선 내에서 전 민족적인 정치 활동을 하도록 신생면을 타개할 필요가 있다. 조선 내에서 일본이 허락하는 범위 내에서 일대 정치적 결사를 조직하여야 한다는 것이 우리의 주장이다.

– 이광수, 「민족적 경륜」(1924)

정우회 선언

민족주의적 세력에 대해서는 그 부르주아 민주주의적 성질을 명백히 인식하는 동시에 과정상의 동맹자적 성질도 충분히 승인하여, 그것이 타락되지 않는 한 적극적으로 제휴하여 대중의 개량적 이익을 위하여서도 종래의 소극적 태도를 버리고 분연히 싸워야 할 것이다.

정답 1 6·10 2 신간회 3 광주 학생 4 사회주의 5 과학 연구회 6 순종 7 독서회 8 광주 학생 9 신간회 10 식민지 차별 11 학생 조직 12 통학 열차 13 신간회 14 전국 15 타협적 민족주의 16 비타협적 17 치안 유지법 18 국·공 19 3부 통합 20 정우회 21 신간출고목 22 비타협적 23 사회주의계 24 이상재 25 합법 26 단결 27 기회주의 28 원산 노동자 총파업 29 광주 학생 항일 운동 30 우경화 31 12월 테제 32 조선학 33 농민 34 노동 35 민족 유일당

11 1930년대 항일 무장 투쟁

1. 만주 지역

1) 한·중 연합 작전 (1931~1933)

북만주	+ 중국 [2]	[1] (지청천)	[3] 전투(1932), [4] 전투(1933), [5] 전투(1933), [6] 전투(1933) 승리 → 1930년대 후반 중국 관내 이동 → 이후 한국광복군에 합류(충칭)
남만주	+ 중국 [8]	[7] (양세봉)	[9] 전투(1932), [10] 전투(1933) 승리 → 양세봉 피살 이후 세력 약화

2) 항일 유격 투쟁 (공산주의계)

[11] 투쟁 (1931), [12] 투쟁 (~1932)	→	[13] 혁명군 (1933)	→	[14] 연군 (1936)
소규모 유격대 중심 → 소작료 인하 및 생존권 투쟁		중국 공산당 유격대 + 한인 항일 유격대		조선인 간부들이 [15] 조직(1936) → [16] 전투(1937) : 김일성 부대가 전개, 국내 진공 시도

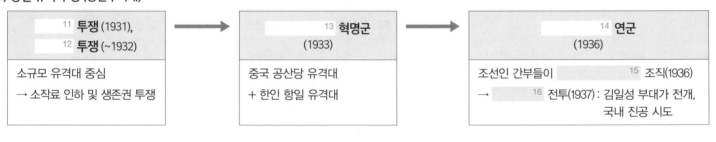

▲ 1930년대 국외 무장 투쟁

지도 범례:
- 한국 독립군 지청천·신숙·김창환
- 조선 혁명군 현정경·양세봉·이춘윤
- ③ 쌍성보 전투(1932)
- ④ 경박호 전투(1933)
- ⑤ 사도하자 전투(1933)
- ⑥ 동경성 전투(1933)
- ⑦ 대전자령 전투(1933)
- ① 영릉가 전투(1932)
- ② 흥경성 전투(1933)
- 동북 항일 연군
- 보천보 전투(1937)
- 한국 독립군, 중국군 활동 지역 / 일본군의 공격 방향 / 만주국의 영토 / 1931년 이전 일본군 점령 지구 / 1932년까지의 일본군 점령 지구

2. 중국 관내

	[17] (1935, 난징)
좌익 계열	[18] (김원봉, 좌익) + 한국 독립당(조소앙, 우익) + 조선 혁명당(최동오) + 신한 독립당(지청천) + 대한 독립당(김규식) 5당 통합 → ([19], [20] 탈퇴) → [21] 개편(1937) [1937, 민족 전선] 조선 민족 전선 연맹 : 김원봉, 민족 혁명당 주도, 중도 좌파 → 산하에 [22] 창설(1938)
	[23] (1935, 항저우)
우익 계열	민족 혁명당에 불참한 [24] 인사(김구) 중심 [1937, 광복 진선] 한국 광복 운동 단체 연합회 : [25] + 조소앙·지청천

좌·우익 연합 →

[26] 협회 (1939)
• 배경 : 중·일 전쟁의 확대 • 조직 : 조선 민족 전선 연맹 　　　　+ 한국 광복 운동 단체 연합회 • 한계 : 중국 국민당 정부에 의한 형식적 　　　　통합 → 실패

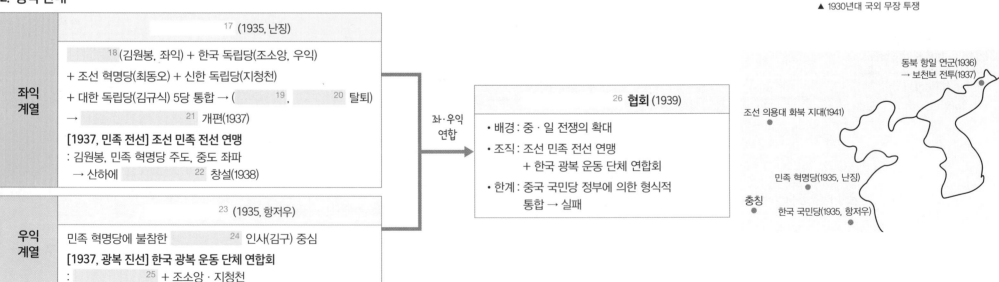

지도 범례:
- 동북 항일 연군(1936) → 보천보 전투(1937)
- 조선 의용대 화북 지대(1941)
- 민족 혁명당(1935, 난징)
- 충칭
- 한국 국민당(1935, 항저우)

정답 1 한국 독립군 2 호로군 3 쌍성보 4 사도하자 5 동경성 6 대전자령 7 조선 혁명군 8 의용군 9 영릉가 10 흥경성 11 추수 12 춘황 13 동북 인민 14 동북 항일 15 조국 광복회 16 보천보 17 민족 혁명당 18 의열단 19 조소앙 20 지청천 21 조선 민족 혁명당 22 조선 의용대 23 한국 국민당 24 임시 정부 25 한국 국민당 26 전국 연합 진선

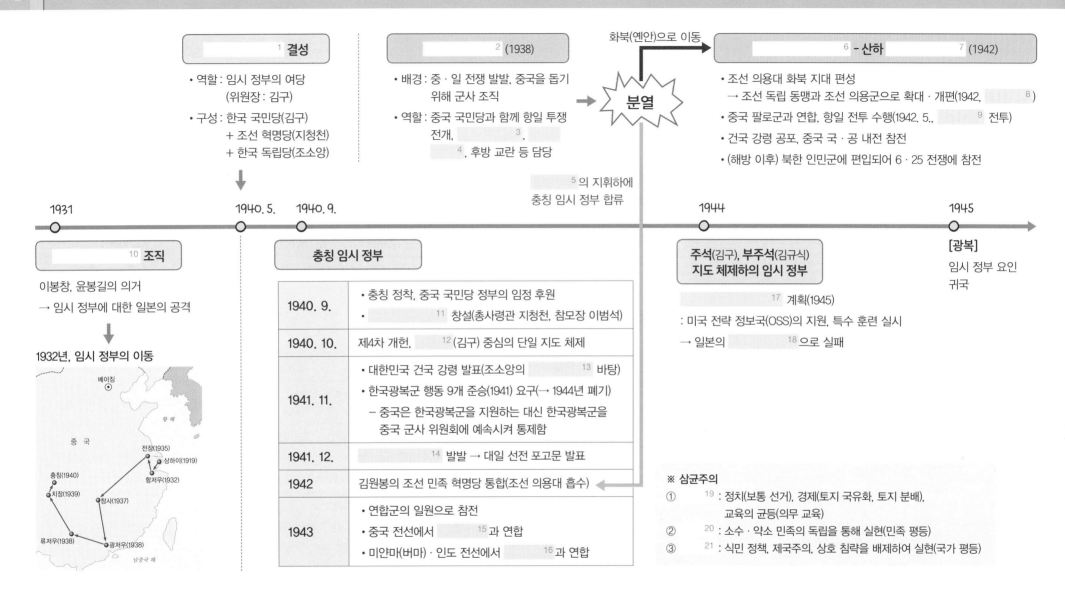

□□□□□□ [1] 결성

- 역할 : 임시 정부의 여당
  (위원장 : 김구)
- 구성 : 한국 국민당(김구)
  + 조선 혁명당(지청천)
  + 한국 독립당(조소앙)

□□□□□□ [2] (1938)

- 배경 : 중·일 전쟁 발발, 중국을 돕기 위해 군사 조직
- 역할 : 중국 국민당과 함께 항일 투쟁 전개, □□□□□□ [3], □□□□□□ [4], 후방 교란 등 담당

화북(옌안)으로 이동

분열

□□□□□□ [6] - 산하 □□□□□□ [7] (1942)

- 조선 의용대 화북 지대 편성
  → 조선 독립 동맹과 조선 의용군으로 확대·개편(1942, □□□□□□ [8])
- 중국 팔로군과 연합, 항일 전투 수행(1942. 5., □□□□□□ [9] 전투)
- 건국 강령 공포, 중국 국·공 내전 참전
- (해방 이후) 북한 인민군에 편입되어 6·25 전쟁에 참전

□□□□□□ [5] 의 지휘하에 충칭 임시 정부 합류

1931

□□□□□□ [10] 조직

이봉창, 윤봉길의 의거
→ 임시 정부에 대한 일본의 공격

1932년, 임시 정부의 이동

베이징
황해
중국
전장(1935)
상하이(1919)
충칭(1940)
항저우(1932)
치장(1939)
창사(1937)
류저우(1938)
광저우(1938)
남중국 해

1940. 5. **1940. 9.**

충칭 임시 정부

1940. 9.	• 충칭 정착, 중국 국민당 정부의 임정 후원 • □□□□□□ [11] 창설(총사령관 지청천, 참모장 이범석)
1940. 10.	제4차 개헌, □□□□□□ [12] (김구) 중심의 단일 지도 체제
1941. 11.	• 대한민국 건국 강령 발표(조소앙의 □□□□□□ [13] 바탕) • 한국광복군 행동 9개 준승(1941) 요구(→ 1944년 폐기) – 중국은 한국광복군을 지원하는 대신 한국광복군을 중국 군사 위원회에 예속시켜 통제함
1941. 12.	□□□□□□ [14] 발발 → 대일 선전 포고문 발표
1942	김원봉의 조선 민족 혁명당 통합(조선 의용대 흡수)
1943	• 연합군의 일원으로 참전 • 중국 전선에서 □□□□□□ [15] 과 연합 • 미얀마(버마)·인도 전선에서 □□□□□□ [16] 과 연합

1944

주석(김구), 부주석(김규식) 지도 체제하의 임시 정부

□□□□□□ [17] 계획(1945)

: 미국 전략 정보국(OSS)의 지원, 특수 훈련 실시
→ 일본의 □□□□□□ [18] 으로 실패

1945

[광복]

임시 정부 요인 귀국

※ 삼균주의
① □□□□□□ [19] : 정치(보통 선거), 경제(토지 국유화, 토지 분배), 교육의 균등(의무 교육)
② □□□□□□ [20] : 소수·약소 민족의 독립을 통해 실현(민족 평등)
③ □□□□□□ [21] : 식민 정책, 제국주의, 상호 침략을 배제하여 실현(국가 평등)

13 일제의 식민지 교육 정책과 문화 정책

1. 교육 정책

교육령	교육 내용
제1차 조선 교육령 (1911)	• 보통학교 ___1___ 년, 고등 보통학교 4년으로 일본에 비해 교육 연한이 짧음 • 사립 학교 규칙(1911) : 사립 학교의 설립을 총독부가 인가 • 서당 규칙(1918) : 서당 설립을 신고제에서 허가제로 바꾸어 억압
제2차 조선 교육령 (1922)	• 보통학교의 연한을 4년에서 ___2___ 년으로 연장　　　　• ___3___ 필수 과목화 • 대학에 관한 규정 마련 → 민립 대학 설립 운동 • 3면 1교 정책(1922) → 1면 1교 정책(1927~1936, 예산 부족으로 인한 면 통합)
제3차 조선 교육령 (1938)	• 보통학교·소학교 → ___4___ 로 변경　　　　• 조선어 과목은 ___5___ (선택) 과목화 ＊심상소학교(→1941, 국민학교 → 1996, 초등학교)
제4차 조선 교육령 (1943)	• ___6___ · ___7___ 교육 완전 폐지　　　　• 학교 교육을 군사 체제로 편입시킴

2. 언론 탄압 정책

기간	탄압 정책
1910년대	언론·출판·결사의 자유 박탈
1920년대	___8___ 의 발간을 허용(조선일보·동아일보)하였지만 실상은 검열·삭제·정간·폐간이 빈번
1930년대	___9___ 일장기 삭제 사건(1936, 동아일보)을 계기로 동아일보 탄압
1940년대	조선일보·동아일보 ___10___ (1940)

3. 한국사 왜곡

1) 식민 사관 : 조선 식민지 지배를 정당화하기 위해 한국사를 왜곡

___11___	한국의 역사가 주체적·자율적으로 발전하지 못하고 외세의 간섭을 받아 타율적으로 전개된다는 주장 ex) 반도 사관, 임나일본부설, 만선 사관
___12___	한국 사회는 고대 사회 단계에 정체되어 있다는 주장, 봉건 사회 결여론
___13___	우리 민족은 분열성이 강하기 때문에 내분을 일으키며 당쟁을 일삼은 것이 조선 왕조 멸망의 원인이라는 논리

2) 단체

___14___ (1925)	• 총독부 산하의 조선사 편찬 위원회(1922)를 개편 • 식민 사관을 토대로 『조선사』 편찬(1938)
___15___ (1930)	• 경성 제국 대학 교수·조선사 편수회 간부 중심 • 한국사 왜곡 및 식민 사관 보급에 주력 • 『청구학총』 간행

연계 빈출 사료

제2차 조선 교육령

제5조 보통학교의 수업 연한은 6년으로 한다. 단, 지역의 정황에 따라 5년 또는 4년으로 할 수 있다. 보통학교에 입학하는 자는 연령 6년 이상의 자로 한다.

제7조 고등 보통학교의 수업 연한은 5년으로 한다. 고등 보통학교에 입학하는 자는 수업 연한 6년의 보통학교를 졸업한 자 또는 조선 총독이 정하는 바에 의하여 이와 동등 이상의 학력이 있다고 인정된 자로 한다.

제3차 조선 교육령

제1조 소학교는 국민 도덕의 함양과 국민 생활의 필수적인 보통의 지능을 갖게 함으로써 충량한 황국 신민을 육성하는 데 있다.

제13조 심상소학교의 교과목은 수신, 국어(일어), 산술, 국사(일본사), 지리, 이과, 직업, 도화, 수공, 창가, 체조이다. 조선어는 수의(선택) 과목으로 한다.

제16조 국체의 본의를 명확히 밝혀 아동에게 황국 신민으로서의 자각을 환기한다. 국가 사회에 봉사하는 마음으로 내선일체의 미풍을 기른다.

정답 1 4　2 6　3 조선어　4 심상소학교　5 수의　6 조선어　7 조선사　8 한글 신문　9 손기정　10 폐간　11 타율성론　12 정체성론　13 당파성론　14 조선사 편수회　15 청구 학회

14 민족 문화 수호 운동

綱 큰 개념을 그리다

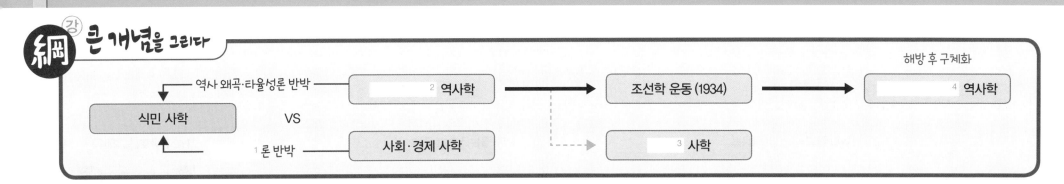

해방 후 구체화

식민 사학 ← 역사 왜곡·타율성론 반박 — [2] 역사학 → 조선학 운동 (1934) → [4] 역사학

VS

[1]론 반박 — 사회·경제 사학 ⇢ [3] 사학

目 세부 개념을 정리하다

1) 국사 연구

① 민족주의 사학

대표 학자	활동	저서
신채호	• [5] 사상 강조(화랑 정신에 초점을 둔 우리 고유 사상) • [6] 신화 등 고대사 연구에 치중 • 역사를 '아(我)'와 '비아(非我)'의 투쟁으로 규정 • [7] 을 '일천 년래 제일대사건'으로 평가	• [8] (1908) : 국가의 역사는 민족의 소장성쇠의 상태를 서술 • 「조선상고문화사」(1910년대 후반) : 대종교 관련 전통적 민간 신앙 관심 • [9] (1923) • 「조선사연구초」(1924 연재, 1929 간행), 「조선상고사」(1931 연재, 1948 간행)
박은식 (태백광노)	• ' [10] ' 강조(혼백 사상 : 혼이 있어야 백이 발전), 나라는 [11] (形)이요, 역사는 [12] (神)이라고 함	• [13] (1915), [14] (1920)
정인보	• ' [15] ' 사상을 강조하면서 식민 사관에 대항, 광개토 대왕릉 비문 연구 • 조선학 운동에 선구적 역할	「5천 년간 조선의 얼」(1935) → 「조선사연구」(1946~1947 간행)
문일평	민족 정신으로 ' [16] ' 강조	「대미 관계 50년사」(1934)

② [17] 운동 (1934)

• 정인보, 문일평, 안재홍 등이 [18] 서거 99주기를 기념하며 [19] 를 간행한 것이 계기
• 민족주의 역사학이 국수적이었음을 반성
  → 우리 문화의 고유성과 세계성을 찾음 ex) [20] , 한글

③ 실증 사학 : 랑케 사관에 영향을 받아 개별적 사실의 고증 추구

진단 학회	활동	• 청구 학회의 한국사 왜곡에 반발하여 [21] · [22] 등을 중심으로 조직, 「진단학보」 발간 • [23] 사관과 [24] 사학 비판(← 실증성이 결여되었기 때문)
	한계	순수 학문으로서의 역사학을 지향하며 문헌 고증에 치중, 식민 사학에 소극적 대항

정답 1 정체성 2 민족주의 3 실증 4 신민족주의 5 낭가 6 단군 7 묘청의 난 8「독사신론」 9「조선혁명선언」 10 혼 11 형 12 신 13「한국통사」 14「한국독립운동지혈사」 15 얼 16 조선심 17 조선학 18 정약용 19「여유당전서」 20 실학 21 이병도 22 손진태 23 민족주의 24 사회·경제

14 민족 문화 수호 운동

④ 사회·경제 사학

특징	유물사관	마르크스의 유물론적 사관에 기반, 역사 발전의 5단계설 주장 → 생산력 증대에 따른 역사 발전 강조, 　세계사의 보편적 발전 법칙에 따라 한국사를 체계화하며 　＿＿＿＿ 1 비판
대표 학자	백남운	『조선사회경제사』(1933), 『조선봉건사회경제사』(1937) 저술 ＊ 해방 이후 연합성 신민주주의 제창

⑤ 신민족주의 사학

등장	민족주의 사학 계승, 1940년대 이후 등장
특징	실증적 + 민족주의 사학 + 사회·경제 사학의 방법을 수용
대표 학자	2 ＿ 「신민족주의와 신민주주의」(1945), 『조선상고사감』(1947) 저술
	3 ＿ 『조선민족사개론』(1948), 『국사대요』(1948) 저술 "계급 투쟁은 민족의 내부 분열을 초래할 것이며 … 민족사는 그 향로와 방법을 명백하게 과학적으로 지시하여야 할 것이다."

2) 국어 연구

＿＿＿＿＿＿ 4 (1921)	
조직	• 주시경의 ＿＿＿ 5 (1907) 계승 • 장지영, 최현배 등이 창립
활동	• 최초의 한글날인 '＿＿ 6 ' 제정(1926) • 잡지 ＿ 7 간행(1927) • 강습회·강연회 등을 통해 한글 보급 운동 전개

개편 →

＿＿＿＿＿＿ 8 (1931)	
조직	조선어 연구회가 개편
활동	한글 교재 편찬, 강연회를 통한 한글 보급, '＿＿＿＿＿ 9 '과 '＿＿ 10 ' 제정(1933), ＿＿＿＿＿ 11 편찬 시도
해체	＿＿＿ 12 사건(1942) : 조선어 학회를 독립운동 단체로 간주하여 이극로, 이윤재 등 조선어 학회 회원 체포·투옥, 조선어 학회 해체 → 해방 이후 ＿＿＿ 13 (1949)로 계승

🏅 연계 빈출 사료

신채호의 『조선상고사』

역사란 무엇이뇨? 인류 사회의 아(我)와 비아(非我)의 투쟁이 시간부터 발전하며 공간부터 확대하는 심적 활동 상태의 기록이니, 세계사라 하면 세계 인류의 그리된 상태의 기록이며, 조선사라면 조선 민족의 그리되어 온 상태의 기록이니라. 무엇을 '아'라 하며 무엇을 '비아'라 하느뇨? …… 그러므로 역사는 아와 비아의 투쟁의 기록이니라.

박은식의 『한국통사』

옛사람이 말하기를 나라는 멸망할 수 있으나 그 역사는 결코 없어질 수 없다고 했으니, 이는 나라가 형체라면 역사는 정신이기 때문이다. 이제 우리나라의 형체는 없어져 버렸지만, 정신은 살아남아야 할 것이다. 이것이 내가 역사를 쓰는 까닭이다. 정신이 살아서 없어지지 않으면 형체도 부활할 때가 있을 것이다.

백남운의 『조선사회경제사』

우리 조선 역사 발전의 전 과정은 가령 지리적 조건·인종학적 골상·문화 형태의 외형적 특징 등 다소의 차이는 인정되더라도, 외관적인 이른바 특수성은 다른 문화 민족의 역사적 발전 법칙과 구별될 만큼 독자적인 것은 아니다. 세계사적·일원론적인 역사 법칙에 따라 다른 여러 민족과 거의 같은 발전 과정을 거쳐 왔다. 그 발전 과정의 빠름과 느림, 각 문화의 특수한 모습의 짙고 옅음은 결코 본질적인 특수성이 아니다.

정답 1 정체성론 2 안재홍 3 손진태 4 조선어 연구회 5 국문 연구소 6 가갸날 7 『한글』 8 조선어 학회 9 한글 맞춤법 통일안 10 표준어 11 『우리말 큰 사전』 12 조선어 학회 13 한글 학회

3) 문학 활동

	문학 활동	시기별 대표 저항 문학 작품	
1910년대	계몽 문학적 성격 ex) _____¹, 「무정」(1917, 최초의 장편 소설)	–	
1920년대	• 동인지 간행 : 20년대 초반 순수 문학 지향, 현실 문제에는 소극적 　　　　ex) 「창조」(1919, 김동인), 「폐허」(1920, 염상섭), 「백조」(1922, 이상화) • 신경향파 문학 대두 : 사회주의의 영향, 문학의 사회적 기능 강조, 계급 의식 고취 주장, 저항 문학에 영향, 　　　　_____² 조직(1925, KAPF), 현진건(「운수 좋은 날」), 염상섭(「삼대」) • 국민 문학 운동 : 민족주의 계열 문인들이 극단적인 계급주의에 반대하며 전개 • 잡지의 유행 : 3·1 운동 이후 출판에 대한 규제가 완화되어 다양한 잡지 등장, 　　　「개벽」(1920, 천도교 개벽사 종합 월간지), _____³(1923), 「어린이」, 「별건곤」(1926, 종합 월간지) 등 발행, 　　　사회주의 잡지인 「신생활」, 교양 잡지인 「삼천리」 등 발행	• 김소월의 「진달래꽃」(1925) • 한용운의 「님의 침묵」(1926) • 이상화의 「빼앗긴 들에도 봄은 오는가」(1926)	
1930년대 이후	• 순수 문학 : 예술성과 작품성을 강조하는 순수시 운동 전개(정지용·김영랑 등 중심, 동인지인 「시문학」 창간) • 저항 문학 : 윤동주·이육사 등 작품 활동을 통해 민족의식과 독립 사상을 고취 • 친일 문학 : 이광수·최남선·김활란·노천명·서정주 등이 일제의 침략과 군국주의를 찬양	**1930년대**	심훈의 「그날이 오면」
		1940년대	• 이육사의 「청포도」(1939), 「광야」, 「절정」 • 윤동주의 「서시」

4) 예술 활동

연극	• 3·1 운동 이전 : 민족의 애환을 표현한 신파극이 유행 • 3·1 운동 이후 : 극예술 협회(1920), 토월회(1923, 연극 단체), 　　　　극예술 연구회(1931, 유치진의 「토막」)가 민중 계몽과 독립 의식 고취에 기여
음악	• 창가 : 「학도가」, 「한양가」 등의 창가는 일제에 대한 저항 의식 표현 • 가곡 : 홍난파의 「봉선화」, 안익태의 「애국가」·「코리아 환상곡」 등 민족의 심정을 대변 • 동요 : 윤극영의 「반달」, 홍난파의 「고향의 봄」 등 • 일본 음악의 영향 : 1930년대 일본 주류 대중 음악(_____⁴)의 영향으로 트로트 양식 정립
영화	• _____⁵(1926) : 나운규가 제작하여 상영된 한국 영화 • _____⁶(1940) : 민족적 영화 탄압
미술	• 한국화 계승 : 안중식　　　• 서양화 활약 : 이중섭(소 그림), 나혜석, 고희동 등

[일제 강점기 생활의 변화]

의생활	• 한복과 양식의 혼합, _____⁷, _____⁸ 　　ex) 남성 : 양복, 한복 + 고무신 + 모자 / 여성 : 단발머리, 블라우스, 스커트, 하이힐 • 「신여성」(1923), 「별건곤」(1926), 「삼천리」(1929) 등의 잡지가 영향
식생활	• 도시 상류층 : 케이크, 과자, 빵, 카스텔라 • 일반 서민 : 식량 사정 곤란
주생활	• 1920년대 : 중류층을 위한 개량 한옥 • 1930년대 : 상류층을 위한 _____⁹(복도, 응접실) • 1940년대 : 서민을 위한 _____¹⁰(국민 연립 주택)
기타	• _____¹¹ 설립(1931, 박흥식) • 1905년 대한 제국의 우측 보행 규정 → 1921년 일제 강점기 좌측 보행 규정

정답 1 이광수　2 카프　3 「신여성」　4 엔카　5 아리랑　6 조선 영화령　7 모던 걸　8 모던 보이　9 문화 주택　10 영단 주택　11 화신 백화점

시대 흐름 잡기

_____1 (주권을 가진 국민이 대표자를 선출하고 이 대표자가 법과 제도를 통해 국가를 운영하는 정치 제도)

제1공화국	제2공화국	제3공화국 · 제4공화국	제5공화국	제6공화국
이승만 정부	장면 내각	박정희 정부	전두환 정부	노태우~문재인 정부

제1공화국 — 이승만 정부

제1차 개헌(1952) : ___2 개헌
대통령 직선제

제2차 개헌(1954) : ___3 개헌
초대 대통령에 한해 중임 제한 철폐

↓

허정 과도 정부

제3차 개헌(1960)
___4, 양원제

제2공화국 — 장면 내각

제4차 개헌(1960)
___5 제정

↓

군부 (박정희 군사 정부)

제5차 개헌(1962)
___6 중심제, 단원제

제3공화국·제4공화국 — 박정희 정부

제6차 개헌(1969) (3공)
___7 허용

↓

제7차 개헌(1972) (4공)
유신 헌법(간선제)

↓

신군부

제8차 개헌(1980)
7년 단임의 대통령 간선제

제5공화국 — 전두환 정부

제9차 개헌(1987)
5년 단임의 대통령 ___8

제6공화국 — 노태우~문재인 정부

노태우 정부(1988~1993)
↓
김영삼 정부(1993~1998)
↓
김대중 정부(1998~2003)
↓
노무현 정부(2003~2008)
↓
이명박 정부(2008~2013)
↓
박근혜 정부(2013~2017)
↓
문재인 정부(2017~)

정답 1 민주 공화국 2 발췌 3 사사오입 4 내각 책임제 5 소급 특별법 6 대통령 7 3선 연임 8 직선제

01 해방 직전의 정치 상황

綱 큰 개념을 그리다

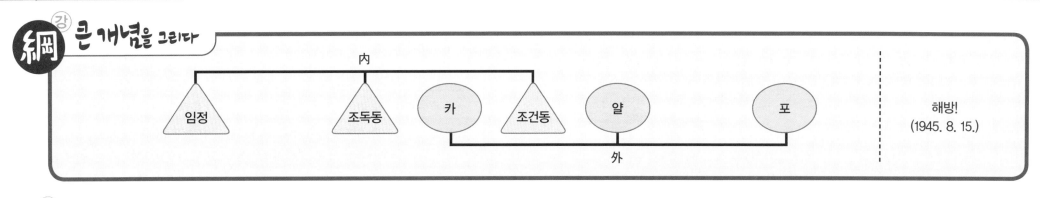

目 세부 개념을 정리하다

우리의 건국 준비

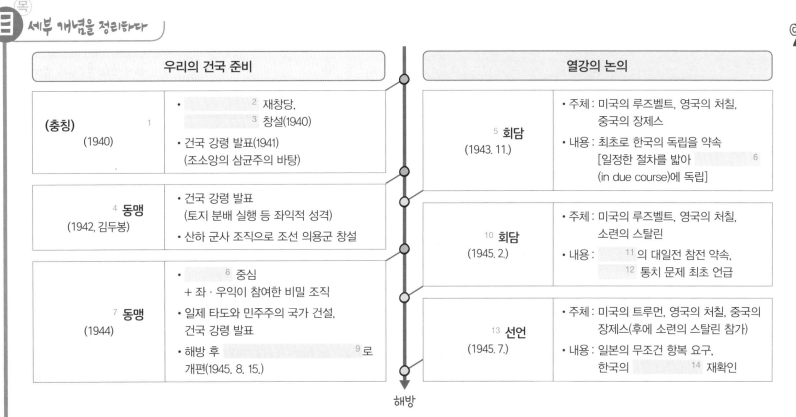

(충칭) 1 (1940)	• ____ 2 재창당, ____ 3 창설(1940) • 건국 강령 발표(1941) (조소앙의 삼균주의 바탕)
4 동맹 (1942, 김두봉)	• 건국 강령 발표 (토지 분배 실행 등 좌익적 성격) • 산하 군사 조직으로 조선 의용군 창설

7 동맹 (1944)	• ____ 8 중심
	  + 좌·우익이 참여한 비밀 조직
	• 일제 타도와 민주주의 국가 건설,
	  건국 강령 발표
	• 해방 후 ____ 9 로
	  개편(1945. 8. 15.)

열강의 논의

5 회담 (1943. 11.)	• 주체 : 미국의 루즈벨트, 영국의 처칠,
	  중국의 장제스
	• 내용 : 최초로 한국의 독립을 약속
	  [일정한 절차를 밟아 ____ 6
	  (in due course)에 독립]

10 회담 (1945. 2.)	• 주체 : 미국의 루즈벨트, 영국의 처칠,
	  소련의 스탈린
	• 내용 : ____ 11 의 대일전 참전 약속,
	  ____ 12 통치 문제 최초 언급

13 선언 (1945. 7.)	• 주체 : 미국의 트루먼, 영국의 처칠, 중국의
	  장제스(후에 소련의 스탈린 참가)
	• 내용 : 일본의 무조건 항복 요구,
	  한국의 ____ 14 재확인

해방

연계 빈출 사료

조선 독립 동맹 건국 강령 (1942)

본 동맹은 조선에 대한 일본 제국주의의 지배를 전복하고 독립 자유의 조선 민주 공화국을 수립할 목적으로 다음 임무를 실현하기 위하여 싸운다.

→ 보통 선거에 의한 민주 정권의 수립 제시, 친일파의 재산 몰수, 남녀 평등, 대기업의 국유화, 의무 교육 실시 등을 주장

카이로 선언 (1943. 11.)

3대 동맹국(미국·영국·중국)은 일본의 침략을 정지시키며 이를 벌하기 위하여 이번 전쟁을 속행하고 있는 것이다. …… 위 동맹국의 목적은 일본이 1914년 제1차 세계 대전 개시 이후에 탈취 또는 점령한 태평양의 도서 일체를 빼앗고 만주, 대만 및 팽호 섬과 같이 일본이 청국으로부터 빼앗은 지역 일체를 중화민국에 반환함에 있다. …… 앞의 3대국(미국·영국·중국)은 한국민의 노예 상태에 유의하여 적당한 시기(in due course)에 한국을 자주 독립시킬 결의를 한다.

정답 1 임시 정부 2 한국 독립당 3 한국광복군 4 조선 독립 5 카이로 6 적당한 시기 7 조선 건국 8 여운형 9 조선 건국 준비 위원회 10 얄타 11 소련 12 신탁 13 포츠담 14 독립 약속

02 해방 이후의 활동과 정치 상황

綱 큰 개념을 그리다

[해방 이후] 8월 15일 광복 직후 소련군 진주 → 9월 미군 상륙 → 미·소 군정 실시 : 좌·우 이념 대립 심화

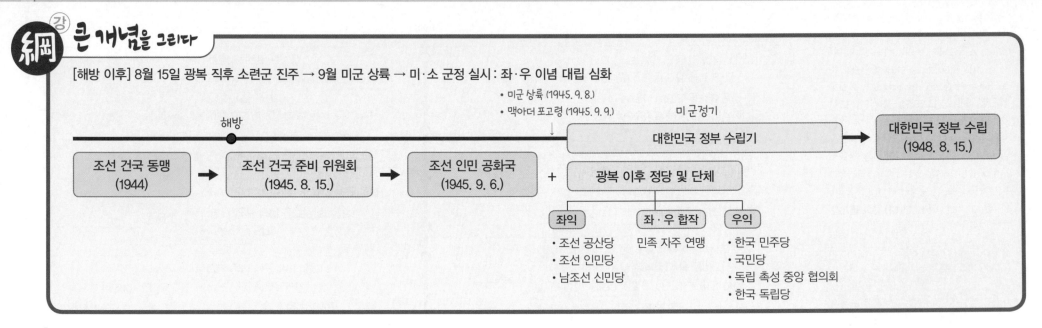

目 세부 개념을 정리하다

1) _____ ¹ (1945. 8. 15.)

조직	___² 등의 중도 좌파와 ___³ 등의 중도 우파가 연합
구성	총독부로부터 ___⁴ 과 일부 ___⁵ 을 인수 → 치안대 조직(치안 · 행정 담당), 전국 145개의 지부 설치
분열	지도부가 좌파 중심으로 형성 → 안재홍 등 우파 민족주의 세력 탈퇴
해체	미국이 상륙하기 전에 전국 인민 대표 회의를 통해 (조선) ___⁶ 을 선포(9. 6.), but 미 군정의 인정 X → 해체

연계 빈출 사료

태평양 방면 미 육군 총사령관 맥아더 포고령 1호 (1945. 9.)

제1조 북위 38도 이남의 조선 영토와 조선 인민에 대한 통치의 전 권한은 당분간 나의 권한 하에서 시행한다.

조선 건국 준비 위원회 강령

1. 우리는 완전한 독립 국가의 건설을 기함.
2. 우리는 전 민족의 정치적, 경제적, 사회적 기본 요구를 실현할 수 있는 민주주의 정권의 수립을 기함.
3. 우리는 일시적 과도기에 있어서 국내 질서를 자주적으로 유지하여 대중 생활의 확보를 기함.

2) 광복 이후 정당 및 단체

좌익		좌·우 합작		우익	
조선 공산당 (1945. 8.)	• 조선 공산당(1925) → 해방 후 박헌영 중심으로 재건 • 8월 테제(정치 노선) 제시 : 민족의 완전 독립, 토지 문제 해결	⎯⎯⎯⎯⎯ 9 (1947. 12.)	⎯⎯⎯⎯⎯⎯ 10 중심의 좌·우 합작 노선, 남북 연석 회의 주도	11 (1945. 9.)	• ⎯⎯⎯12, ⎯⎯⎯13 등 우익 세력 중심 • 건준 불참, 임정 지지 → 미 군정에 적극 참여
조선 인민당 (1945. 11.)	• ⎯⎯⎯7 등 중도 좌파 세력 중심 • 조선 인민 공화국 탈퇴 후 중도 좌파 세력이 결성			국민당 (1945. 9.)	• 건국 준비 위원회의 좌경화 → ⎯⎯⎯14이 창당 • 신민주주의와 신민족주의 제창
남조선 신민당 (1946)	• ⎯⎯⎯8을 중심으로 중산층 이상 의 공산주의 지식인들이 주도 • 연합성 신민주주의 제창			협의회 (1945. 10.)	• ⎯⎯⎯16 중심 • 좌·우익 통합 노력, but 친일 인사 참여 → 좌익 계열 참여 거부
				한국 독립당 (1945)	충칭 임시 정부의 집권당인 한국 독립당(1940) 이 1945년 11월 귀국하여 국내에서 기반 확충

정답 1 조선 건국 준비 위원회 2 여운형 3 안재홍 4 치안 유지권 5 행정권 6 인민 공화국 7 여운형 8 백남운 9 민족 자주 연맹 10 김규식 11 한국 민주당 12 송진우 13 김성수 14 안재홍 15 독립 촉성 중앙 16 이승만

03 대한민국 정부 수립 과정

綱 큰 개념을 그리다

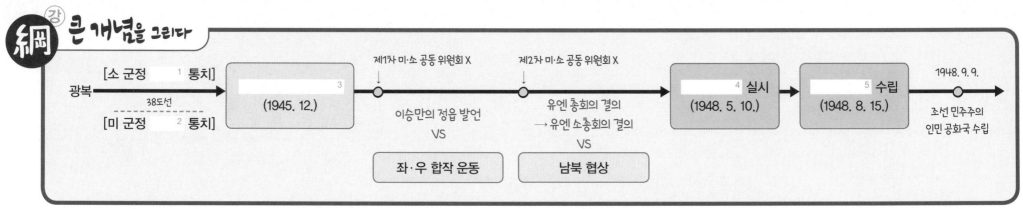

광복

[소 군정 __1__ 통치]

38도선

[미 군정 __2__ 통치]

__3__
(1945. 12.)

제1차 미·소 공동 위원회 X

이승만의 정읍 발언
VS
좌·우 합작 운동

제2차 미·소 공동 위원회 X

유엔 총회의 결의
→ 유엔 소총회의 결의
VS
남북 협상

__4__ 실시
(1948. 5. 10.)

__5__ 수립
(1948. 8. 15.)

1948. 9. 9.
조선 민주주의
인민 공화국 수립

目 세부 개념을 정리하다

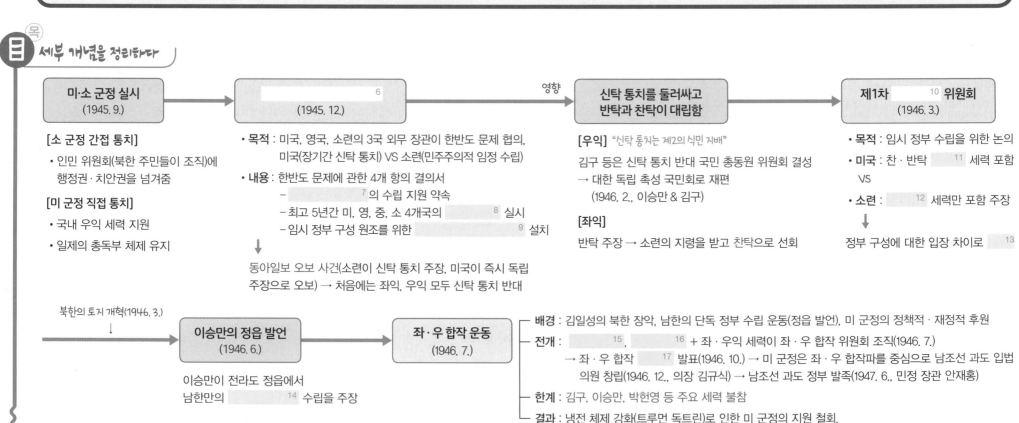

미·소 군정 실시
(1945. 9.)

[소 군정 간접 통치]
• 인민 위원회(북한 주민들이 조직)에
  행정권·치안권을 넘겨줌

[미 군정 직접 통치]
• 국내 우익 세력 지원
• 일제의 총독부 체제 유지

__6__
(1945. 12.)

• **목적** : 미국, 영국, 소련의 3국 외무 장관이 한반도 문제 협의,
  미국(장기간 신탁 통치) VS 소련(민주주의적 임정 수립)
• **내용** : 한반도 문제에 관한 4개 항의 결의서
  – __7__ 의 수립 지원 약속
  – 최고 5년간 미, 영, 중, 소 4개국의 __8__ 실시
  – 임시 정부 구성 원조를 위한 __9__ 설치

↓

동아일보 오보 사건(소련이 신탁 통치 주장, 미국이 즉시 독립
주장으로 오보) → 처음에는 좌익, 우익 모두 신탁 통치 반대

영향

**신탁 통치를 둘러싸고
반탁과 찬탁이 대립함**

[우익] "신탁 통치는 제2의 식민 지배"
김구 등은 신탁 통치 반대 국민 총동원 위원회 결성
→ 대한 독립 촉성 국민회로 재편
  (1946. 2., 이승만 & 김구)

[좌익]
반탁 주장 → 소련의 지령을 받고 찬탁으로 선회

제1차 __10__ 위원회
(1946. 3.)

• **목적** : 임시 정부 수립을 위한 논의
• **미국** : 찬·반탁 __11__ 세력 포함
  VS
• **소련** : __12__ 세력만 포함 주장
  ↓
정부 구성에 대한 입장 차이로 __13__

북한의 토지 개혁(1946. 3.)
↓

이승만의 정읍 발언
(1946. 6.)

이승만이 전라도 정읍에서
남한만의 __14__ 수립을 주장

좌·우 합작 운동
(1946. 7.)

배경 : 김일성의 북한 장악, 남한의 단독 정부 수립 운동(정읍 발언), 미 군정의 정책적·재정적 후원

전개 : __15__ , __16__ + 좌·우익 세력이 좌·우 합작 위원회 조직(1946. 7.)
  → 좌·우 합작 __17__ 발표(1946. 10.) → 미 군정은 좌·우 합작파를 중심으로 남조선 과도 입법
  의원 창립(1946. 12., 의장 김규식) → 남조선 과도 정부 발족(1947. 6., 민정 장관 안재홍)

한계 : 김구, 이승만, 박헌영 등 주요 세력 불참

결과 : 냉전 체제 강화(트루먼 독트린)로 인한 미 군정의 지원 철회,
  __18__ 이 암살됨(1947. 7.) → 좌·우 합작 위원회 해산(1947. 12.)

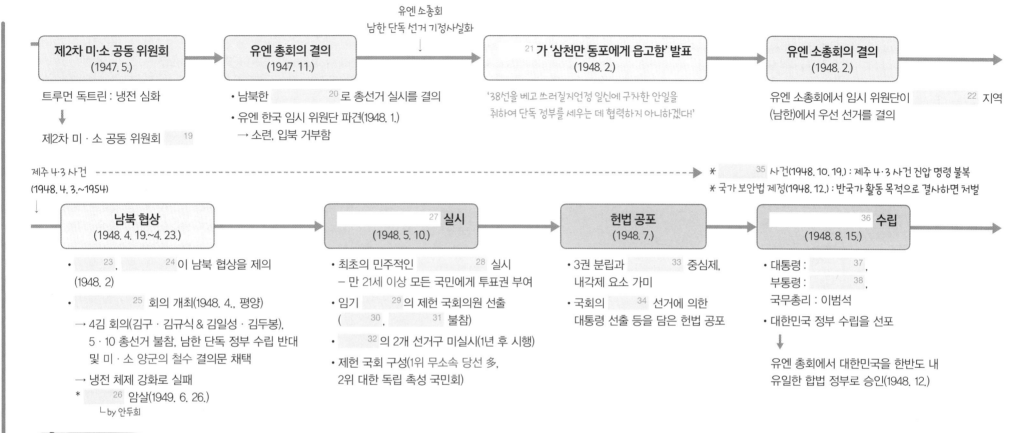

유엔 소총회
남한 단독 선거 기정사실화

| 제2차 미·소 공동 위원회 (1947. 5.) | → | 유엔 총회의 결의 (1947. 11.) | → | 21 가 '삼천만 동포에게 읍고함' 발표 (1948. 2.) | → | 유엔 소총회의 결의 (1948. 2.) |

트루먼 독트린 : 냉전 심화
↓
제2차 미·소 공동 위원회 ___19___

• 남북한 ___20___ 로 총선거 실시를 결의
• 유엔 한국 임시 위원단 파견(1948. 1.)
→ 소련, 입북 거부함

'38선을 베고 쓰러질지언정 일신에 구차한 안일을 취하여 단독 정부를 세우는 데 협력하지 아니하겠다!'

유엔 소총회에서 임시 위원단이 ___22___ 지역 (남한)에서 우선 선거를 결의

제주 4·3 사건 ---------→ * ___35___ 사건(1948. 10. 19.) : 제주 4·3 사건 진압 명령 불복
(1948. 4. 3.~1954)
↓

* 국가 보안법 제정(1948. 12.) : 반국가 활동 목적으로 결사하면 처벌

| 남북 협상 (1948. 4. 19.~4. 23.) | → | 27 실시 (1948. 5. 10.) | → | 헌법 공포 (1948. 7.) | → | 36 수립 (1948. 8. 15.) |

• ___23___, ___24___ 이 남북 협상을 제의 (1948. 2)
• ___25___ 회의 개최(1948. 4., 평양)
→ 4김 회의(김구·김규식 & 김일성·김두봉),
  5·10 총선거 불참, 남한 단독 정부 수립 반대
  및 미·소 양군의 철수 결의문 채택
→ 냉전 체제 강화로 실패
* ___26___ 암살(1949. 6. 26.)
  └ by 안두희

• 최초의 민주적인 ___28___ 실시
  - 만 21세 이상 모든 국민에게 투표권 부여
• 임기 ___29___ 의 제헌 국회의원 선출
  (___30___, ___31___ 불참)
• ___32___ 의 2개 선거구 미실시(1년 후 시행)
• 제헌 국회 구성(1위 무소속 당선 多, 2위 대한 독립 촉성 국민회)

• 3권 분립과 ___33___ 중심제, 내각제 요소 가미
• 국회의 ___34___ 선거에 의한 대통령 선출 등을 담은 헌법 공포

• 대통령 : ___37___,
  부통령 : ___38___,
  국무총리 : 이범석
• 대한민국 정부 수립을 선포
  ↓
  유엔 총회에서 대한민국을 한반도 내 유일한 합법 정부로 승인(1948. 12.)

🔍 연계 빈출 사료

좌·우 합작 7원칙 (1946. 10.)

1. 조선의 민주 독립을 보장한 모스크바 3국 외상 회의 결정에 의하여 남북을 통한 좌·우 합작으로 민주주의 임시 정부를 수립할 것
2. 미·소 공동 위원회의 속개를 요청하는 공동 성명을 발표할 것
3. 토지 개혁에 있어서 몰수, 유(有)조건 몰수, 체감매상(토지 등급을 차례로 감하여 매상) 등으로 토지를 농민에게 무상으로 분여하며, …… 중요 산업을 국유화하며 ……
4. 친일파 민족 반역자를 처리할 조례를 좌·우 합작 위원회에서 입법 기구에 제안하여 입법 기구로 하여금 심리·결정하여 실시케 할 것

제헌 헌법

유구한 역사와 전통에 빛나는 우리들 대한 국민은 기미 3·1 운동으로 대한민국을 건립하여 세계에 선포한 위대한 독립 정신을 계승하여 ……
제 1 조 대한민국은 민주 공화국이다.
제 53 조 대통령과 부통령은 국회에서 무기명 투표로써 각각 선거한다.
제 55 조 대통령과 부통령의 임기는 4년으로 한다. 단, 재선에 의하여 1차 중임할 수 있다.
제 102조 이 헌법을 제정한 국회는 이 헌법에 의한 국회로서의 권한을 행하며 그 위원의 임기는 국회 개회 일로부터 2년으로 한다.

정답 1 간접 2 직접 3 모스크바 3국 외상 회의 4 5·10 총선거 5 대한민국 정부 6 모스크바 3국 외상 회의 7 임시 민주 정부 8 신탁 통치 9 미·소 공동 위원회 10 미·소 공동 11 모든 12 찬탁 13 결렬 14 단독 정부 15 김규식 16 여운형 17 7원칙 18 여운형 19 결렬 20 인구 비례 21 김구 22 접근 가능한 23 김구 24 김규식 25 남북 연석 26 김구 27 5·10 총선거 28 보통 선거 29 2년 30 김구 31 김규식 32 제주도 33 대통령 34 간접 35 여수·순천 36 대한민국 정부 37 이승만 38 이시영

04 제헌 국회의 활동

綱 큰 개념을 그리다

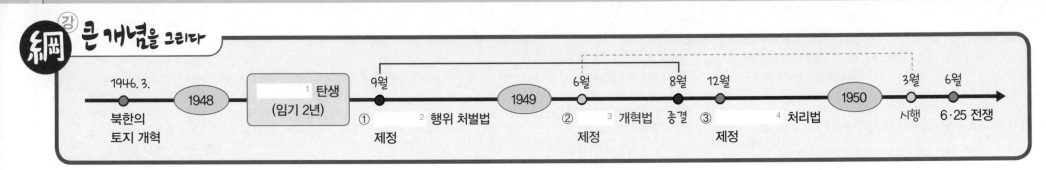

目 세부 개념을 정리하다

1) 친일파 청산

① ⬚⬚⬚⬚⬚ [5] 처벌법 제정 (1948. 9.~1949. 8.)

- **배경** : 일제의 잔재 청산, 사회 기강 확립 목적
- **내용** : 반민족 행위(친일 행위)를 한 사람을 처벌하고(단, 기술관은 제외), 공민권(선거권 및 피선거권 등)을 제한

② **반민족 행위 특별 조사 위원회(반민특위) 구성**

- **조직** : 위원장인 김상덕 중심, 제헌 국회의원 10명
- **활동** : 박흥식, 이광수, 최린, 노덕술, 최남선 등 친일 혐의 주요 인사 조사 및 구속 영장 발부

③ **한계** : 반공을 중시한 이승만 정부는 반민특위 활동에 미온적 태도 → ⬚⬚⬚⬚ [6] 사건, ⬚⬚⬚⬚ [7] 습격 사건(1949. 6. 6.), 반민법의 공소 시효 기간 단축(2년 → 1년)

④ **결과** : 반민특위가 ⬚⬚⬚ [8](50년 6월 → 49년 8월로 단축)로 해체되자 관련자 대부분이 석방, 친일파 청산 좌절

2) 농지 개혁

① **미 군정기**

	내용
최고 ⬚⬚ [9] **결정의 건** (1945. 10.)	소작료가 생산량의 1/3을 초과하지 못하도록 규정
⬚⬚ [10] **설립** (1946. 3.)	동양 척식 주식회사와 일본인 소유의 재산 및 농지 관리 → 일부 토지 매도
중앙 토지 행정처 (1948. 3.)	신한 공사가 중앙 토지 행정처로 개편 → 일본인 소유 농지 대부분이 매각됨

연계 빈출 사료

반민족 행위 처벌법

제1조 일본 정부와 통모하여 한·일 합병에 적극 협력한 자, 한국의 주권을 침해하는 조약 또는 문서에 조인한 자와 모의한 자는 사형 또는 무기 징역에 처하고 그 재산과 유산의 전부 혹은 2분의 1 이상을 몰수한다.

제2조 일본 정부에서 작위를 받은 자 또는 일본 제국 의회의 의원이 되었던 자는 무기 또는 5년 이상의 징역에 처하고 그 재산과 유산의 전부 또는 2분의 1 이상을 몰수한다.

제3조 일본 치하 독립운동가나 그 가족을 악의로 살상·박해한 자 또는 이를 지휘한 자는 사형, 무기 또는 5년 이상의 징역에 처하고 그 재산의 전부 혹은 일부를 몰수한다.

② 제헌 국회의 농지 개혁 (1946. 6. 제정 → 1950년 3월 개정 후 시행)

배경	북한의 개혁(1946. 3., [11] 기준, 모든 토지 대상, [12] 몰수 · [13] 분배)에 자극 받아 남한에서 토지 개혁에 대한 요구 증가
대상	[14] 에 한정(임야 · 산림 제외)
원칙	• [15] '초과'의 토지 소유 금지 • [16] 매입(3정보 이상의 농지를 소유한 지주에게 평년 수확량의 1.5배 지불) • [17] 분배(평년 수확량의 30%씩, 5년간 총 150%를 국가에 상환)
결과	[18] 의 원칙 실현(소작농 감소 → [19] 증가), 6 · 25 전쟁 당시 남한의 [20] 를 막는 데 큰 역할
한계	[21] 들이 미리 땅을 팔거나 농지를 비농지로 전환하여 농지 개혁 대상이 되는 토지가 축소, 6 · 25 전쟁으로 중소 지주들이 지가 증권을 헐값에 처분(산업 자본가로 전환 X) → 대지주만이 산업 자본가로 성장

3) 귀속 재산 처리

① 미 군정기 : [22] 에서 귀속 재산을 처리
② 정부 수립 후 (제헌 국회) : [23] 이 제정(1949. 12.)되어 일본인 소유의 공장과 주택 등을 민간인에게 저렴한 가격으로 불하(15년간 분할 상환), 불하 우선 순위가 해당 기업체의 임차인, 관리인, 주주 등에게 주어져, 이 과정에서 많은 재벌이 탄생([24] 발생)

※ 미 군정과 제헌 국회의 활동 비교

구분	미 군정	제헌 국회
농지 개혁	• 최고 소작료 결정의 건 공포 • 신한 공사 설립 → 중앙 토지 행정처에서 처리	농지 개혁법 제정 및 실시
귀속 재산 처리	신한 공사에서 처리	귀속 재산 처리법 제정

연계 빈출 사료

농지 개혁법

제5조 정부는 다음에 의하여 농지를 취득한다.
　　　1. 다음의 농지는 정부에 귀속한다.
　　　　(가) 법령 및 조약에 의하여 몰수 또는 국유로 된 농지
　　　　(나) 소유권의 명의가 분명하지 않은 농지
제12조 농지의 분배는 1가당 총경영 면적 3정보를 초과하지 못한다.
제17조 일체의 농지는 소작, 임대차 또는 위탁 경영 등 행위를 금지한다.

귀속 재산 처리법

제2조 본 법에서 귀속 재산이라 함은 …… 대한민국 정부에 이양된 일체의 재산을 지칭한다. 단, 농경지는 따로 농지 개혁법에 의하여 처리한다.
제3조 귀속 재산은 본 법과 본 법의 규정에 의하여 발하는 명령의 정하는 바에 의하여 국용 또는 공유 재산, 국영 또는 공영 기업체로 지정되는 것을 제외하고는 대한민국의 국민 또는 법인에게 매각한다.

정답 1 제헌 국회 2 반민족 3 농지 4 귀속 재산 5 반민족 행위 6 국회 프락치 7 반민특위 8 시효 만료 9 소작료 10 신한 공사 11 5정보 12 무상 13 무상 14 농지 15 3정보 16 유상 17 유상 18 경자유전 19 자영농 20 공산화 21 지주 22 신한 공사 23 귀속 재산 처리법 24 정경 유착

해커스공무원학원·공무원인강·교재 Q&A gosi.Hackers.com

해커스공무원 연미정 강목 한국사 합격노트 119

OS 북한 정부의 수립과 6·25 전쟁

網 큰 개념을 그리다

[6·25 전쟁 전개 과정]

▲ 애치슨 선언 발표   ▲ 북한의 남침(6. 25.)   ▲ 인천 상륙 작전   ▲ 휴전 협정 체결

目 세부 개념을 정리하다

1) 북한 정부의 수립

| 평남 건국 준비 위원회 조직 (1945. 8.) | → | 소련군 진주 | → | 북조선 임시 인민 위원회 설치 (1946. 2.) | → | 북조선 노동당 결성 (1946. 8.) | → | 북조선 인민 위원회 창설 (1947. 2.) | → | 조선 민주주의 인민 공화국 수립 (1948. 9. 9.) |

평남 건국 준비 위원회 조직 (1945. 8.)
- 평양에서 ___1___ 등 민족주의자 중심으로 조직
  ↓
- 소련군에 의해 강제 해체, 인민 위원회로 개편

소련군 진주
- ___2___ 주도, 조선 공산당 북조선 분국 설치(1945. 10.)
  ↓
- 북조선 5도 임시 인민 위원회 설립(1945. 10.)
  → 북조선 5도 행정국

북조선 임시 인민 위원회 설치 (1946. 2.)
- 김일성 위원장 선임, 공산주의 정권 수립 작업 진행
- 사회주의 민주 개혁 실시
  - ___3___ (무상 몰수, 무상 분배)
  - 남녀 평등법 제정
  - 주요 산업 국유화 조치
  - 8시간 노동제
  - 친일파 청산

북조선 노동당 결성 (1946. 8.)
북조선 공산당 (조선 공산당 북조선 분국) + 북조선 신민당을 통합하여 결성

북조선 인민 위원회 창설 (1947. 2.)
북한 정부 수립을 위한 기구
→ 조선 인민군 창설
→ 최고 인민 회의 구성 (1948. 9.)

조선 민주주의 인민 공화국 수립 (1948. 9. 9.)
(남한 : 대한민국 정부 수립 후) 최고 인민 회의 대의원 선거 실시

북한 정부 수립(김일성 수상), ___4___ 창당
(1949. 6.) : 북로당 + 남노당

2) 6·25 전쟁

① 전쟁 직전의 한반도 정세

"남북 모두 ___5___ 채택" ⇒ 이승만(북진 통일), 김일성(북한 노동자 계급 혁명 완성 → 남한에 전파)

북한의 상황	중국의 공산화 성공 후 조선 의용군을 북한 인민군에 편입시키고, 소련과 군사 비밀 협정을 체결(무기 지원 약속)
남한의 상황	주한 미군이 철수하고(1949. 6.), ___6___ 이 발표됨(1950. 1., 미 극동 방위선에 대만 · 한국 제외), 한 · 미 상호 방위 ___7___ 체결(1950. 1.)

05 북한 정부의 수립과 6·25 전쟁

② 전쟁의 경과

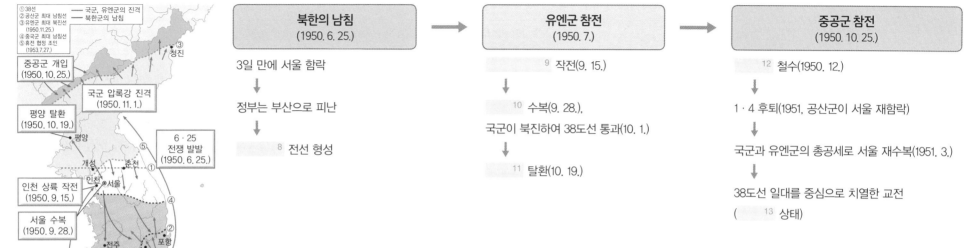

① 38선
② 공산군 최대 남침선
③ 유엔군 최대 북진선
(1950.11.25.)
④ 중공군 최대 남침선
⑤ 휴전 협정 조인
(1953.7.27.)

— 국군, 유엔군의 진격
— 북한군의 남침

중공군 개입 (1950. 10. 25.)

국군 압록강 진격 (1950. 11. 1.)

평양 탈환 (1950. 10. 19.)

인천 상륙 작전 (1950. 9. 15.)

서울 수복 (1950. 9. 28.)

6·25 전쟁 발발 (1950. 6. 25.)

유엔군 참전 (1950. 7.)

청진 ③

평양

개성 · 춘천 ①

인천 · 서울

전주 · 포항 ②

대구

진주 · 부산 ④

광주

⑤

▲ 6·25 전쟁 과정

북한의 남침 (1950. 6. 25.)

3일 만에 서울 함락

↓

정부는 부산으로 피난

↓

⌈8⌋ 전선 형성

유엔군 참전 (1950. 7.)

⌈9⌋ 작전(9. 15.)

↓

⌈10⌋ 수복(9. 28.),

국군이 북진하여 38도선 통과(10. 1.)

↓

⌈11⌋ 탈환(10. 19.)

중공군 참전 (1950. 10. 25.)

⌈12⌋ 철수(1950. 12.)

↓

1·4 후퇴(1951, 공산군이 서울 재함락)

↓

국군과 유엔군의 총공세로 서울 재수복(1951. 3.)

↓

38도선 일대를 중심으로 치열한 교전

(⌈13⌋ 상태)

휴전 회담 (1951. 7.)

⌈14⌋의 휴전 제안(1951. 6.) → 미국 수용, 이승만 정부 반대

↓

휴전 회담(1951. 7.)

– 군사 분계선 설정, 중립국 감시 위원단 구성

– 전쟁 포로 송환 : 유엔군(⌈15⌋) VS
공산군(무조건 ⌈16⌋)

↓

이승만이 ⌈17⌋의 반공 포로를 석방(1953. 6.)

↓

한국은 미국으로부터 방위 조약 체결 약속 받고 휴전에 동의

휴전 협정 체결 (1953. 7. 27.)

판문점에서 ⌈18⌋ 대표
& ⌈19⌋ 대표가 휴전 협정 체결

– 비무장 지대·군사 분계선 설치

– 군사 정전 위원회 설치

– 4개국 중립국 감시 위원단 구성 합의
(⌈20⌋ 제외 / 스웨덴, 스위스,
체코슬로바키아, 폴란드)

한·미 상호 ⌈21⌋ 체결 (1953. 10.)

• 양국이 한반도의 군사적 상황에
공동으로 대처하기 위해 체결

• 주한 ⌈22⌋ 주둔 허용

• 한·미 연합 사령관에게
군사 작전 ⌈23⌋ 부여

※ ⌈24⌋ 회담 (1954)

유엔 참전국을 비롯한 19개국 외상
들이 스위스 제네바에서 한국의 평
화적 통일 방안 모색

연계 빈출 사료

휴전 협정 (정전 협정, 1953. 7. 27.)

1. 한 개의 군사 분계선을 확정하
고 쌍방이 이 선으로부터 각기
2km씩 후퇴함으로써 적대 군대
간에 한 개의 비무장 지대를 인
정한다. 한 개의 비무장 지대를
설정하여 이를 완충 지대로 함
으로써 적대 행위의 재발을 초
래할 수 있는 사건의 발생을 방
지한다.

4. 적대 쌍방 사령관들은 비무장 지
대와 각자의 지역 간의 경계선에
따라 적당한 표식물을 세운다.
군사 정전 위원회는 군사 분계
선과 비무장 지대의 양 경계선
에 따라 설치한 일체 표식의 건
을 감독한다.

정답 1 조만식 2 김일성 3 토지 개혁 4 조선 노동당 5 무력 통일론 6 애치슨 선언 7 원조 협정 8 낙동강 9 인천 상륙 10 서울 11 평양 12 흥남 13 교착 14 소련 15 자유 송환 16 자동 송환 17 거제도 18 유엔군 19 북한군 20 소련 21 방위 조약 22 미군 23 지휘권 24 제네바

06 민주주의의 시련과 발전

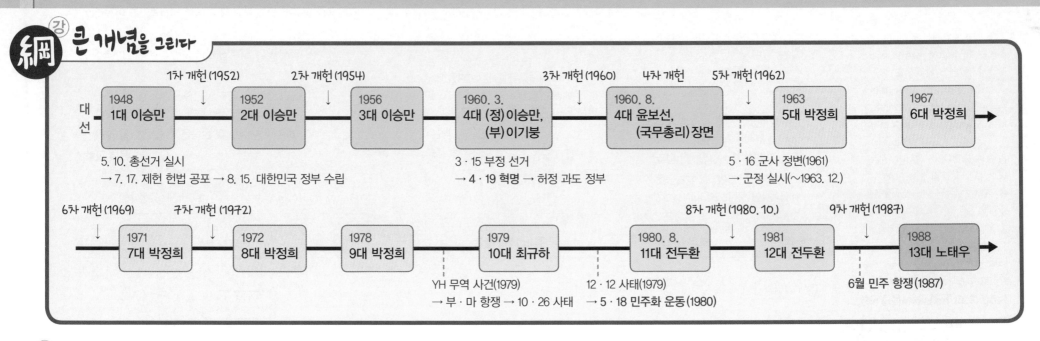

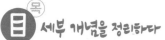

제1공화국 (이승만 정부 - 자유당)

1) 이승만 정부의 장기 집권

① ★발췌 개헌 (1952, 제1차 개헌)

배경	제2대 총선(1950)에서 남북 협상파 다수 당선, 거창 양민 학살 사건(6·25 전쟁 중 양민 대량 학살)·국민 방위군 사건(1951, 간부들의 부정 사건) 등 실정 → 간선제로 재선 어렵다고 판단, 개헌 시도
전개	이승만이 임시 수도 부산에서 [ ]¹ 창당(1951), 개헌 논의 → 야당 국회의원 반발 → [ ]² 파동(폭력배 동원, 국회 해산 요구) → 군경이 국회 포위, 기립 표결로 발췌 개헌 통과
내용	• 대통령 [ ]³ (임기 4년, 1차 중임 허용) '제53조 대통령과 부통령은 국민의 보통, 평등, 직접, 비밀 투표에 의하여 각각 선거한다' • 국회 [ ]⁴ (실제로는 단원제) : 민의원과 참의원의 양원을 두게 되어 있었으나, 민의원만 구성
결과	1952년 제2대 대통령 선거 → 이승만 재선 성공

② ★사사오입 개헌 (1954, 제2차 개헌)

배경	제3대 총선에서 자유당 압승. 6·25 전쟁 이후 안보 의식 고취로 보수 정당 득세, 장기 집권을 위해 '초대 대통령에 한하여 [ ]⁵ 철폐'로 개헌하고자 함
전개	의석 수를 넘지 못해 부결 → [ ]⁶ (반올림)을 적용시켜 개헌안 통과 VS 야당 결집, 민주당 창당(1955)
결과	제3대 대선 → 대통령 이승만, 부통령 장면(민주당) 당선

③ 제3대 정·부통령 선거 (1956)

구분	자유당 '갈아봤자 별수 없다', '같면 더 못 산다'	민주당 '못살겠다! 갈아보자'	무소속
정통령	(이승만)	⑦	8
부통령	이기붕	(장면)	–

▲ 제3대 대선 벽보

반공 정책 추진 →

이승만 정부의 독재 체제 강화

• ⑨ 사건(1958. 1.) : 조봉암 중심으로 결성된 진보당이 북한의 사주를 받는다는 혐의로 조봉암 사형 선고, 진보당 정당 등록 취소
• ⑩ 제정(1958. 12., 보안법 파동) : 간첩 범위 확대, 사찰 강화, 언론 통제를 내용으로 하는 국가 보안법 개정
• ⑪ 폐간(1959) : 이승만 정부를 비판했다는 이유로 폐간

2) 4·19 혁명 (1960)

① 배경

경제 침체	미국의 ⑫ 감소, 경기 침체, 실업자 증가
부정부패	이승만 정부의 장기 독재로 국민의 불만 고조
제4대 정·부통령 선거 (⑬ 부정 선거)	• ⑭ 의 사망 → 이승만의 당선은 확실시 • 부통령에 자유당 이기붕을 당선시키기 위해 4할 사전 투표, 3~5인조 공개 투표 등 실시

※ 제4대 정 · 부통령 선거

구분	자유당	민주당
정통령	(이승만)	조병옥
부통령	(⑮)	장면

② 전개 과정

마산 의거	시민들의 부정 선거 규탄 시위를 무력으로 진압 → 수많은 사상자 발생(3. 15.) → 행방불명되었던 ⑯ 의 시신이 발견됨(4. 11., 마산 2차 시위)
시위의 확산	고려대 학생들이 시위 전개(4. 18.) → 귀교 도중 폭력배의 습격 → ⑰ 혁명 발발, 학생 + 시민들이 경무대 (오늘날 청와대)까지 진입 → 시민들을 향해 무차별 총격, 비상 계엄령 선포(군사권 발동하여 치안 유지) → 서울 시내 ⑱ 이 이승만 퇴진을 요구하는 시국 선언문 발표(4. 25.) → 이승만 대통령 ⑲ (4. 26.)
결과	이승만의 하야와 자유당 정권의 붕괴 이후 ⑳ 정부가 수립

 연계 빈출 사료

4·19 혁명 선언문 (서울 대학교 문리과 대학 학생 일동)

상아의 진리탑을 박차고 거리에 나선 우리는 질풍과 같은 역사의 조류에 자신을 참여시킴으로써 이성과 진리, 그리고 자유의 대학 정신을 현실의 참담한 박토에 뿌리려 하는 바이다. …… 무릇 모든 민주주의 정치사는 자유의 투쟁사다. 그것은 또한 여하한 형태의 전제로 민중 앞에 군림하는 '종이로 만든 호랑이' 같이 헤슬픈 것임을 교시한다. …… 근대적 민주주의의 근간은 자유다. ……

↓

허정 과도 정부 : 제3차 개헌 단행

• ㉑ (의원 내각제)   • 대통령 간선제   • ㉒ 국회 : 민의원, 참의원으로 구성

정답 1 자유당 2 부산 정치 3 직선제 4 양원제 5 중임 제한 6 사사오입 7 신익희 8 조봉암 9 진보당 10 신국가 보안법 11 경향신문 12 무상 원조 13 3·15 14 조병옥 15 이기붕 16 김주열 17 4·19 18 대학 교수단 19 하야 20 허정 과도 21 내각 책임제 22 양원제

06 민주주의의 시련과 발전

제2공화국 (장면 내각 - 민주당)

내각의 수립	제5대 총선거(1960. 7.) : 민주당 압승 → 제4대 대선(1960. 8., 간접 선거) : _____[1](민주당 구파)이 대통령 당선, _____[2](민주당 신파)이 국무총리로 임명 → 장면 내각 출범(제2공화국)
민주화의 진전	정부의 각종 규제 해제 → 언론 활성화, 민주화 요구 분출 → 노동 운동, 청년 운동 등 전개
제4차 개헌 (1960)	_____[3] 개헌(제4차 개헌) 통과 : 3 · 15 부정 선거 관련자 및 부정 축재자들을 소급하여 처벌
통일 논의	• 학생과 혁신계 정치인들을 중심으로 _____[4], 남북 협상론 등 다양한 통일 논의 활성화 *"가자! 북으로, 오라! 남으로, 만나자 판문점에서!"* • 장면 내각 : 평화 통일론 주장, but 소극적
경제 개발 _____[5] 계획	경제 제일주의를 내걸고 댐 건설 등 국토 개발 사업에 착수 → 5 · 16 군사 정변으로 좌절
민주당의 내분	_____[6](윤보선 중심) VS _____[7](장면 중심) 갈등, 국민의 불만 해결 X, 3 · 15 부정 선거 관련자 처벌에 _____[8]

↓

_____[9] 군사 정변

박정희 등 일부 군부 세력이 사회 혼란과 무질서를 명분으로 정변 → 군사 혁명 위원회 조직, 6개 항의 혁명 공약(_____[10], _____[11] 발전 등) 발표

군부

1) 군정 실시 (1961. 5.~1963. 12.)

정치	• 비상 계엄 선포, _____[12] 회의 창설(최고 권력 기구, 군사 혁명 위원회가 재편된 것), _____[13] 창설(김종필 주도, 수사 · 사찰 기능) • 정치 활동 정화법 제정(구 정치인의 활동 금지), 반공법 제정(1980년 폐지, 국가 보안법에 흡수)
경제	• 경제 개발 _____[14] 계획 추진(1962, 1차) • 농어촌 _____[15] 탕감 • _____[16] 시도(10환 → 1원, 화폐 단위 평가 절하)
사회	_____[17] 처리법 제정(부정 축재자 처벌)

▲ 5 · 16 군사 정변 세력

2) 민정 이양

제5차 개헌(1962) : 대통령 중심제(직선제, 4년 중임제)와 단원제 국회의 내용을 골자로 개헌 → _____[18] 창당(1963. 2.) → 제5대 대선(1963. 10.) : 박정희 대통령 당선

정답 1 윤보선 2 장면 3 소급 입법 4 중립화 통일론 5 5개년 6 구파 7 신파 8 소극적 9 5·16 10 반공 11 경제 12 국가 재건 최고 13 중앙 정보부 14 5개년 15 고리채 16 화폐 개혁 17 부정 축재 18 민주 공화당

06 민주주의의 시련과 발전

제3공화국 (박정희 정부 – 민주 공화당)

1) 박정희 정부 (1963. 12.~1972. 10.) "정책 방향 → 경제 제일주의, 조국의 근대화"

① ★한·일 국교 정상화 (1965)

배경	경제 개발을 위한 자금 필요, 미국의 압력(한국 원조 부담을 일본과 분담 + 한·미·일 안보 공동체 마련 목적)
전개 및 결과	• _____[1] (1962, 김종필·오히라 비밀 메모) : 일제 지배에 대한 보상으로 일본이 무상 3억 달러 지불, 명목은 '_____[2]', 경제 협력 명분으로 정부 차관 2억 달러, 민간 상업 차관 1억 달러 제공, _____[3] 에 대한 사과 X, 독도·_____[4] 문제 언급 X • _____[5] (1964) : 한·일 굴욕 회담 반대 시위, '민족적 민주주의 장례식', 비상 계엄령 선포하여 무력 진압 • _____[6] 과 부속 협정 체결(1965) : 무상 3억 달러, 정부 차관 2억 달러, 상업 차관 3억 달러 제공 합의 "1910년 8월 22일 및 그 이전에 대한 제국과 대 일본 제국 간에 체결된 모든 조약 및 협정이 이미 무효임을 확인한다"

② ★베트남 파병 (1964~1973)

목적	미국과의 유대 강화, 경제 개발 자금의 필요성
전개	초기 비전투 부대 파병 → 1965년 이후 전투 부대 파병 → _____[7] 체결(1966)을 통한 추가 파병 한국군의 현대화, AID 차관 제공, 한국 기업의 베트남 진출, 수출 진흥 위한 기술 원조
영향	베트남 특수로 경제 성장, 베트남 민간인 살상, _____[8] 피해, _____[9] 문제 발생

┌ 배경 : _____[10] 사태(1968. 1. 21.), 푸에블로호 사건(1968. 1. 23.) → _____[11] 창설(1968. 4.) → 울진·삼척 무장 공비 침투 사건(1968. 11.) → 국민 교육 헌장 반포(1968. 12.)

③ 3선 개헌 강행 (1969, 제6차 개헌) : 대통령의 _____[12] 허용

제4공화국 (박정희 정부 – 민주 공화당)

1) 유신 체제 (1972. 10.~1979)

① 배경: [국외] _____[13] 완화(1969, 닉슨 독트린) → 반공주의 박정희 정부의 위기

[국내] 제7대 대통령 선거(1971. 4.) → 박정희가 _____[14] 후보(신민당)를 겨우 이김, 남북 간 비밀 접촉을 통해 _____[15] 성명 발표(1972. 7.)

② _____[16] 선포 (1972. 10. 17.) :

한국적 _____[17] 토착화 구실, 10월 유신과 비상 계엄 선포(헌법 기능 정지), 국회 해산 → 비상 국무 회의에서 유신 헌법 제정(by 국민 투표로 확정)

정답 1 한일 회담 2 독립 축하금 3 식민 지배 4 위안부 5 6·3 항쟁 6 한일 기본 조약 7 브라운 각서 8 고엽제 9 라이따이한 10 1·21 11 향토 예비군 12 3선 연임 13 냉전 체제 14 김대중 15 7·4 남북 공동 16 10월 유신 17 민주주의

③ ★유신 헌법 (1972. 12., 제7차 개헌)

장기 독재 체제 마련	• ____¹ 에서 간선제로 대통령 선출
	• 대통령 임기 6년(중임 제한 폐지 → ____² 가능)
대통령 권한 강화	국회의원 ____³ (유신 정우회 구성), 국회 ____⁴, ____⁵ 1호~9호(1974. 1.~1975. 5.) 등 부여

④ 제8대 대통령에 박정희 당선 : 통일 주체 국민회의에서 단독 후보로 당선(1972. 12.)

2) 유신 체제에 대한 저항과 탄압

저항	탄압

• ____⁶ 백만인 서명 운동(1973) : 장준하, 함석헌 등 재야인사 중심으로 개헌 청원 운동 전개
└ 한국 광복군 활동, 『사상계』 창간, 『돌베개』 편찬, 1975년 의문사
• ____⁷ 정의 구현 사제단 조직(1974. 9.)
• ____⁸ 기자들의 '자유 언론 실천 선언'(1974. 10.)
• ____⁹ 구국 선언(1976)
 : 김대중, 함석헌 등이 명동 성당에서 발표,
  긴급 조치 철폐 · 박정희 정권 퇴진 · 민족 통일 추구 등 요구
	• ____¹⁰ 카드제(1972) : 프레스 카드를 통한 기자 등록제
	• ____¹¹ 납치 사건(1973. 8.) : 유신에 저항하던 김대중 납치
	• ____¹² 사건(1974. 4.)
	 : 전국 민주 청년 학생 총연맹이 조직되어 유신 헌법 철폐와 개헌을 요구하는 투쟁 전개
	  → 학생들을 간첩이라고 조작하여 탄압 → 2차 인민 혁명당 사건
	  ＊1차 인민 혁명당 사건(1964) : 한·일 협정 반대 시위가 거세지자 탄압
	• ____¹³ 백지 광고 사태(1974. 12.) : 언론 탄압으로 기업들이 광고 해지

3) 유신 체제의 붕괴

① 배경 : 1978년 제2차 석유 파동, 경제난 심화

② 붕괴 과정 : ____¹⁴ 사건(1979. 8.) → ____¹⁵ 신민당 총재가 국회의원에서 제명됨 → ____¹⁶ 항쟁(1979. 10.) → ____¹⁷ 사태로 유신 체제 붕괴

____¹⁸ 세력의 등장

정답 1 통일 주체 국민회의 2 영구 집권 3 1/3 지명권 4 해산권 5 긴급 조치권 6 개헌 청원 7 천주교 8 동아일보 9 3·1 민주 10 프레스 11 김대중 12 민청학련 13 동아일보 14 YH 무역 15 김영삼 16 부·마 17 10·26 18 신군부

해커스공무원학원·공무원인강·교재 Q&A gosi.Hackers.com

해커스 공무원 임미정 같은 한국사 합격노트 126

신군부

1) ____¹ 사태

① **배경** : 국무총리 ____² 가 제10대 대통령 당선(by 통일 주체 국민회의), 유신 체제에 대한 반발 등으로 정국은 계속 불안

② **과정** : 전두환, 노태우 등의 신군부 세력은 계엄 사령관 정승화를 체포하고 군부 장악(1979)

→ ____³ : 학생·시민들이 유신 헌법 폐지, 신군부 퇴진, 비상 계엄 폐지, 민주적 절차를 통한 정부 수립 등을 요구(5월 15일 서울역 평화 행진)

2) ____⁴ 운동 (1980)

배경	전국 비상 계엄 확대(1980. 5. 17.), 국회 폐쇄, 정치 활동 금지, 대학 휴교, 언론 검열 강화 → 김대중 등 주요 정치 인사와 학생 운동 지도부 체포 · 구속
전개	광주 지역 학생과 시민들이 계엄령 철폐, 김대중 석방을 요구하며 민주화 운동 전개 → 신군부의 ____⁵ 투입, 진압 → ____⁶ 들의 무장 저항 "우리는 왜 총을 들 수밖에 없는가?"
결과	계엄군에 의해 무력 진압, 1980년대 민주화 운동의 토대 형성, 유네스코 세계 기록유산 등재

제5공화국 (전두환 정부 – 민주 정의당)

1) 전두환 정부 (1980~1988)

① **신군부의 정권 장악** : 5·18 광주 민주화 운동을 무력 진압(1980. 5. 27.)한 신군부는 ____⁷ 비상 대책 위원회 설치(1980. 5. 31.)

② **전두환 정부의 수립 과정** :

최규하 대통령 사퇴 → 제11대 대통령 전두환 당선 (1980. 8.) by ____⁸ → 제8차 개헌 (1980. 10.) 7년 단임제, 대통령 간선제 → 제12대 대통령 전두환 당선 (1981. 2.) by ____⁹

정답 1 12·12 2 최규하 3 서울의 봄 4 5·18 민주화 5 공수 부대 6 시민 7 국가 보위 8 통일 주체 국민회의 9 대통령 선거인단

③ 정책

국정 목표	'정의 사회 구현, 복지 사회 건설'
통제책	국가 보위 비상 대책 위원회에서 ___¹ 통폐합, ___² 교육대 운영
유화책	교복 · 두발 · 해외 여행 ___³, ___⁴ 정책(프로 야구와 씨름 창설 등), 야간 통행 금지 해제, 컬러 TV 보급, 국풍 81(문화 행사) 시행
외교 정책	1986년 서울 아시안 게임 개최, 1988년 서울 ___⁵ 유치

2) ___⁶ (1987) : 권위주의적 통치와 강압적 통제에 반발한 민주화 운동

전개 과정	1천만 서명 운동 전개(1985. 12., 직선제 개헌 요구) → 부천 경찰서 성고문 사건(1986), ___⁷ 고문 치사 사건(1987. 1.)
	→ 4 · 13 ___⁸ 조치 발표(현행 헌법 유지) → ___⁹ 최루탄 피격 사건(1987. 6. 9.)
	→ 6 · 10 전국 각지 국민 대회와 시위 전개, '___¹⁰ 철폐 · 독재 타도 · 민주 헌법 쟁취' 요구 ＊계엄 선포 X
결과	노태우가 대통령 직선제 개헌과 김대중의 사면 복권 등을 약속하는 '시국 수습을 위한 8개 항' 발표(___¹¹ 민주화 선언)
	→ ___¹² 단임 대통령 ___¹³(제9차 개헌)

제6공화국 (노태우 정부, 김영삼 정부, …)

노태우 정부 (1988~1993)	• 수립 : 야당 후보 단일화 실패 → 노태우(민주 정의당)가 제13대 대통령 당선
	• 서울 ___¹⁴ 개최(1988) : 국제적 지위 상승, 국민의 일체감 증대
	• 5공 ___¹⁵ 개최 : 제5공화국 정부의 비리와 광주 민주화 운동의 진실 규명
	• 3당 합당(1990) : ___¹⁶ 정국 형성 → 3당 합당으로 거대 여당 창당
	＊민주 정의당(노태우) + 통일 민주당(___¹⁷) + 신민주 공화당(___¹⁸) = 민주 자유당 창당
김영삼 정부 (1993~1998)	___¹⁹ 바로 세우기 운동 : 조선 총독부 건물 철거(1995), 친일파 인명 사전 편찬 시작, 전두환과 노태우 구속 · 기소

시기	경제	사회·문화
미 군정기	• 미곡 정책(식량 부족, 물가 폭등 → 미곡 ____[1], but 매점매석·쌀값 폭등 → 1946. 1., 미곡 ____[2] → 대구 10·1 사건 발생 : 대규모 폭동) • 미국의 점령 지역 구조 원조(1945~1948, GARIOA 원조) • ____[3] 설립(1946~1948. 3.) • 소극적인 토지 개혁(1948, 미 군정의 농지 유상 분배)	• 6·3·3·4 학제 도입 • 남조선 ____[4] 창설(1946. 1., 대한민국 국군의 모체)

**제1~3대
이승만 정부
(1948~1960)**
	• ____[5] 제정(1949. 6.)
	• ____[6] 처리법 제정(1949. 12.)
	• 미국의 원조 경제 체제(1950년대) : 소비재 산업 발달, 대미 의존도 심화
	 – ____[7] 발달(제분 – ____[8], 면방직 – ____[9], 제당 – ____[10])
	 – ____[11] 480호(1955) : 미국 잉여 농산물 대량 유입 → 국내 농산물 가격 하락
	   └ 대충자금 적립 : 미국 농산물을 판매한 돈을 대충자금으로 적립 후 미국과 협의하여 사용,
	         주한 미군 유지비, 미국 무기 구입을 위한 자금으로 적립
	 – 1959년 충주 비료 공장 설립
	• 1950년대 후반 : 원조 방식 전환(무상 원조 → ____[12] 차관)
		• 지방자치법 제정(1949)
		• ____[13] 창설(1949) → 4·19 혁명으로 폐지
		 → 부활(1975, 박정희 정부) → 폐지(1986, 전두환 정부)
		• 국민(초등)학교 ____[14] (1950)
		• 한글 학회, ____[15] 완간(1957)

장면 내각 (1960~1961)	경제 개발 5개년 계획 추진	학원 민주화 운동, 노동 운동, 청년 운동
제5~9대 박정희 정부 (1963~1979)	**제1·2차 경제 개발 계획(1962~1971)** : ____[16] 육성, 경부 ____[17] 개통(1970), ____[18] 특수 • ____[19] 수출 자유 지역 선정(1970), ____[20] 운동(1970), 혼·분식 장려(60~70년대), ____[21] 보급 • 1960년대 말 경제 불황 → ____[22] (1972, 기업의 부채 동결, 중화학 공업 육성) **제3·4차 경제 개발 계획(1972~1981)** : ____[23] 공업 육성, 포항 제철 공장 완공(1973) 1차 석유 파동(1973, ____[24] 진출로 극복) → 수출 100억 달러 달성(1977) → 2차 석유 파동(1978)	• 국민 ____[25] 선포(1968) • 중학교 ____[26] 전형 입학(1969, 서울 → 1971, 전국 확대) • ____[27] 분신 사건(1970) • 고교 평준화(1974) • 함평 ____[28] 피해 보상 운동(1976~1978)

정답 1 자유화 2 수집령 3 신한 공사 4 국방 경비대 5 농지 개혁법 6 귀속 재산 7 삼백 산업 8 밀가루 9 면화 10 설탕 11 미 공법 12 유상 13 학도 호국단 14 의무 교육 15 『우리말 큰 사전』
16 경공업 17 고속도로 18 베트남 19 마산 20 새마을 21 통일벼 22 8·3 조치 23 중화학 24 중동 건설 사업 25 교육 헌장 26 무시험 27 전태일 28 고구마

시기	경제	사회·문화
제11~12대 전두환 정부 (1980~1988)	[ ]¹ (저유가, 저금리, 저달러)으로 물가 안정 → 무역 수지 흑자 전환	• 신군부의 7·30 교육 개혁 조치(1980) → [ ]² 금지, 본고사 폐지, 대학 졸업 정원제 실시 • 최저 임금법 제정(1986) • 남녀 고용 평등법 제정(1987) • 국민 연금 제도(1988)
제13대 노태우 정부 (1988~1993)	• 아시아·태평양 경제 협력체(APEC) 가입(1989) • 정부 말기에 적자 경제로 전환	• 국제 노동 기구(ILO) 가입(1991) • 가족법 개정(남녀의 동등한 권리와 의무) • 지방 자치제 부분 실시(1991)
제14대 문민 정부 김영삼 정부 (1993~1998)	• [ ]³ 실시(1993) • 우루과이 라운드([ ]⁴) 타결(1993) • 세계 무역 기구([ ]⁵) 출범(1995) • 경제 협력 개발 기구([ ]⁶) 가입(1996) → 외환 위기(1997) : [ ]⁷ (국제 통화 기금)에 지원 요청	• 전국 민주 노동 조합 총연맹(민주 노총) 결성(1995) • [ ]⁸ 시험 실시(1993) • 국민학교 → [ ]⁹ 로 개칭(1996) • 지방 자치제 [ ]¹⁰ 실시(1995)
제15대 김대중 정부 (1998~2003)	[ ]¹¹ 운동, 노사정 위원회 설치(1998) → 외환 위기 극복(2001)	• 국민 기초 생활 보장법 제정(1999) • 여성부 신설(2001)
제16대 노무현 정부 (2003~2008)	• 한·칠레 자유 무역 협정(FTA) 발효(2004) • 한·미 자유 무역 협정(FTA) 체결(2007) • [ ]¹² 개통(2004)	[ ]¹³ 폐지(2005년 민법 개정안 국회 통과 → 2008년 시행)

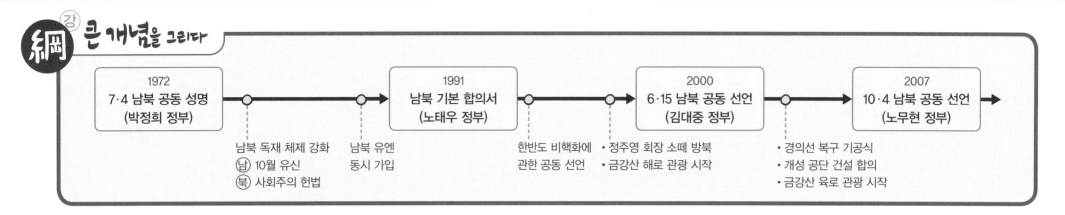

강 큰 개념을 그리다

| 1972
7·4 남북 공동 성명
(박정희 정부) | → | 1991
남북 기본 합의서
(노태우 정부) | → | 2000
6·15 남북 공동 선언
(김대중 정부) | → | 2007
10·4 남북 공동 선언
(노무현 정부) | → |

남북 독재 체제 강화
남 10월 유신
북 사회주의 헌법

남북 유엔
동시 가입

한반도 비핵화에
관한 공동 선언

· 정주영 회장 소떼 방북
· 금강산 해로 관광 시작

· 경의선 복구 기공식
· 개성 공단 건설 합의
· 금강산 육로 관광 시작

목 세부 개념을 정리하다

시기 (주요 회담 연도)	논의 내용	북한의 체제 변화 및 도발
이승만 정부	• ▢▢▢▢▢[1], 반공 통일론 • 진보당 사건 : 평화 통일을 주장한 진보당 탄압	• 갑산파(▢▢▢[2]), 연안파(김두봉), 소련파(허가이), 남로당파(박헌영) 연립 형태 • ▢▢▢[3] 사건(1956. 8.) : 소련파와 연안파 대거 숙청 • ▢▢▢[4] 운동(1953~1958) : 협동 농장화(전쟁 후 복구 사업, 사유제 부정) • ▢▢▢[5] 운동(1958) : 사상, 기술, 문화 창조 운동
장면 내각	• 진보 진영 : 중립화 통일론과 남북 협상론 제기 • 장면 내각 : 북진 통일론 폐기, ▢▢▢▢▢[6] 채택(선 건설 후 통일), 유엔 감시하 ▢▢▢▢▢[7] 주장	–

★박정희 정부
(1972)
	• 완강한 반공 정책 고수, 선 건설 후 통일론 주장
	• ▢▢▢▢▢▢▢[8] (1972)
	 – 배경 : 닉슨 독트린(1969, 냉전 완화) → 남북 ▢▢▢[9] 회담 제의(1971, 예비 회담)
	   → 북한의 수용
	 – 내용 : ▢▢[10] · ▢▢[11] · ▢▢▢▢[12]의 원칙,
	   ▢▢▢▢▢▢▢[13] 설치, 서울 – 평양 간 상설 ▢▢[14] 가설
	 – 한계 : 남북 독재 체제 강화에 이용(남 : 10월 ▢▢[15] / 북 : ▢▢▢[16] 헌법 제정)
		• 갑산파 중 온건파 숙청(1967) 후 김일성 유일 사상 체제 확립
		• 사회주의 헌법 공포(1972. 12.) → 국가 주석제 신설, 주석을 국가의 수반이며 국가 주권
		  을 대표하는 직책으로 규정
		
		[도발] 1 · 21 사태(1968. 1. 21.), 푸에블로호 사건(1968. 1. 23.),
		   울진 · 삼척 무장공비 침투 사건(1968. 11.),
		   ▢▢▢ ▢▢[17] 만행 사건(1976)

전두환 정부	• 민족 화합 민주 통일 방안(1982) : 민족 통일 협의회 구성 제안 • 북한이 ▢▢ ▢▢[18] 제공(1984)　• 최초의 ▢▢▢▢[19] 고향 방문(1985)	합영법 제정(1984) : 외국인 투자 유치를 위한 합작 회사 경영법 [도발] 미얀마 아웅산 ▢▢[20] 테러 사건(1983), ▢▢▢▢[21] (KAL) 858편 폭파 사건(1987)

정답 1 북진통일론 2 김일성 3 8월 종파 4 농업 협동화 5 3대 혁명 6 평화 통일론 7 남북한 총선거 8 7·4 남북 공동 성명 9 적십자 10 자주 11 평화 12 민족 대단결 13 남북 조절 위원회 14 전화 15 유신 16 사회주의 17 판문점 도끼 18 구호 물자 19 이산가족 20 폭탄 21 대한항공

08 시기별 남북 관계

시기 (주요 회담 연도)	논의 내용	북한의 체제 변화 및 도발
★**노태우 정부** (1991)	• ＿＿＿＿＿[1] (1988, 민족 자존과 통일 번영을 위한 특별 선언) : 남북 관계를 선의의 동반자로 인식 • ＿＿＿＿[2] 통일 방안(1989) : 통일 3대 원칙 제시(자주, 평화, 민주), 최초의 점진적 통일 방안 • 남북 고위급 회담(1990) → ＿＿＿＿[3] 동시 가입(1991) • 북방 외교 추진 : 헝가리 · 폴란드(1989), ＿＿＿[4] (1990), ＿＿＿[5] (1992) 등 공산권 국가와 수교 • ＿＿＿＿＿[6] (1991) : '최초의 ＿＿＿＿＿[7]', 상호 불가침, 상대방의 체제 인정, 국가로는 불승인(특수 관계) 판문점 남북 연락 사무소 설치, 남북 간 직통 전화 설치, 남북 군사 공동 위원회 설치 • ＿＿＿＿＿[8] 에 관한 공동 선언 채택 "남과 북은 핵 에너지를 오직 평화적 목적에만 이용한다"	• ＿＿＿[9] · 선봉 자유 무역 지대 설치(1991) : 제한적 경제 개방 • 합작법 제정(1992) : 외국 기업과 합작 및 자본 도입
김영삼 정부	• 3단계 3기조 통일 방안(1993) : 3단계(화해 · 협력 → 남북 연합 → 통일 국가), 3기조(민주적 국민 합의, 공존 · 공영, 민족 복리) • 민족 ＿＿＿＿[10] 통일 방안(1994) : 3원칙(자주, 평화, 민주), 3단계 통일 방안(화해 · 협력 → 남북 연합 → 통일 국가) • 한반도 ＿＿＿＿＿[11] (KEDO, 한 · 미 · 일) 설치(1995) : 북 · 미 간 제네바 협상 타결(1994. 10.) └ 핵무기 개발 중단 시 경수로 발전소 건설 지원 • 김일성 ＿＿＿[12] 으로 남북 관계 후퇴	• 김일성 사망(1994) → 3년간 유훈 통치 • 김일성 헌법 개정(1998) : ＿＿＿＿[13] 폐지 (김일성을 '영원한 주석'으로 추대), 김정일 국방 위원장의 권력 강화
★**김대중 정부** (2000)	• 정주영 현대그룹 회장의 ＿＿＿＿[14] (1998년 6월, 10월) → 금강산 ＿＿＿[15] 관광 시작(1998. 11.) • 최초의 남북 정상 회담 개최 : ＿＿＿[16] 남북 공동 선언(2000) → 내용 : 남측의 연합제 안과 북측의 낮은 단계의 연방제 안이 서로 공통성이 있다고 인정 2차 이산가족 상봉, ＿＿＿[17] 복구 기공식, 금강산 육로 관광 시범 진행, ＿＿＿＿[18] 건설 합의(2000 → 2003, 노무현 정부 때 착공)	＿＿＿＿[19] 특별 행정구 설치(2002) : 시장 개방, 시장 경제 도입 [도발] 1차(1999) · 2차(2002) 서해 ＿＿＿＿[20]
노무현 정부 (2007)	• 금강산 ＿＿＿[21] 관광 진행 • 2차 ＿＿＿＿＿[22] 개최 : 10 · 4 남북 공동 선언(2007) '남북 관계 발전과 평화 번영을 위한 선언' → 내용 : 6 · 15 공동 선언을 고수, 서해에서의 우발적 충돌 방지를 위해 공동 어로 수역 지정, 개성 공업 지구 1단계 건설을 빠른 시일 안에 완공, 백두산 관광 실시를 위해 백두산 – 서울 직항로 개설	–
문재인 정부 (2018)	3차 남북 정상 회담 개최 : 판문점 선언(2018) → 내용 : 남북 관계 개선, 전쟁 위협 해소, 항구적 평화 체제 구축, 남북 공동 연락 사무소 설치 등 합의	–

정답 1 7·7 선언 2 한민족 공동체 3 남북 유엔 4 소련 5 중국 6 남북 기본 합의서 7 공식 합의서 8 한반도 비핵화 9 나진 10 공동체 11 에너지 개발 기구 12 사망 13 국가 주석제 14 소떼 방북 15 해로 16 6·15 17 경의선 18 개성 공단 19 신의주 20 연평 해전 21 육로 22 남북 정상 회담

사회사

I. 고대 ----------- II. 고려 ----------- III. 조선

시대 흐름 잡기

신분제

호민을 통해 읍락 지배,
관리와 군사력 보유

| 1, | 2 |

부유한 평민 계층
ex) 고구려 좌식자(전사 집단)

| 3 |

농업에 종사하는 평민,
조세와 부역 담당

| 4 |

주인에게 예속된 천민층

| 5 |

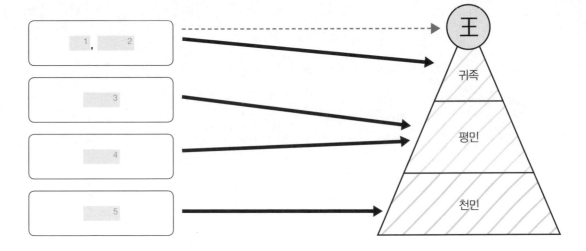

王

귀족

평민

천민

신라의 골품제

[귀족층을 세분화]

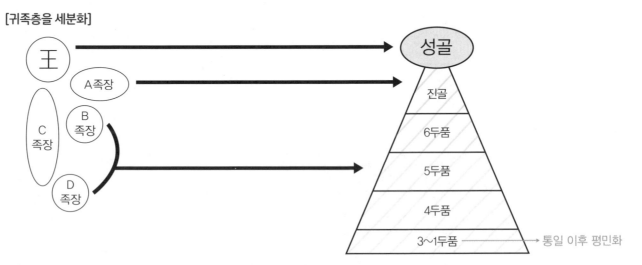

王

A족장

C족장

B족장

D족장

성골

진골

6두품

5두품

4두품

3~1두품 ———→ 통일 이후 평민화

구분	고구려	백제
지배층	왕족 고씨 + 5부 귀족 – ____¹ 고씨(왕 배출), 절노부(= 연나부, 왕비 배출) 등	왕족 부여씨 + 8성 귀족 – 투호, 장기, 바둑 즐김
풍속	**상무적 기풍** • **지배층** : 서옥제, ____² ex) 고국천왕 사후 왕후 우씨가 고국천왕의 동생 연우(산상왕)와 결혼 • **피지배층** : ____³ 연애 (돼지고기 O, 예물 X)	언어, 풍습 및 의복이 고구려와 유사
형벌	**엄격한 형벌** • 반역 : 화형 후 참형, 가족은 노비로 삼음 • 패전 : 사형 • 도둑질 : 1책 ____⁴ 법	• 도둑질 : ____⁵ 배 배상 • 횡령 : 3배 배상 + ____⁶ 형 • 간음 : 여자만 처벌, 남편 집 의 노비로 삼음

신라

• **지배층**
: 왕족(성골) 박, 석, 김씨 교대
→ ____⁷ 세습
• ____⁸ (진흥왕 때 개편) :
– 화랑(진골 귀족)
+ 낭도(____⁹ ~ ____¹⁰)
– 신분 간 갈등 완화
– ____¹¹ (진평왕, 원광) :
화랑의 행동 규범
– ____¹² :
화랑, 나라에 충성할 것과
유학 공부 다짐

통일 신라

중대	하대
왕족 : 진골(무열계) & 6두품 : 국왕 보좌, 높은 학식	왕족 : 진골(내물방계) ↑ ____¹³ : 신분 제약 ____¹⁴ : 경제력, 군사력

생활 모습

• 경주 중심의 도시 발달
• 귀족의 화려한 생활
(금입택, 사절유택, 섬에서 가축 사육) : 하대↑
cf) 흥덕왕, ____¹⁵ 반포

삼한일통 정책

• 백제, 고구려 귀족 → 관직 부여
• ____¹⁶ 서당(중앙군) : 고, 백, 신, 말갈인 등으로
편성
• ____¹⁷ 주 : 고 3 + 백 3 + 신 3

발해

지배층

• 왕족 대씨 + 귀족 고씨
• 이원적 민족 구성
– 지배층 : ____¹⁸ 多
– 피지배층 : ____¹⁹ 多

풍속 · 제도

• 고구려 + 당 + 말갈 풍속
• 타구와 격구 놀이 유행
(당을 통해 전래)
• 일부일처제
(여성의 지위가 비교적 높음)

연계 빈출 사료

서옥제

혼인하기를 정한 뒤에 여자 집에서 대옥(大屋) 뒤에 소옥(小屋)을 지어 이를 서옥(壻屋)이라 이름 붙였다. ……
여자의 부모가 소옥(小屋)에서 잘 수 있도록 허락하고 (사위가 가져온) 전백(錢帛, 돈과 비단)을 (소옥) 곁에 쌓아 둔다. 사위가 아이를 낳아 장성하면 아내를 데리고 (원래 자신의) 집으로 돌아간다.
– 『삼국지』「위서」 동이전

사치 금지령

사람은 상하가 있고 지위는 존비가 있어서, 그에 따라 호칭이 같지 않고 의복도 다른 것이다. 그런데 풍속이 점차 경박해지고 백성들이 사치와 호화를 다투게 되어, 오직 외래 물건의 진기함을 숭상하고 도리어 토산품의 비야함을 혐오하니, 신분에 따른 예의가 거의 무시되는 지경에 빠지고 풍속이 쇠퇴하여 없어지는 데까지 이르렀다. 이에 감히 옛 법에 따라 밝은 명령을 펴는 바이니, 혹시 고의로 범하는 자가 있으면 진실로 일정한 형벌이 있을 것이다.
– 『삼국사기』

정답 1 계루부 2 형사취수제 3 자유 4 12 5 2 6 금고 7 김씨 8 화랑도 9 진골 10 평민 11 세속오계 12 임신서기석 13 6두품 14 호족 15 사치 금지령 16 9 17 9 18 고구려인 19 말갈인

02 신라의 골품 제도와 반란

1. 골품 제도

등급	관등명	신분				복색	관직					
		진골	6두품	5두품	4두품		중시·령	시랑·경	도독	사신	군태수	현령
1	이벌찬					자색						
2	이찬											
3	잡찬											
4	파진찬											
5	대아찬											
6	아찬					비색						
7	일길찬											
8	사찬											
9	급벌찬											
10	대나마					청색						
11	나마											
12	대사					황색						
13	사지											
14	길사											
15	대오											
16	소오											
17	조위											

▲ 골품 제도와 관등·관직표

경위제	외위제
법흥왕 정비	
[ ]1	지방인
[ ]2 관등	11관등
골품제 [ ]3	골품제와 무관

1) 성립 : [ ]4 때 중앙 집권화 과정에서 지방 족장 세력을 통합·편재

2) 성격 : [ ]5 (왕경인)의 신분제

3) 기능

- 정치적 제한 ┌ 골품에 따라 [ ]6 승진의 [ ]7 존재 ex) 6두품(득난)은 [ ]8 까지만 가능, [ ]9 은 불가능
  └ 5소경 장관([ ]10), 9주 장관([ ]11) 등의 지방 장관은 9관등~4관등 사이에서 임명,
  but 실제 [ ]12 출신만 가능

- 사회적 제한 ┌ 일상생활 규제 : 가옥 규모, 장식물, 복색(자·비·청·황색 – 관등 기준 착용, 골품 기준 X), 수레 등
  └ 진골 중에 6두품으로 강등되기도 함 ex) [ ]13 가문

4) 골품제의 한계 보완 : [ ]14

- 성격 : [ ]15 출신들의 불만을 무마하기 위한 일종의 특진 제도

- 기준 : 6등급 아찬은 4중아찬, 10등급 대나마는 9중대나마, 11등급 나마는 7중나마까지 승진 가능

5) 변화 : [ ]16 두품~1두품 → 통일 신라 : 평민화

2. 반란

상대	선덕여왕	[ ]17 · 염종의 난(647) → [ ]18 때 진압
중대	신문왕	[ ]19 모반 사건(681)
	혜공왕	• [ ]20 · 대렴의 난(768) • [ ]21 의 난(768) • 김지정의 난(780)
하대	헌덕왕	• [ ]22 의 난(822) • [ ]23 의 난(825)
	문성왕	[ ]24 의 난(846)
	진성여왕	• [ ]25 의 난(889, 상주) • [ ]26 의 난(892, 무진주) • 적고적의 난(896)
	효공왕	• 견훤, 후백제 건국 (900, [ ]27) • 궁예, 후고구려 건국 (901, [ ]28)

정답 1 왕경인 2 17 3 포함 4 법흥왕 5 지배층 6 관등 7 상한선 8 아찬 9 장관 10 사신 11 도독 12 진골 13 김헌창 14 중위제 15 비진골 16 3
17 비담 18 진덕여왕 19 김흠돌 20 대공 21 96각간 22 김헌창 23 김범문 24 장보고 25 원종·애노 26 견훤 27 완산주 28 송악

시대 흐름 잡기

[고려 사회의 특징]

귀족 사회
(1 사회)

개방적 사회
(신분 이동   2)

          3 사용
(평민도 보유)

          4
(土姓 인정, 그 고장을 본관으로 삼음)

[고려의 신분제]

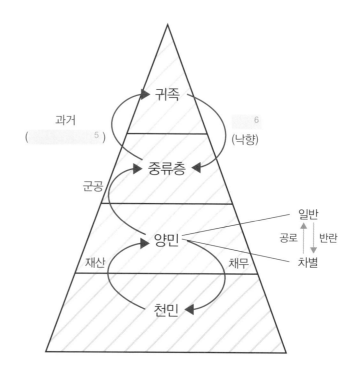

귀족

과거
(5)   6
(낙향)

중류층

군공

양민 ── 일반

공로 ▲ ▼ 반란

재산   채무   차별

천민

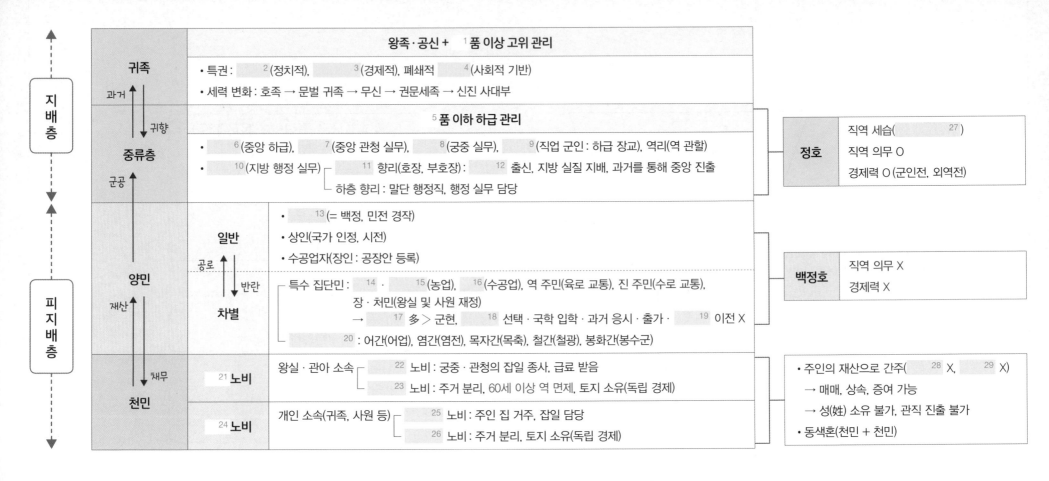

지배층 / 피지배층

귀족
과거 / 귀향

왕족·공신 + ¹ 품 이상 고위 관리

• 특권 : ____² (정치적), ____³ (경제적), 폐쇄적 ____⁴ (사회적 기반)
• 세력 변화 : 호족 → 문벌 귀족 → 무신 → 권문세족 → 신진 사대부

중류층
군공

⁵ 품 이하 하급 관리

• ____⁶ (중앙 하급), ____⁷ (중앙 관청 실무), ____⁸ (궁중 실무), ____⁹ (직업 군인 : 하급 장교), 역리(역 관할)
• ____¹⁰ (지방 행정 실무) ┌ ____¹¹ 향리(호장, 부호장) : ____¹² 출신, 지방 실질 지배, 과거를 통해 중앙 진출
                          └ 하층 향리 : 말단 행정직, 행정 실무 담당

정호
직역 세습(____²⁷)
직역 의무 O
경제력 O (군인전, 외역전)

양민
공로 / 반란
재산

일반
• ____¹³ (= 백정, 민전 경작)
• 상인(국가 인정, 시전)
• 수공업자(장인 : 공장안 등록)

차별
• 특수 집단민 : ____¹⁴ · ____¹⁵ (농업), ____¹⁶ (수공업), 역 주민(육로 교통), 진 주민(수로 교통),
  장 · 처민(왕실 및 사원 재정)
  → ____¹⁷ 多 > 군현, ____¹⁸ 선택 · 국학 입학 · 과거 응시 · 출가 · ____¹⁹ 이전 X
• ____²⁰ : 어간(어업), 염간(염전), 목자간(목축), 철간(철광), 봉화간(봉수군)

백정호
직역 의무 X
경제력 X

천민
채무

²¹ 노비
왕실 · 관아 소속 ┌ ____²² 노비 : 궁중 · 관청의 잡일 종사, 급료 받음
                └ ____²³ 노비 : 주거 분리, 60세 이상 역 면제, 토지 소유(독립 경제)

²⁴ 노비
개인 소속(귀족, 사원 등) ┌ ____²⁵ 노비 : 주인 집 거주, 잡일 담당
                        └ ____²⁶ 노비 : 주거 분리, 토지 소유(독립 경제)

• 주인의 재산으로 간주(____²⁸ X, ____²⁹ X)
  → 매매, 상속, 증여 가능
  → 성(姓) 소유 불가, 관직 진출 불가
• 동색혼(천민 + 천민)

※ 천민 관련 법률
• ____³⁰ (정종) : 부모 모두 천민일 경우
  어머니 소유주에게 귀속
• ____³¹ (충렬왕) : 〈부모〉 양민 + 천민 → 〈자식〉 천민

호적 외 존재
(신량역천)

거란 · 여진족 출신 多 → 호적 X, 국역 X ＊ 양민화 정책 시도(1425, 세종) → ____³² (白丁) 칭

____³³ (화척 → 도살, 버들고리 장수), 재인(광대), 기생 등을 업으로 하는 집단

정답 1 5 2 음서 3 공음전 4 결혼 5 6 6 서리 7 잡류 8 남반 9 군반 10 향리 11 상층 12 호족 13 농민 14 향 15 부곡 16 소 17 세금 18 직업 19 거주
20 신량역천 21 공 22 입역 23 외거 24 사 25 솔거 26 외거 27 전정연립 28 세금 29 군역 30 천자수모법 31 일천즉천 32 백정 33 양수척

해커스공무원학원·공무원인강 교재 Q&A gosi.Hackers.com   해커스 공무원 임기훈 강목 참고서 합격노트 **139**

02 고려의 사회 제도와 법률·풍속

1. 사회 제도

목적	제도·기구	내용
민생 안정책	잡역 금지	농번기에 농사에 지장을 주지 않도록 잡역 동원 금지
	재면법(성종 → 문종 때 법제화)	재해 시 조·공납·역 면제(40% 손실 → 조 면제 / 60% 손실 → 조·공납 면제 / 70% 손실 → 조·공납·역 면제)
	자모정식법(= 자모상모, 성종)	이자가 원금을 넘지 않도록 제한
물가 조절 기구	___¹(성종)	개경·서경·12목에 설치, 풍흉에 따라 공급량을 조정하여 물가 조절
의료 기관	___²(정종·문종)	개경 동·서쪽에 설치, 국립 의료 기관, 소외 계층 질병 치료 + 빈민을 돌보는 구제 기관 역할(서경에는 대비원 분사 설치)
	___³(예종)	개경, 백성에게 약 처방
	___⁴(예종)·구급도감(고종)	재해 시 병자의 치료와 병사자 처리 및 빈민 구제를 위한 임시 기구

2. 법률과 풍속

법률	특징	중국 당률 71개 조 기본법 시행, but 대부분 ___⁵을 따름, ___⁶이 사법권 행사
	형벌	• 종류(5종) : 태(매질), 장(곤장), 도(징역), 유(유배), 사(사형) • 특징 ┌ 행정과 사법 분리 X, 실형주의 > 배상제 ├ 반역죄·불효죄는 중죄로 처벌 └ 중앙 귀족 처벌 : ___⁷(자신의 본관지로 돌려보냄), 수속법(가벼운 범죄는 돈을 내면 면제)
풍속	상장제례	상례·장례·제례 : 국가는 유교적 규범에 따라 의례 치를 것을 강조, but 민간에서는 토착 신앙 + 불교·도교 의식 거행
	명절	정월 초하루, 삼짇날, 단오, 유두, 추석 등
	불교 행사 (신라 진흥왕 때 시작)	• ___⁸(1월 15일 → 2월 15일, 군신이 함께 즐기는 명절) • ___⁹(서경 : 10월 15일, 개경 : 11월 15일, ___¹⁰ + ___¹¹ 신앙 + 불교, 국가와 왕실의 태평 기원, ___¹² 교류 - 송·여진·아라비아·탐라 등 사신·상인 참여)
	향도 (신라 진평왕 때 김유신의 용화향도가 기원)	**고려 전기 : 불교 신앙 조직** / **고려 후기 : 농민 공동 조직** • 구성 : 호장(지도자), 수십~수백 명 • 활동 ┌ 매향 활동 : ___¹³(1387, 내세 행운과 국태민안 기원) └ 각종 불사에 동원(사원 건축, 석탑 건립, 불상 주조) • 활동 : 혼례·상장례·제사 등 마을 공동 노역 주도 • 조선 시대로 계승됨 → ___¹⁴

정답 1 상평창 2 동·서 대비원 3 혜민국 4 구제도감 5 관습법 6 지방관 7 귀향형 8 연등회 9 팔관회 10 도교 11 토속 12 국제 13 사천 매향비 14 상두꾼

03 혼인과 여성의 지위

유교적 윤리 강화

찬양회 (1898)

호주제 폐지 (2005)

구분		고려 ~ 조선 전기	조선 후기	근대 ~ 일제 강점기	현대
혼인		• 왕실 : ___1___ 성행(→ ___2___ 때 금지) • 일반 : ___3___ ((여)18세 · (남)20세 전후 혼인) 　cf) 고려 말 ___4___의 일부다처제 건의(반발로 실패), 　　남귀여가혼(남자가 신부 집에 머물다 출산 후 분가), 　　솔서혼(데릴사위제) 　cf) 일부일처제가 기본이지만 첩을 많이 둠(___5___ 허용), 　　조선 시대 『경국대전』의 법적 혼인 연령 : (여)14세 · (남)15세 • 원 간섭기 : 결혼도감 설치(공녀 징발) → ___6___ 성행	___7___ : 혼인 후 신랑 집에서 생활 - 조선 초 제기 　→ 명종, 처가살이와 친영 혼용 　→ 조선 후기 정착	• ___8___차 갑오개혁 　: 조혼 금지 　((여)16세 · (남)20세) • 1920년대 　: 신여성 자유 연애	–
호주		여성 호주 가능	___9___ 호주 어려움	–	2005년 ___11___ 폐지
족보 기재		연령 순(남녀 차별 X)	___10___ 순		
여성의 재가		가능	___12___ (자손의 문과 응시 제한)	1차 갑오개혁 : 재가 허용	–
제사	입양	양자 X	양자 ___13___	• ___17___ (1898) → 순성 여학교 설립(1899) 　ㄴ 우리나라 최초의 여성 운동 단체 • 1898년 여권 통문 발표 in 독립신문, 황성신문 　(우리나라 최초의 여성 인권 선언문, 　여성의 평등한 교육권 · 직업권 · 참정권 주장)
	부담	윤회 봉사(처가, 외가 상복 차이 X)	___14___ 부담	
	상속	자녀 균분 상속	___15___ 상속	
음서의 혜택		• 친가 · 외가 모두 혜택 받음 ex) 외손자, 사위 • 공을 세우면 부모와 장인 · 장모도 상을 받음	___16___	

※ 조선 전기 여성의 지위 관련 사료

[율곡 남매 분재기]
• 율곡 이이의 7남매 유산 분배 기록
• 아들, 딸 구별 없이 공평 분배 → 『경국대전』의 재산 분배 근거를 따름
• 아버지의 첩 서모 권씨 몫도 기록

[『안동 권씨 성화보』]
• 1476년(성종 7)에 간행된 현존 우리나라 최고(最古) 족보
• 딸이 재혼하였을 경우, 후부(後夫)라 하여 재혼한 남편의 성명도 기재
• 자녀를 기재할 때 출생 순서에 따라 기재(남녀 차별 X)
• 외손도 기재
• 양자 사례 한 건도 없음

정답 1 근친혼 2 충선왕 3 일부일처제 4 박유 5 축첩 6 조혼 7 친영제 8 1 9 여성 10 남녀 11 호주제 12 차별 13 O 14 장자(장남) 15 장자(장남) 16 친가 17 찬양회

시대 흐름 잡기

| 16C | 신분제 동요 | 18~19C |

16C

양반
(+ 중인
포함)

상민

천민

신분제 동요

양란

국가 재정 악화

| 납속책 | 공명첩 |

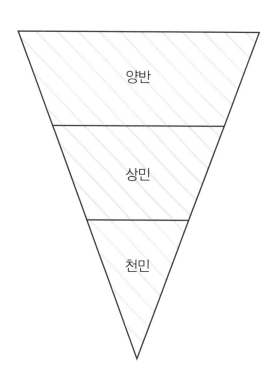

18~19C

양반

상민

천민

01 조선의 신분 제도

양천제 (법적)

양인
- [1] 응시 가능
- [2], 공납, 역 의무

천인
- [3], [4]의 소속
- 조세, 공납, 역 의무 [5]

16C 반상제 (실제)

15C [7] (문반, 무반) → **16C 관료** (문무 관료) + [8] (관료의 가족)

[6]
- 경제적 : [9] (토지 소유), 노비 소유, 각종 국역 면제(but 대원군의 [10]로 붕괴)
- 정치적 : 과거, 음서를 통한 고위 관직 독점

[12] **계층** (넓은 의미), [13] (좁은 의미)

[11]
- [14] (기술직, 향리, 서리) : 직역 세습, 문과 응시 [15] ------→ 청요직 [16]
- [17] (첩의 자식) : 문과 응시 [18] (무과, 잡과 O) ------ 신분 상승 운동 ----→ 청요직 [19]

[20]
- [21] (조세·공납·역 의무), [22], [23]
- [24] (칠반천역 : [25] · [26] · [27] · [28] · [29] · [30] · [31])
  관청 잡역   형사   지방 잡역   조운   봉수   역근무

[32]
- 법적 천민 : [33] 多(매매, 상속, 증여 가능), 일천즉천 적용
  - [34] ├ 입역 노비 : 관청 소속 -----→ 창기, 의녀, 악공
       └ 납공 노비 : 신공 바침
  - [35] ├ 솔거 노비 : 주인 집에 거주
       └ 외거 노비 : 독립적인 가옥 생활
- 기타(법적 양인 but 사회적 천민) : [36] (도축업 종사자), [37], [38]

신분제 동요

양란
↓
- 양안·호적 소실
- 국가 재정 악화
↓
- [39]
(돈이나 곡식을 납부하면 면천, 면역, 관직을 줌)
- [40]
(부유층으로부터 재물을 받고 이름이 비어 있는 임명장을 줌)
↓
양반 ↑
상민·노비 ↓

<정치>
환국, 세도

<경제>
모내기법 확산

<사회>
반상제 동요

정답 1 과거 2 조세 3 국가 4 개인 5 X 6 양반 7 관료 8 가문 9 지주층 10 호포제 11 중인 12 중간 13 기술직 14 하급 관리 15 O 16 X 17 서얼 18 X 19 O 20 상민 21 농민 22 수공업자 23 상인 24 신량역천 25 조례 26 나장 27 일수 28 조졸 29 수군 30 봉수 31 역졸 32 천민 33 노비 34 공노비 35 사노비 36 백정 37 무당 38 광대 39 납속책 40 공명첩

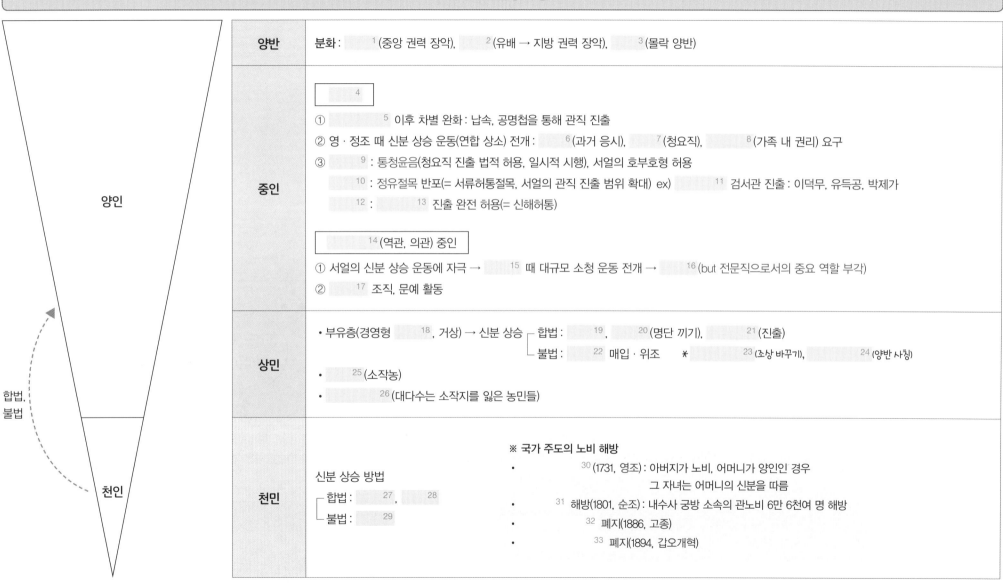

18~19C 반상제 동요

양반	분화 : ___¹ (중앙 권력 장악), ___² (유배 → 지방 권력 장악), ___³ (몰락 양반)

중인	[___⁴]
	① ___⁵ 이후 차별 완화 : 납속, 공명첩을 통해 관직 진출
	② 영 · 정조 때 신분 상승 운동(연합 상소) 전개 : ___⁶ (과거 응시), ___⁷ (청요직), ___⁸ (가족 내 권리) 요구
	③ ___⁹ : 통청윤음(청요직 진출 법적 허용, 일시적 시행), 서얼의 호부호형 허용
	    ___¹⁰ : 정유절목 반포(= 서류허통절목, 서얼의 관직 진출 범위 확대) ex) ___¹¹ 검서관 진출 : 이덕무, 유득공, 박제가
	    ___¹² : ___¹³ 진출 완전 허용(= 신해허통)
	
	[___¹⁴ (역관, 의관) 중인]
	① 서얼의 신분 상승 운동에 자극 → ___¹⁵ 때 대규모 소청 운동 전개 → ___¹⁶ (but 전문직으로서의 중요 역할 부각)
	② ___¹⁷ 조직, 문예 활동

상민	• 부유층(경영형 ___¹⁸, 거상) → 신분 상승 ┌ 합법 : ___¹⁹, ___²⁰ (명단 끼기), ___²¹ (진출) └ 불법 : ___²² 매입 · 위조　*　___²³ (조상 바꾸기), ___²⁴ (양반 사칭) • ___²⁵ (소작농) • ___²⁶ (대다수는 소작지를 잃은 농민들)
천민	신분 상승 방법 ┌ 합법 : ___²⁷, ___²⁸ └ 불법 : ___²⁹ ※ 국가 주도의 노비 해방 • ___³⁰ (1731, 영조) : 아버지가 노비, 어머니가 양인인 경우 그 자녀는 어머니의 신분을 따름 • ___³¹ 해방(1801, 순조) : 내수사 궁방 소속의 관노비 6만 6천여 명 해방 • ___³² 폐지(1886, 고종) • ___³³ 폐지(1894, 갑오개혁)

양인

천인

합법,
불법

정답 1 권반 2 향반 3 잔반 4 서얼 5 임진왜란 6 허통 7 통청 8 후사권 9 영조 10 정조 11 규장각 12 철종 13 청요직 14 기술직 15 철종 16 실패 17 시사 18 부농 19 납속
20 향안 21 향임직 22 족보 23 환부역조 24 모칭유학 25 빈농 26 임노동자 27 군공 28 납속 29 도망 30 노비종모법 31 공노비 32 노비 세습제 33 공·사노비법

02 조선의 향촌 사회 모습과 사회 정책

1. 향촌 사회 모습

조선 전기(사족 중심 향촌 질서)

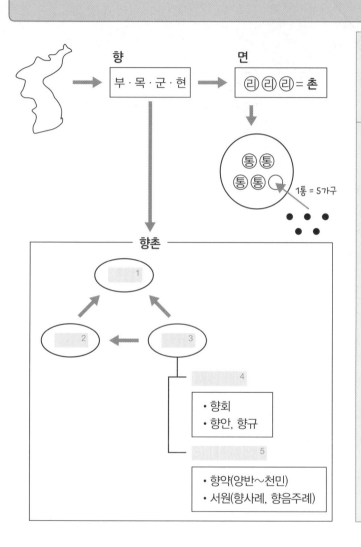

가정 (→ 유교 윤리 보급)			• [_6_] : 종족 내부 의례 규정 • [_7_] : 족보 연구(종족 결속을 다지고 다른 집안 및 신분에 대해 우월 의식 내포) • [_8_] : 아동들에게 유학을 가르치기 위한 생활 속 성리학 규범 • [_9_] : 집안에서 조상의 위패를 모시는 제도
향촌 사회 (→ 장악)			• 유향소 : 조세 부과, 수세 고정 관여 → 향리, 농민 통제 • 향회 : 향안, 향규 • 향사례, 향음주례 주관
	향약	시기	임진왜란 전후 시기 군, 현 단위 시행
		대표	약정(도약정, 부약정), [_10_], [_11_]
		역할	사림 지위 강화, 향촌 자치 기능(풍속 교화 + 질서 유지 + 치안 담당) * 4대 강목 : 덕업상권, 과실상규, 예속상교, 환난상휼
		구성	[_12_] ~ [_13_] (여성, 어린이 포함)
		종류	여씨 향약(조광조 도입) → [_14_] 향약(이황) → 서원 향약 · [_15_] 향약(이이) → 전국 확산
	서원	역할	성리학 연구, 선현 제사, 후진 양성, 붕당 결속의 구심점
		기원	[_16_] 서원(1543, 중종, 주세붕) → [_17_] 서원(이황 건의, 최초의 사액 서원)
		종류	• 유네스코 등재 서원 9곳 ┌ 경주 옥산 서원(이언적), 안동 도산 서원(이황), 안동 병산 서원(유성룡) │ 달성 도동 서원(김굉필), 함양 남계 서원(정여창), 장성 필암 서원(김인후) └ 논산 돈암 서원(김장생), 전북 정읍 무성 서원(최치원), 영주 소수 서원 • 경남 덕천 서원(조식), 개성 화곡 서원(서경덕), 파주 파산 서원(성혼), 충북 괴산 화양 서원(송시열), 파주 자운 서원(이이)
	동계		사림만 참여, 마을 공유 재산 관리

정답 1 수령 2 향리 3 사족 4 유향소 5 향촌 교화 6 예학 7 보학 8 소학 9 가묘 10 직월 11 유사 12 양반 13 천민 14 예안 15 해주 16 백운동 17 소수

02 조선의 향촌 사회 모습과 사회 정책

조선 후기(관 주도 향촌 질서) : 재지 사족 약화

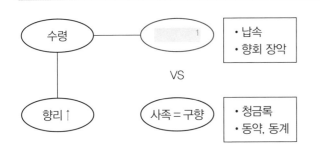

수령 ——— [___1___] → • 납속
• 향회 장악

VS

향리↑   사족 = 구향 → • 청금록
• 동약, 동계

부농층의 성장	납속과 향임직 매매(정부가 허용), 관권과 결탁, 향회 장악
구향 VS 신향	• 신향이 우세, 재지 사족(구향) 약화, [___2___](수령권)이 강화되고 향리의 역할↑ • 향회가 수령의 부세 [___3___]로 전락, 유향소가 향리 감시 기능을 하지 못함(향리의 횡포↑)
양반의 기득권 유지 노력	• [___4___](양반 명단) 작성 • 향안(유향소, 향회 명단) 작성 • 향촌 영향력 약화 → [___5___](= 동족) 마을 형성, [___6___](촌락 단위) 실시 • 서원, 사우([___7___] 중심) 건립 • 동계 : 임진왜란 이후 사족 동계 + 농민 향도계

2. 사회 정책

구휼 정책	• [___8___] : '국가 주도'로 빈민에게 곡물 대여 　　ex) 의창(고려 계승) : 무이자 대여 → 원곡 부족으로 유명무실 → 16C [___9___](고려 계승, 세조 때 설치)으로 이관 : 1/10 이자 수취, 고리대로 변질 • [___10___] : 정부 지원 속에 '향촌 자치적'으로 운영, 흉년 시 빈민 구휼과 물가 조절(세종 때 실시 → 성종 때 혁파 → 고종 때 재실시)
의료 기관	• 중앙 ┌ 혜민(고)국(태조) : 수도권 서민 환자 구제, 약재 판매 → [___11___]로 개칭(1466, 세조) 　　　 └ 동 · 서 대비원(1392, 태조) : 고려 계승, 백성 의료 · 구호 담당 → '동 · 서 [___12___]'으로 개칭(태종) → [___13___]로 통합(세조) • 지방 ─ [___14___](태조) : 주로 지방민 · 빈민 질병 치료, 기아 보호(수도에선 활인서에 수용된 빈민 치료 및 의녀 양성) → 혜민국에 병합(1460, 세조)
법률 제도	• 형법 : 『경국대전』 + 주로 [___15___] 적용, 반역죄 · 강상죄는 중죄(연좌제 적용) • 민법 : [___16___](관찰사, 수령)이 관습법에 따라 처리, 초기 노비 소송 多 → 후기 묘지 소송([___17___]) 多 • 기관 : 의금부(반역죄, 신문고 담당), 삼법사[[___18___](관리 감찰), [___19___](사법 행정 감독), [___20___](수도의 행정, 토지, 가옥에 관한 소송)], 　　　　[___21___](노비 소송), 지방에서는 관찰사와 수령이 재판

정답 1 신향 2 관권 3 자문 기구 4 청금록 5 동성 6 동약 7 문중 8 환곡제 9 상평창 10 사창제 11 혜민서 12 활인원 13 활인서 14 제생원 15 『대명률』 16 지방관 17 산송 18 사헌부 19 형조 20 한성부 21 장례원

경제사

Ⅰ. 고대 ----------- Ⅱ. 고려 ----------- Ⅲ. 조선

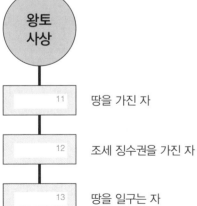

시대 흐름 잡기

[수취 개념]

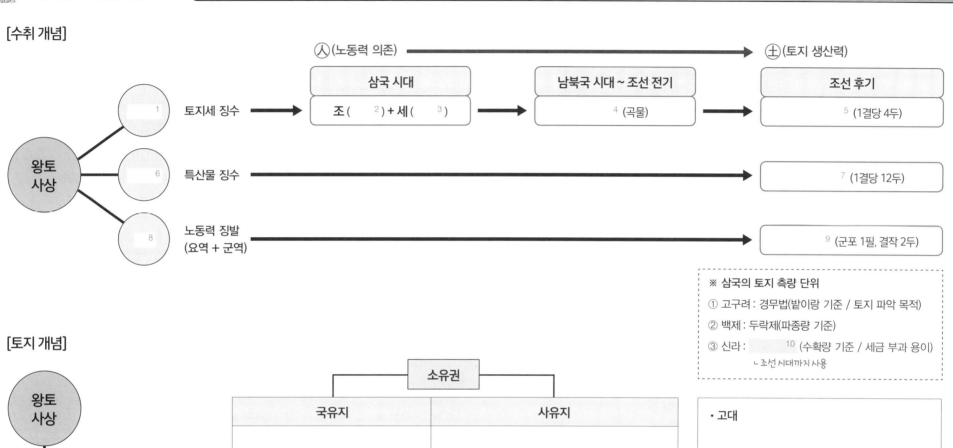

人 (노동력 의존) ➡ 土 (토지 생산력)

삼국 시대	남북국 시대 ~ 조선 전기	조선 후기
조 (²) + 세 (³)	⁴ (곡물)	⁵ (1결당 4두)

왕토 사상

토지세 징수 ➡

특산물 징수 ➡ ⁷ (1결당 12두)

노동력 징발 (요역 + 군역) ➡ ⁹ (군포 1필, 결작 2두)

1 / 6 / 8

※ 삼국의 토지 측량 단위
① 고구려 : 경무법(밭이랑 기준 / 토지 파악 목적)
② 백제 : 두락제(파종량 기준)
③ 신라 : ____¹⁰ (수확량 기준 / 세금 부과 용이)
   └ 조선 시대까지 사용

[토지 개념]

왕토 사상

11 — 땅을 가진 자

12 — 조세 징수권을 가진 자

13 — 땅을 일구는 자

소유권	
국유지	사유지

· 고대

· 고려

· 조선

정답 1 조세 2 곡물 3 인두 4 1/10 5 영정법 6 공납 7 대동법 8 역 9 균역법 10 결부법 11 소유권 12 수조권 13 경작권

1. 수취 제도와 경제 정책

신라 촌락 문서를 통해 파악 가능 →

구분		삼국	통일 신라	발해
수취 제도	조세	戶(재산 정도) 기준, 곡물(조) + 포(세)	곡물(생산량의 1/10)	곡물(조, 보리, 콩 등)
	공물	戶(촌락 단위 → 가구) 기준, 특산물	戶(9등호제 : 人丁의 多寡) 기준, 특산물	특산물(베, 명주, 가죽 등)
	역	노동력(15세 이상 男) ┌ 요역 : 왕궁, 저수지 축조 └ 군역 : 군 복무	노동력 (⬜1 세 이상~60세 男)	부역(궁궐, 관청 공사 동원)
경제 정책	농업	• 철제 농기구 보급 • 우경 장려(지증왕) • 시비법 X → ⬜⬜2 多 * 구휼책 : ⓒ ⬜⬜3		• 밭농사 중심 (일부 벼농사) • 목축(⬜⬜4 , 명마 생산), 수렵 발달
	상업	• 시장 개설(경주, by ⬜⬜5) • 동시(시장), 동시전(감독) 설치(by ⬜6)	서시, 남시 추가 설치 (by ⬜7)	
	수공업	관청 수공업(노비 이용 → 관청 소속 수공업자)		

[신라 촌락 문서 (민정 문서)]

① 1933년 ⓙ 동대사 정창원 창고에서 발견,
서원경(⬜8) 주변 4개 촌락 대상
- ⬜9 가 ⬜10 년마다 작성, 촌락 단위로 세금 부과
- 토지 크기, 인구 수, 소와 말의 수, 토산물, 노비 수, 나무 수 기록

② 목적
- 국가 재정 확보(⬜11 징수, ⬜12 징발)
- 촌락의 경제 상황과 국가 세무 행정 파악

③ 기준 : 남녀별, 연령별 ⬜13 등급,
호는 人丁의 많고 적음에 따라 9등급(토지 결수 기준 X)

④ 토지 종류

⬜14	민전, 농민 사유지
내시령답	관료전
⬜15	촌주 토지, 조세 면제
관모답	관청 운영 경비 토지
마전	촌락 공동 마 경작지

2. 대외 무역

삼국	• 낙랑 축출 후(4C 이후) 발달 → 주로 ⬜⬜16 • ⓖ 남북조 및 북방 유목민과 교역 / ⓑ 남조, 왜와 무역 / ⓢ 고구려, 백제를 통해 교역 → 한강 장악 후 ⬜⬜17 을 통해 직접 교역(진흥왕)
통일 신라	• 최대 무역항 : ⬜⬜18 (이슬람 상인 왕래) • ⬜⬜19 무역 번성(공 + 사무역) ┌ 산둥 반도와 양쯔강 하류 └ 신라방·촌(거주지), 신라관(여관, 숙소), 신라원(절), 신라소(관청) • ⬜⬜20 의 활약 ┌ 완도(청해진) → 해적 소탕, 산둥 반도(⬜⬜21) └ 무역 독점 : ⓓ ⬜⬜22 , ⓙ ⬜⬜23 파견 ┐ 신라 하대 * ⬜⬜24 : 장보고의 도움으로 당나라를 여행한 일본 승려 엔닌의 여행기 ┘ • 대일 무역 : 초기 – 무역 제한, 8C 이후 – 무역↑

발해	대당 무역	• 서경 압록부 : 조공도 • 산둥 반도 : 발해관(숙소) 설치 • 수출 : 말, 모피, 인삼, 자기 • 수입 : 비단, 책
	대일 무역	동경 : 일본도
	신라와의 무역	⬜25 : 신라도
	기타	• 영주도(장령부 → 영주) • 거란도(부여부 → 거란)

정답 1 16 2 휴경지 3 진대법 4 솔빈부 5 소지 마립간 6 지증왕 7 효소왕 8 청주 9 촌주 10 3 11 조세 12 노동력 13 6 14 연수유답 15 촌주위답 16 공무역 17 당항성 18 울산항 19 대당 20 장보고 21 법화원 22 견당매물사 23 회역사 24 『입당구법순례행기』 25 남경

시대 흐름 잡기

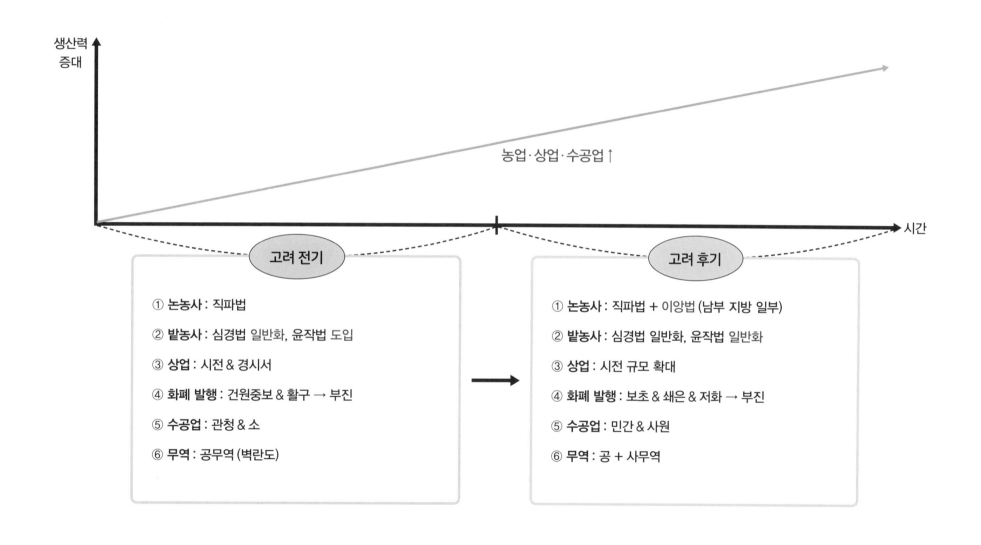

고려 전기

① **논농사** : 직파법

② **밭농사** : 심경법 일반화, 윤작법 도입

③ **상업** : 시전 & 경시서

④ **화폐 발행** : 건원중보 & 활구 → 부진

⑤ **수공업** : 관청 & 소

⑥ **무역** : 공무역 (벽란도)

고려 후기

① **논농사** : 직파법 + 이앙법 (남부 지방 일부)

② **밭농사** : 심경법 일반화, 윤작법 일반화

③ **상업** : 시전 규모 확대

④ **화폐 발행** : 보초 & 쇄은 & 저화 → 부진

⑤ **수공업** : 민간 & 사원

⑥ **무역** : 공 + 사무역

생산력 증대

농업·상업·수공업↑

시간

01 고려의 토지 제도와 수취 제도

綱(강) 큰 개념을 그리다

[전시과의 큰 그림] ① 누구에게? [ ]¹ 가 국역의 대가로 18등급으로 나누어 지급 받음   ② 무엇을? [ ]² (논, 밭 경작지) + [ ]³ (임야), [ ]⁴, [ ]⁵ 해당
③ 원칙은? [ ]⁶ X(단, 직업 승계시 세습 O)   ④ 어디에서? 급전도감(문종, 전시과를 공정하게 나누어 주기 위해 설치)   ⑤ 지급액? 지급액 점차 [ ]⁷

[고려 토지 제도의 흐름]

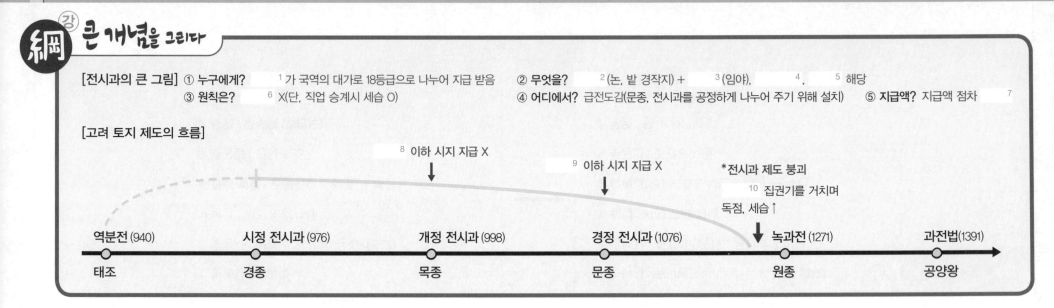

[ ]⁸ 이하 시지 지급 X   [ ]⁹ 이하 시지 지급 X   *전시과 제도 붕괴
[ ]¹⁰ 집권기를 거치며
독점, 세습↑

역분전(940)	시정 전시과 (976)	개정 전시과 (998)	경정 전시과 (1076)	녹과전 (1271)	과전법(1391)
태조	경종	목종	문종	원종	공양왕

目(목) 세부 개념을 정리하다

1) 토지 제도

역분전	구분	[ ]¹³ **전시과 (경종)**	[ ]²¹ **전시과 (목종)**	[ ]²⁷ **전시과 (문종)**	녹과전
• 전시과의 모체 • 대상 : [ ]¹¹ – 논공행상, [ ]¹² X (인품, 공로 반영)	지급 대상	전([ ]¹⁴ : 관계 O, [ ]¹⁵ X) · 현직	전직(산관) 〈 현직 多	[ ]²⁸ (퇴직 후 반납)	• 시기 : [ ]³³ 환도 후 지급 (부족한 녹봉 대신 지급) • 대상 : [ ]³⁴ 관리 • 지역 : [ ]³⁵ 8현 • 지급 : [ ]³⁶ (소유권 X)
	지급 기준	• 관품 : 4색 공복(광종, [ ]¹⁶ · [ ]¹⁷ · [ ]¹⁸ · [ ]¹⁹ 색)+문 · 무 · 잡과 • 인품 : [ ]²⁰	• 관직 : [ ]²² • 인품 : [ ]²³ • [ ]²⁴ 설치(18과 안에 들지 못한 자에게 17결 지급)	• 관직 : 18과(하급 관리 포함) • 한외과 [ ]²⁹	
	특징		• [ ]²⁵ 지급 • [ ]²⁶ 이하 시지 지급 X	• 공음전, 구분전, 한인전 지급 • 외역전, 공해전, 별사전 지급 • [ ]³⁰ 대우 향상 • [ ]³¹ 정비 • 무산계 전시 설치 • [ ]³² 이하 시지 지급 X	

정답 1 관리 2 전지 3 시지 4 수조권 5 전국 6 세습 7 감소 8 16과 9 15과 10 무신 11 개국 공신 12 관품 13 시정 14 산관 15 관직 16 자 17 단 18 비 19 녹 20 O
21 개정 22 18과 23 X 24 한외과 25 군인전 26 16과 27 경정 28 현직 29 폐지 30 무반 31 녹봉 32 15과 33 개경 34 현직 35 경기 36 수조권

01 고려의 토지 제도와 수취 제도

[전시과의 종류]

원칙	토지 ___1___ 불가 →	세습 가능 토지	① 군인전, ② 외역전 – 직역과 전정 승계(전정연립의 원칙)
			③ 공음전, ④ 공신전, ⑤ 내장전

종류			지급 대상 (수조권의 주체)
2 ___2___ (私田)	일반 전시 (직역의 대가)	과전	모든 문산계(___3___ 관리)
		4	___5___(중앙군 : 2군 6위), 군역의 대가
		6	향리, 향역의 대가
	보완 전시	구분전	하급 관료 또는 군인의 ___7___, (자손이 없는) 퇴역 군인
		한인전	• 6품 이하 하급 관료 자제 중 ___8___
			• 관리가 되어도 관직을 받지 못한 자 → 관인 신분 세습 목적
		9	___10___ 이상 관료
		11	___12___을 세운 관리
		별사전	승려, 풍수지리업자에게 분급
		사원전	사원
공전 (公田)		13	왕실 경비 충당
	학전		관립 학교 경비 충당
	공해전		중앙 및 지방 관청 경비 충당
	둔전		군대에 지급

※ 민전
- ___14___이 소유한 경작지(농민, 양반, 서리, 향리 등)
- ___15___ ___16___ ___17___ 가능한 사유지, 소유권 보장
- 고려 시대에 명칭 처음 등장, 조선 시대에도 사용(but 통일 신라 ___18___과 같은 성격의 것)
- 수조지로 설정이 되면 일정 기간 매매가 금지되는 제한을 받기도 함

2) 수취 제도

구분	수취 내용	부과 대상	기준	종류
조세	곡식	토지	토지 비옥도 (___19___ 등급)	민전(사유지) → 1/10
공납	특산물	집(戶)	9등호제 (人丁 기준)	___20___ (매년)과 ___21___ (수시) → 조세보다 부담
역	노동력	사람	16~___22___세 丁男	• 군역 • 요역

3) 재정 운영과 조운제

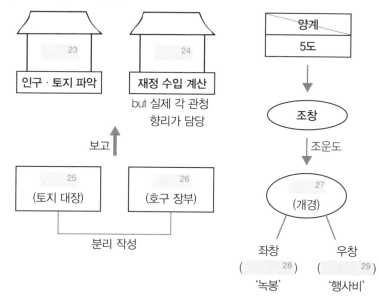

정답 1 세습 2 사전 3 문무 4 군인전 5 직업 군인 6 외역전 7 유가족 8 무관직자 9 공음전 10 5품 11 공신전 12 공 13 내장전 14 백성 15 매매 16 상속 17 증여 18 연수유답 19 3 20 상공 21 별공 22 60 23 호부 24 삼사 25 양안 26 호적 27 경창 28 광흥창 29 풍저창

02 고려의 경제 정책과 대외 무역

1. 경제 정책

구분	고려 전기	고려 후기

농업	• 논농사 : [1]
	• 밭농사
	   – [2] (소를 이용한 깊이갈이) 일반화
	   – [3] 발달
	     ex) [4] (동물의 똥오줌을 퇴비로 이용), [5] (콩 등을 갈아엎어 비료로 사용)
	     → 휴경지 감소, but 여전히 [6] (2년 1작) · 재역전(3년 1작 : 1년 농사, 2년 휴경)이 많음
	   – 2년 3작(조, 보리, 콩)의 [7] (돌려짓기) 도입(고려 말~조선 전기 일반화)
		• 논농사
		   – 남부 지방 일부 이앙법 등장(→ [8] 에 일반화)
		   – 『농상집요』 : 충정왕 때 이암이 원의 화북 지방 농법 소개
		• 밭농사 : 2년 3작 [9] 확대
		• 목화 전래 : 공민왕 때 [10] 이 원나라로부터 들여옴,
		     정천익(문익점 장인)이 재배 성공

상업	• 도시 중심 발달
	   – [11] (개경, 관청과 귀족이 주로 이용), [12] (상행위 감독), [13] (물가 조절)
	   – 관영 상점 : 서적점, 약점, 주점, 다(茶)점(in 개경 · 서경 · 동경 등 대도시)
	• 지방 : 관아 근처, 비정기적 시장, 행상의 활동, 사원의 상행위 활발
	• 화폐 발행 : [14] (996, 성종, 우리나라 최초의 철전)
	   → [15] 설치(1097, 숙종, [16] 의 건의로 화폐 주조 기관 설치)
	   → 삼한통보 · 해동통보 · 삼한중보 · 동국통보 등 제작
	   → 고액 화폐인 [17] 제작(= 은병, 우리나라 지형을 본떠 은 1근으로 제작)
		• 도시 : 시전 규모 확대 및 전문화
		• 지방 : 조운로 교역 → 육상 교역 활발[[18] (국립 여관) 발달]
		• 화폐 발행
		   – 원 간섭기 : [19] · 중통보초(원 화폐), 쇄은(충렬왕), 소은병(충혜왕)
		   – 고려 말 : [20] ([21] , 우리나라 최초의 지폐) 발행 → 유통 X, 고려 멸망으로 회수

상업	• 화폐 유통 : [22] 을 화폐로 지급, [23] 등에서 화폐 유통 시도 → but 자급자족 경제 구조, 귀족의 반발로 실패(곡식, 삼베 등이 화폐 기능) • 고리대 성행 : [24] 의 출현(기금을 만들어 이자로 경비 충당) → 고리대로 변질	

학보	태조	서경의 장학 재단
광학보	정종	승려의 면학을 위해 만든 재단
경보		불경 간행 재단
제위보	광종	빈민 구제(구호 및 의료)
팔관보	문종	팔관회 경비

| 수공업 | • 관청 수공업(기술자를 공장안에 올려 물품 생산)
• [25] 수공업(광산물 · 옷감 · 종이 등을 생산, 납부) | • [26] 수공업(농촌 가내 수공업 중심)
• [27] 수공업(승려들이 제지 · 직포 활동, 기와 · 소금 · 술 생산) → 불교 타락
  cf) 장생고(사원 운영 금융 기구), 장생표(사원 운영 토지의 영역 표지물) |

정답 1 직파법 2 심경법 3 시비법 4 퇴비법 5 녹비법 6 일역전 7 윤작법 8 조선 후기 9 확대 10 문익점 11 시전 12 경시서 13 상평창 14 건원중보 15 주전도감 16 의천 17 활구 18 원 19 지원보초 20 저화 21 공양왕 22 녹봉 23 관영 상점 24 보 25 소 26 민간 27 사원

2. 대외 무역과 경제 활동

<table>
<tr>
<td rowspan="8">대외 무역</td>
<td colspan="2">
• 특징 : ⎯⎯ ¹ 중심, ⎯⎯ ²가 국제 무역항으로 번성
• 고려 전기
</td>
</tr>
<tr>
<td colspan="1" align="center">**대송 무역 중심 (조공 무역)**</td>
<td align="center">**대일 무역**</td>
</tr>
<tr>
<td>
• 수출품 : 금 · 은 · 나전 칠기 · 인삼 · 먹
• 수입품 : 비단 · 약재 · 서적 · 자기
• 무역로 : 북송 – ⎯⎯ ³(⎯⎯ ⁴ → 덩저우)
           남송 – ⎯⎯ ⁵(⎯⎯ ⁶ → 양쯔강의 ⎯⎯ ⁷)
</td>
<td>
• 11C 후반부터 내왕, 정식 국교 X, ⎯⎯ ⁸(김해) 중심
• 수출품 : 곡식, 인삼, 서적
• 수입품 : ⎯⎯ ⁹, ⎯⎯ ¹⁰
</td>
</tr>
<tr>
<td align="center">**거란 · 여진**</td>
<td align="center">¹⁵ 상인 (대식국인)</td>
</tr>
<tr>
<td>
• 수출품 : ⎯⎯ ¹¹, ⎯⎯ ¹²
• 수입품 : 은, 모피, 말
  ＊거란과의 불교 교류(수입 : 거란의 대장경 → ⎯⎯ ¹³의 '교장'에 포함
               수출 : 원효, ⎯⎯ ¹⁴)
</td>
<td>
• 고려(Corea)의 이름이 서방 세계에 알려짐
• 수출품 : 금, 비단
• 수입품 : 수은, ⎯⎯ ¹⁶, 산호
• 무역항 : ⎯⎯ ¹⁷ (국제 무역항, 예성강 하구)
</td>
</tr>
<tr>
<td colspan="2">• 원 간섭기 : 공 · 사무역 활발, 금 · 은 · 소 · 말 등이 지나치게 유출되어 사회 문제화</td>
</tr>
</table>

<table>
<tr>
<td rowspan="2">경제 활동</td>
<td>**귀족**</td>
<td>
음서 · ⎯⎯ ¹⁸ 혜택, 과전(1/10), ⎯⎯ ¹⁹(1년에 2번, 녹패 제시하면 곡식 · 비단 지급),
                  문종 때 정비(1076)
⎯⎯ ²⁰ (외거 노비에게 매년 베 · 곡식 납부 받음), 별장 소유, 권문세족(대농장, ⎯⎯ ²¹)
                                        황무지 개간권
</td>
</tr>
<tr>
<td>**농민**</td>
<td>
• 민전 경작, 국공유지나 다른 사람의 소유지 경작
• 중농 정책
  – 진전(황폐해진 경작지)이나 황무지 개간 시 국가에서 일정 기간 소작료 · 조세 감면
  – 농번기에 잡역 동원 금지, 재면법(재해 시 세금 감면)
  ＊12C 이후 연해안의 저습지와 ⎯⎯ ²² 개간 → 경작지 확대
</td>
</tr>
</table>

▲ 고려 전기의 대외 무역

정답 1 공무역 2 벽란도 3 북로 4 벽란도 5 남로 6 벽란도 7 밍저우 8 금주 9 유황 10 수은 11 농기구 12 식량 13 의천 14 『대승기신론소』 15 아라비아 16 향료 17 벽란도 18 공음전 19 녹봉 20 신공 21 사패전 22 간척지

시대 흐름 잡기

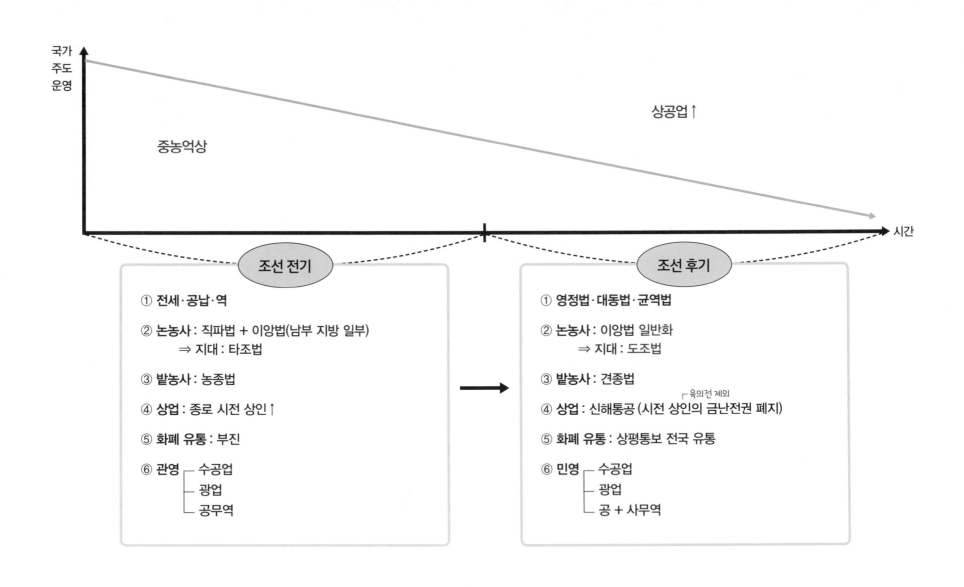

국가 주도 운영

상공업 ↑

중농억상

시간

조선 전기

① 전세·공납·역

② 논농사 : 직파법 + 이앙법(남부 지방 일부)
   ⇒ 지대 : 타조법

③ 밭농사 : 농종법

④ 상업 : 종로 시전 상인 ↑

⑤ 화폐 유통 : 부진

⑥ 관영 ┬ 수공업
       ├ 광업
       └ 공무역

조선 후기

① 영정법·대동법·균역법

② 논농사 : 이앙법 일반화
   ⇒ 지대 : 도조법

③ 밭농사 : 견종법

④ 상업 : 신해통공 (시전 상인의 금난전권 폐지) ┌ 육의전 제외

⑤ 화폐 유통 : 상평통보 전국 유통

⑥ 민영 ┬ 수공업
       ├ 광업
       └ 공 + 사무역

01 조선의 토지 제도와 수취 제도

1. 토지 제도

전주 직접 답험·수조 ──────────────► 국가가 수조권 대행

과전법 (건국 초) → ⁷ (1466, 세조) → **관수 관급제 (1470, 성종)** → **직전법** ¹² (1556, 명종)

과전법 (건국 초)
- 대상 : 18관등 ___¹ 관리
- 지급 : 최고 150결(1과)~최하 10결(18과)
- 범위 : ___² 지역, 전지만 지급
- 원칙 : ___³ X(죽거나 반역 시 반납)
  - * ___⁴, ___⁵ 세습 가능
- 문제 : 경기도의 과전 ___⁶

⁷ (1466, 세조)
- 대상 : ___⁸ 관리
  - (___⁹, ___¹⁰ 폐지)
- 문제 : 수조권자의 과다 징수

관수 관급제 (1470, 성종)
- 목적 : ___¹¹ 남용 근절
- 원칙 : 관청에서 수조권 대행
- 결과
  - (법적) 수조권 지급 제도 존재
  - (실제) 수조권 의미 X
  - 양반의 농장 가속화

직전법 ¹² (1556, 명종)
- 원칙 : ___¹³ 실시(현물 녹봉)
- 결과
  - 수조권 지급 제도 소멸
  - ___¹⁴ 의 소멸
  - ___¹⁵ 일반화(병작 반수제)
  - (관리의 토지 소유욕 증가 → 소작농 증가)

※ 과전법 세부 내용
- 지급 범위 변화 : 태종 때 과전의 1/3을 하삼도(충청, 전라, 경상도)로 지급 범위 확대 → 세종 때 경기도로 환원
- 기타 지급 토지
  - 군전 : 경기도를 제외한 타 도의 토지에서 지급(지방 유력자인 한량관 등에게 5~10결 분급)
  - 공신전, 별사전 : 국가 유공자(준공신)에게 지급   * 고려 시대에는 승려에게 별사전 지급

2. 수취 제도

1) 전세

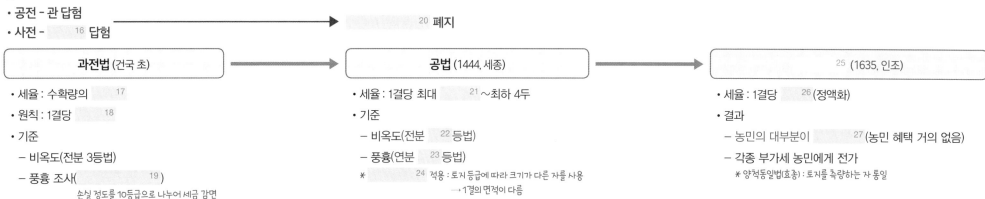

- 공전 – 관 답험 ──────────────► ___²⁰ 폐지
- 사전 – ___¹⁶ 답험

과전법 (건국 초) → **공법 (1444, 세종)** → ²⁵ (1635, 인조)

과전법 (건국 초)
- 세율 : 수확량의 ___¹⁷
- 원칙 : 1결당 ___¹⁸
- 기준
  - 비옥도(전분 3등법)
  - 풍흉 조사(___¹⁹)
    - 손실 정도를 10등급으로 나누어 세금 감면

공법 (1444, 세종)
- 세율 : 1결당 최대 ___²¹~최하 4두
- 기준
  - 비옥도(전분 ___²² 등법)
  - 풍흉(연분 ___²³ 등법)
  - * ___²⁴ 적용 : 토지 등급에 따라 크기가 다른 자를 사용
    → 1결의 면적이 다름

²⁵ (1635, 인조)
- 세율 : 1결당 ___²⁶ (정액화)
- 결과
  - 농민의 대부분이 ___²⁷ (농민 혜택 거의 없음)
  - 각종 부가세 농민에게 전가
    * 양척동일법(효종) : 토지를 측량하는 자 통일

정답 1 전·현직 2 경기 3 세습 4 수신전 5 휼양전 6 부족 7 직전법 8 현직 9 수신전 10 휼양전 11 수조권 12 폐지 13 녹봉제 14 전주 전객제 15 지주 전호제
16 전주 17 1/10 18 30두 19 답험 손실법 20 답험 손실법 21 20두 22 6 23 9 24 수등이척법 25 영정법 26 4두 27 소작농

01 조선의 토지 제도와 수취 제도

2) 공납

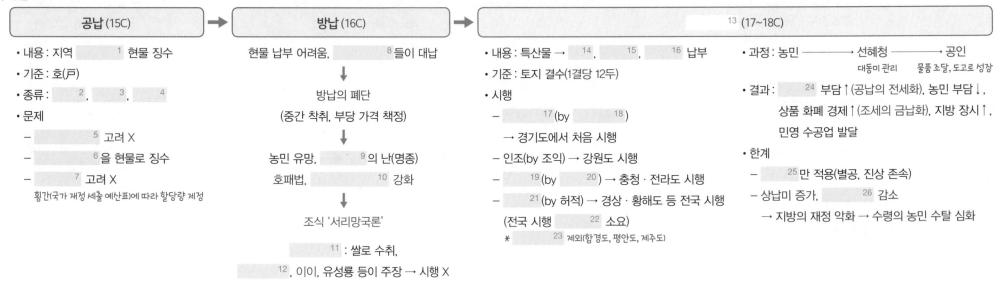

공납 (15C) → **방납 (16C)** → **⬚13 (17~18C)**

공납 (15C)
- 내용 : 지역 ⬚1 현물 징수
- 기준 : 호(戸)
- 종류 : ⬚2, ⬚3, ⬚4
- 문제
  - ⬚5 고려 X
  - ⬚6 을 현물로 징수
  - ⬚7 고려 X
    횡간(국가 재정 세출 예산표)에 따라 할당량 제정

방납 (16C)
- 현물 납부 어려움, ⬚8 들이 대납
  ↓
- 방납의 폐단
  (중간 착취, 부당 가격 책정)
  ↓
- 농민 유망, ⬚9 의 난(명종)
- 호패법, ⬚10 강화
  ↓
- 조식 '서리망국론'
  - ⬚11 : 쌀로 수취,
  - ⬚12, 이이, 유성룡 등이 주장 → 시행 X

⬚13 (17~18C)
- 내용 : 특산물 → ⬚14, ⬚15, ⬚16 납부
- 기준 : 토지 결수(1결당 12두)
- 시행
  - ⬚17 (by ⬚18)
    → 경기도에서 처음 시행
  - 인조(by 조익) → 강원도 시행
  - ⬚19 (by ⬚20) → 충청 · 전라도 시행
  - ⬚21 (by 허적) → 경상 · 황해도 등 전국 시행
    (전국 시행 ⬚22 소요)
  - * ⬚23 제외(함경도, 평안도, 제주도)

- 과정 : 농민 ——→ 선혜청 ——→ 공인
           대동미 관리   물품 조달, 도고로 성장
- 결과 : ⬚24 부담↑(공납의 전세화), 농민 부담↓,
         상품 화폐 경제↑(조세의 금납화), 지방 장시↑,
         민영 수공업 발달
- 한계
  - ⬚25 만 적용(별공, 진상 존속)
  - 상납미 증가, ⬚26 감소
    → 지방의 재정 악화 → 수령의 농민 수탈 심화

3) 역

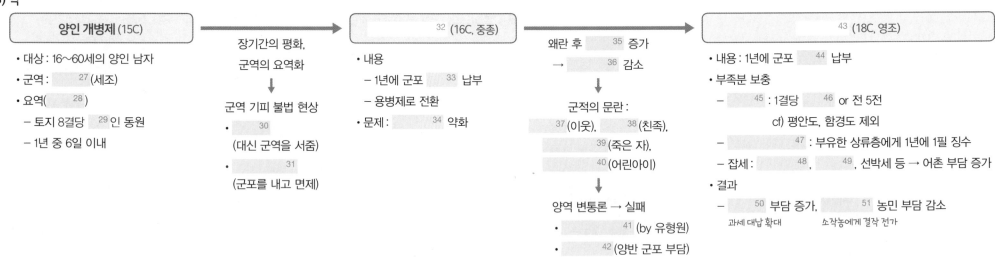

양인 개병제 (15C) → **⬚32 (16C, 중종)** → **⬚43 (18C, 영조)**

양인 개병제 (15C)
- 대상 : 16~60세의 양인 남자
- 군역 : ⬚27 (세조)
- 요역(⬚28)
  - 토지 8결당 ⬚29 인 동원
  - 1년 중 6일 이내

- 장기간의 평화, 군역의 요역화
  ↓
- 군역 기피 불법 현상
  - ⬚30 (대신 군역을 서줌)
  - ⬚31 (군포를 내고 면제)

⬚32 (16C, 중종)
- 내용
  - 1년에 군포 ⬚33 납부
  - 용병제로 전환
- 문제 : ⬚34 약화

- 왜란 후 ⬚35 증가
  → ⬚36 감소
  ↓
- 군적의 문란 :
  - ⬚37 (이웃), ⬚38 (친족),
  - ⬚39 (죽은 자),
  - ⬚40 (어린아이)
  ↓
- 양역 변통론 → 실패
  - ⬚41 (by 유형원)
  - ⬚42 (양반 군포 부담)

⬚43 (18C, 영조)
- 내용 : 1년에 군포 ⬚44 납부
- 부족분 보충
  - ⬚45 : 1결당 ⬚46 or 전 5전
    cf) 평안도, 함경도 제외
  - ⬚47 : 부유한 상류층에게 1년에 1필 징수
  - 잡세 : ⬚48, ⬚49, 선박세 등 → 어촌 부담 증가
- 결과
  - ⬚50 부담 증가, ⬚51 농민 부담 감소
    과세 대납 확대   소작농에게 결작 전가

정답 1 특산물 2 상공 3 별공 4 진상 5 빈부 격차 6 불산 공물 7 생산량 8 방납업자 9 임꺽정 10 오가작통법 11 수미법 12 조광조 13 대동법 14 쌀 15 삼베 16 동전 17 광해군 18 이원익 19 효종 20 김육 21 숙종 22 100년 23 잉류 지역 24 지주 25 상공 26 유치미 27 보법 28 성종 29 1 30 대립 31 방군수포 32 군적수포제 33 2필 34 국방력 35 양반 36 군역자 37 인징 38 족징 39 백골징포 40 황구첨정 41 농병 일치제 42 호포론 43 균역법 44 1필 45 결작 46 2두 47 선무군관포 48 어장세 49 염세 50 지주 51 일시적

1. 농업

구분	조선 전기	조선 후기
논농사	• 직파법 　cf) 남부 지방 일부 이앙법 • 시비법(거름 : 녹비·퇴비) → 연작상경, 휴경지 ⬚1	• 이앙법 ⬚2 　– 광작 실시 : 이앙법의 보급으로 ⬚3 절감 → 1인당 생산 경작지 규모 확대 　　　　　　　→ ⬚4 성행 → 농민의 계층 분화(⬚5 부농 등장) 　– ⬚6 직접 경영 多 : ⬚7, 머슴 등을 고용해 직접 경영 　– 상품 작물 확대, ⬚8의 상품화(밭을 논으로 바꾸는 현상)가 활발해짐 　– 이모작(벼 – 보리) 가능 　보리 재배　　4月　　5月 보리 수확(타작)　　보리 재배 시작 　├──────┼──────┼──────────────┤ 　1月　　　　　　　　　└ 옮겨 심음　　　벼 수확(타작)　12月 　　　　　볍씨를 모판에 심음 • 농기구 개량 : 쟁기·호미 등 개량, 소를 이용한 쟁기 사용 보편화 → 생산량 증대 • 수리 시설 확충 : 수리답(수리 시설 통해 공급), 천수답(자연 용수 의존) 　　　　　　　　　　※ 천수답 비중이 아직은 더 큼
밭농사	농종법(이랑) 　– 윤작법 ⬚9(확대) : 조, 보리, 콩 돌려짓기(2년 3작) 　– 목화 재배 확대	⬚10(고랑) : 상품 작물 확대 – ⬚11(18세기, 일본)· ⬚12(19세기, 청) 등의 구황 작물 재배 – 고추, 호박 등 새로운 작물 생산 – 인삼, 담배(= 남초, 17세기, 일본)의 재배 확산
지대	타조법 　– 정률 지대(병작 반수제 = 1/2) 　– 지주와 전호 : ⬚13 관계 　– 지주의 영농 간섭 심화	⬚14 – ⬚15 지대(약 1/3 정도) – 지주와 전호 : ⬚16 관계 – 소작인(전호)이 도지권 행사
농법서	• ⬚17(15C, 정초, 세종) : 최초로 우리 현실과 풍토 반영, 삼남 지방 노농의 실제 경험을 　　　　　　　　바탕(씨앗의 저장법, 시비법, 모내기법 등), 한문 간행(한글 X) • ⬚18(15C, 강희맹, 성종) : 경기도 시흥에서 자신의 농사 경험 반영 • ⬚19(16C, 명종) : 흉년 시 구황 방법 소개	• ⬚20(17C, 신속, 효종) : 『농사직설』, 『금양잡록』, 『구황촬요』 등 조선 전기 농서 　　　　　집대성 → 이앙법, 견종법 등 새로운 농법 보급에 기여 • ⬚21(17C, 박세당) : 곡물 외 채소, 과일 재배법 소개 • ⬚22(17C, 홍만선) : 원예 작물, 특용 작물 등을 담은 농촌 생활 백과사전 • ⬚23(19C, 서유구, 헌종) : 농촌 생활 백과사전, 한국과 중국의 서적 900여 권 　　　　　참조, 경영형 부농의 경영 원리 소개

정답　1 소멸　2 일반화　3 노동력　4 광작　5 경영형　6 양반　7 노비　8 쌀　9 일반화　10 견종법　11 고구마　12 감자　13 예속　14 도조법　15 정액　16 계약　17 『농사직설』　18 『금양잡록』　19 『구황촬요』　20 『농가집성』　21 『색경』　22 『산림경제』　23 『임원경제지』

02 조선의 경제 변화 (농업·상업·수공업·광업)

2. 상업

구분		조선 전기	조선 후기
상업		¹ 주도	⁹ 주도
	중앙	시전 상인의 독점 – 국가가 ² 에 시전 설치, 장사 허용 　(→ 17C ³ 부여) – ⁴ (점포세, 상세) 납부, 왕실이나 관청에 물품 공급 – ⁵ (세조 때 평시서) : 불법 상행위 감독, 물가 조절 – ⁶ 번성 : 6가지 물품 독점 　　　　(명주, 종이, 어물, 비단, 무명, 모시)	¹⁰ (¹¹ , 채제공) – 배경 : ¹² (종루, 이현, 칠패) 증가 　　　　 ¹³ 독점 → 물가 상승, 중소상인 피해 – 내용 : 시전의 ¹⁴ 폐지(¹⁵ 제외) – 결과 : 물가 안정, 사상 증가 → 상품 화폐 경제 발달 촉진 　　　　 → 거상의 성장 ＊ ¹⁶ : 관허 상인 → 공인 → ¹⁷ (독점적 도매 상인) 성장　　　　• 사상의 성장 　– ²⁰ 상인(한강) : 선상(운송), 조선업, 중개 무역 　– ²¹ (개성) : 인삼 재배 & 판매, 송방(전국 지점) 　– ²² (의주) : 대청 무역　　 – ²⁴ (평양) 　– ²³ (동래) : 대일 무역 • 포구 상업 성장 ex) 강경포, 원산포 　– 객주, 여각(상품 중개, 숙박, 금융)
	지방	⁷ 발달 : 15C 말 등장 → 16C 중엽 ⁸ 확대	장시 증가 : ¹⁸ 중엽 1,000여 개로 확대(¹⁹ 의 활약) ex) 광주 송파장, 은진 강경장, 덕원 원산장

대외 무역

²⁵ : **명** (조천사 왕래), **여진** (경원, 경성 무역소), **일본** (동래 왜관)　　　　²⁶ + ²⁷ : **청, 일본**

```
중강 개시
경원 개시
회령 개시                              왜관 개시

                 비단, 약재, 문방구          인삼, 쌀, 무명
   청   ←──────────────────→   조선   ←──────────────────→   일본
                 은, 종이, 무명, 인삼          은, 구리, 유황, 후추

                              중계 무역
                               (은)
중강 후시                                                      왜관 후시
책문 후시
```

▲ 조선 후기 개시와 후시

▲ 조선 후기 상업과 무역 활동

(지도 범례: 국내 상인, 국경 무역, 주요 장시, 무역 도시, 해상 교역로, 육상 교역로)

(지도 지명: 경원 개시, 경원, 회령, 회령 개시, 백두산, 책문 후시, 봉황성, 만상, 의주 책천(진두장), 중강 개시·후시, 덕원, 유상(원산장), 평양, 광주(읍내장), 송상, 토산(비천장), 개성 시전 상인, 한성, 평창, 경강 상인, 광주(대화장), 안성(읍내장), 송파장, 은진(강경장), 전주(읍내장), 대구(약령시), 남원(읍내장), 창원, 마산포장, 동래, 제주도, 내상, 왜관 개시·후시, 울릉도)

화폐 유통

화폐 주조 : ²⁸ (태종), ²⁹ (세종), 팔방통보(세조)
　→ 결과 : 유통 ³⁰ (거래할 때 쌀, 무명 사용)

• ³¹ 전국 유통 → ³² 상평청에서 주조
　　　　　　→ ³³ , 여러 기관에서 주조(훈련도감, 호조, 상평청 등), 상평통보를 ³⁴ 로 채택
　　　　　　cf) 대규모 거래 시 ³⁵ 등장(환, 어음)
• ³⁶ 발생(영조, 정조) → 화폐 부족 현상 발생(원인 : 화폐를 재산 축적용, 고리대 등에 이용)
　　　　→ 영향 : 물가 하락(화폐 매매를 위해 농산물을 헐값에 매각)
　　　　→ 해결책 : ³⁷ (이익) VS ³⁸ (박지원)

정답 1 관 2 종로 3 금난전권 4 세금 5 경시서 6 육의전 7 장시 8 전국 9 민간 10 신해통공 11 정조 12 난전 13 시전 14 금난전권 15 육의전 16 공인 17 도고 18 18C 19 보부상 20 경강 21 송상 22 만상 23 내상 24 유상 25 공무역 26 공무역 27 사무역 28 저화 29 조선통보 30 부진 31 상평통보 32 인조 33 숙종 34 법화 35 신용 화폐 36 전황 37 폐전론 38 용전론

3. 수공업

관영 수공업 : 공장안에 등록하여 제품 생산		민영 수공업 : 장인세(포)를 납부하면 자유롭게 수공업 생산 가능	
15C	**16C**	**⁵ 수공업 (17C 중·후반)**	**⁷ 수공업 (18C 후반)**
장인을 ___¹ 에 등록 → 필요한 물품 생산 → 관청에서 사용 ＊ 책임량 ___² 상품은 세금을 내고 판매하여 생계 유지	___³ 등록 기피 (시장에서 파는 것이 더 큰 이익) ↓ ___⁴ 해이 (토지를 떠나는 백성 증가)	• 수공업자가 상업 자본에 예속화 • 상인이 미리 자금, 원료를 수공업자에게 대여 ＊ 장인 등록제 폐지(___⁶)	• 상인 자본에서 수공업자 독립 • 수공업자가 직접 상품을 생산하고 판매하는 등 민간 수공업자의 작업장 확산 ex) ___⁸ (철제 수공업), ___⁹ (사기 수공업)

4. 광업

___¹⁰ 광업 : 국가가 독점 운영		민영 광업 : 국가가 세금을 징수하고 채굴 허용		
15C	**16C**	**설점수세제 (17C, 효종)**	**¹³ 수세제 (18C, 영조)**	**광산 경영 ¹⁵ · ¹⁶**
___¹¹ 을 통해 국가가 독점 채굴, 사채(민간인 채굴) 금지	청과의 무역에서 은(교역 수단)의 수요 증가 ↓ 국가에서 광산 채굴 어려워 은광 개발 활기	• 세금(설점수세)을 납부하면 채굴 허용 • 호조의 ___¹² 이 세금 징수	• 수령에게 세금 납부, 채굴 신고 • ___¹⁴ (몰래 채굴) 증가	___¹⁷ (전문 경영자)가 ___¹⁸ (자본가)의 자본을 바탕으로 ___¹⁹ (전문 채굴업자)를 고용하여 광산 채굴

정답 1 공장안 2 초과 3 공장안 4 부역제 5 선대제 6 정조 7 독립 8 철점 9 사기점 10 관영 11 부역 12 별장 13 수령 14 잠채 15 전문화 16 분업화 17 덕대 18 물주 19 혈주

문화사

I. 고대 ---- II. 고려 ---- III. 조선

시대 흐름 잡기

고구려	백제	신라

| 강인함 | 진취적 | 견인차 | 온화함 | 섬세함 | 절제미 | 화려함 | 조화미 | 안정감 |

구분		고구려	백제	신라	
불교 공인		소수림왕(372, 전진)	침류왕(384, 동진)	눌지 마립간(수용) → 법흥왕(527)	
대표 승려		승랑, 보덕	겸익	**통일 이전**	**통일 이후**
				원광, 자장	원효, 의상
문화 전파		담징	아직기, 왕인	조선술·축제술 전파	불교 및 유교 문화 전파
불상		연가 7년명 금동 여래 입상	서산 마애 삼존불	미륵보살 반가 사유상	석굴암 본존불
탑		현존 X	정림사지 5층 석탑, 익산 미륵사지 석탑	황룡사 9층 목탑, 분황사 모전 석탑	감은사지 3층 석탑, 쌍봉사 철감선사 승탑
고분	초기	돌무지무덤	돌무지무덤	돌무지덧널무덤	굴식 돌방무덤
	후기	굴식 돌방무덤	굴식 돌방무덤, 벽돌무덤		
교육 기관		태학, 경당	박사 파견	국학(신문왕)	
역사서		이문진, 『신집』 5권(영양왕)	고흥, 『서기』(근초고왕)	거칠부, 『국사』(진흥왕)	김대문, 최치원

01 고대의 불교와 도교·풍수지리설

綱(강) 큰 개념을 그리다

불교 개념			

	종파	창시자 (중심 사찰)	특징
교종	열반종	보덕(전주 경복사)	점진적 · ___1___ : 귀족, 경전 중시, 전체, 관념, ___2___
	계율종	자장(양산 통도사)	
	법성종	원효(경주 분황사)	
	화엄종	의상(영주 부석사)	
	법상종	진표(김제 금산사)	
선종	• ___3___ (도의, 최초) • 실상산파(홍척) • 성주산파(무염) • 사굴산파(범일) • 사자산파(도윤) • 희양산파(도헌) • 동리산파(혜철) • 봉림산파(현욱) • ___4___ (이엄, 마지막)		급진적 · ___5___ : ___6___, ___7___, 참선, 개체, 실천, ___8___ (부도), ___9___, 견성오도, 즉시성불

目(목) 세부 개념을 정리하다

1) 삼국의 불교 수용

• 특징 : 초부족적 사상 통일(중앙 집권화, 왕권 강화, 호국 불교)
• 전래

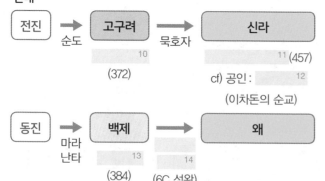

전진 → 고구려(순도) → 신라(묵호자)
고구려 ___10___ (372)
신라 ___11___ (457)
cf) 공인 : ___12___ (이차돈의 순교)

동진 → 백제(마라난타) → 왜
백제 ___13___ (384)
왜 ___14___ (6C 성왕)

2) 삼국의 불교 발전

구분		고구려	백제	신라 상대
종파 및 특징		• ___15___ : 『중론』, 『십이문론』, 『백론』 의 세 가지 경전 근거 • ___16___ : 고구려 말 흥기, 일체 중생 은 모두 불성 존재	___19___ : 계율 중시	• 왕실 불교 : 불교식 왕명 사용(___22___ ~ ___23___) 　　　진흥왕-전륜성왕, 진평왕-진종설 • 업설 : 왕, 귀족의 권력 정당화 • ___24___ : 불국토 건설, 화랑의 정신적 기반 • 호국 불교 : 『인왕경』, 백좌강회, 왕즉불, 　(신)황룡사 9층 목탑, (통)문무왕릉
승려		• ___17___ (中)삼론종의 종주 • ___18___ : 연개소문에 반발 → (백)에 열반종 전파	• ___20___ : (계)율종의 시조 • ___21___ (성왕) : (日)에 불교 전파	• ___25___ : (국통) – 주통 – 군통 • ___26___ : 걸사표 작성(진평왕), 세속오계 • ___27___ : 황룡사 9층 목탑 건립 건의(선덕여왕)

정답 1 보수적 2 조형 미술 3 가지산파 4 수미산파 5 개혁적 6 서민 7 호족 8 승탑 9 불립문자 10 소수림왕 11 눌지 마립간 12 법흥왕 13 침류왕 14 노리사치계 15 삼론종 16 열반종 17 승랑 18 보덕 19 (계)율종 20 겸익 21 노리사치계 22 진흥 23 진덕 24 미륵불 25 혜량 26 원광 27 자장

3) 남북국 시대의 불교 발전

구분		신라 중대	신라 하대	발해
종파 및 특징		• 왕실 · 귀족 불교 → [1] • 정토종, 화엄종, 관음 신앙 • 교종 : [2] 성립	• 선종 : [7] 선문 성립 → 왕실 · 귀족 권위 부정 → 호족 수용 • [8] 유행 : 현세구복 → 질병 치료, 출산 기원	• 고구려 불교 계승 • 관음 신앙, 법화 신앙 • 왕실 귀족 중심 ㅡ 문왕, [9] 자처 　　ㄴ 불교의 이상적인 군주 ㅡ 정혜 · 정효공주 묘지명에 '금륜성법대왕'(문왕) 기록
승려		• [3], [4] • [5] : 유식학, 당 유학 　(현장의 제자) • 김교각 : 성덕왕 子, 당에 화엄경 설파, 지장 보살의 화신으로 평가 • [6] : 『왕오천축국전』 　(인도 기행문) → 中 발견, 仏 파리 보관	도의 : 선종 유행	ㅡ

[원효와 의상]

원효	의상
• 무열왕, [10] 때 주로 활약 • [11] 출신, 당 유학 X(해골물 일화) 　cf) 子 [12] (「화왕계」, 신문왕) • 파계승, '소성거사' 자처 • 무애가(불교 대중화에 기여) • [13] 신앙 : 누구나 '[14]'만 외치면 극락정토에 갈 수 있음 • 종파 : [15] 개창(문무왕) • 저서 : 『대승기신론소』, 『금강삼매경론』, 『화엄경소』, [16] • 사상 : [17] (一心) 사상(→ [18] 사상) 　ㅡ 모든 것은 한마음에서 나온다 　→ 불교 종파 간의 조화, 분파 의식 극복, 이문일심론(중관, 유식 논쟁 모두 비판)	• [19], 신문왕 때 주로 활약 • [20] 출신, 당 유학 → 지엄의 문하생 • 문무왕의 [21] 반대 • 종파 : [22] (영주 부석사), 제자 양성 • 저서 : [23] • 사상 　ㅡ 원융 : [24] (一卽多 多卽一) 　ㅡ 하나가 곧 만물, 만물이 곧 하나 　→ 왕권 강화(업설, 왕즉불과 연관됨) • [25] 신앙 　: 원효의 [26] 신앙 수용 　→ 나무아미타불 관세음보살 　(인간의 현실적인 고뇌를 해결해 주는 관세음보살을 신봉)

4) 고대의 도교와 풍수지리설

구분	고구려	백제	신라	통일 신라	발해
도교	• [27] : 도교 장려 → 불교 탄압(대응 : 보덕, 열반종) • [28] (도교의 방위신) • 을지문덕의 [29] (『도덕경』 내용)	• 무령왕릉 지석 : 매지권, 토지신 제사 • [30] 비문 : 늙어감을 한탄, 불교 귀의 • [31] 벽돌 • [32] (부여 능산리) : 신선 세계 형상화	화랑도 : 국선도, 풍류도, 풍월도 등 도교적 명칭으로 지칭	• 최치원 : 4산 비문, 난랑비 서문 (유+불+도교) • 무덤 주위에 12지 신상(도교 방위신) 조각	[33] 공주, [34] 공주 묘지명 ㅡ 무산, 영기, 신선, 곤륜 등의 도교 요소 반영
풍수 지리설		ㅡ		신라 하대 유입 : 선종 승려 [35] 에 의해 唐에서 전래 ㅡ 도읍 · 주택 · 묘지 등을 선정하는 인문지리적 학설 ㅡ [36] 신앙과 결부(비보 사찰 건립) ㅡ 지방 호족들이 신봉	ㅡ

정답 1 대중화 2 5교 3 원효 4 의상 5 원측 6 혜초 7 9산 8 밀교 9 전륜성왕 10 문무왕 11 6두품 12 설총 13 아미타 14 나무아미타불 15 법성종 16 『십문화쟁론』 17 일심 18 화쟁 19 문무왕 20 진골 21 도성 축성 22 화엄종 23 『화엄일승법계도』 24 일즉다 다즉일 25 관음 26 아미타 27 연개소문 28 사신도 29 오언시 30 사택지적 31 산수무늬 32 금동 대향로 33 정혜 34 정효 35 도선 36 도참

02 고대의 고분과 문화유산

綱 (강) 큰 개념을 그리다

고분 개념	돌무지무덤	돌무지덧널무덤	굴식 돌방무덤		탑의 기본 구조	승탑

目 (목) 세부 개념을 정리하다

- 1971년 배수로 공사 중 우연히 발견됨
- 무령왕릉 + 왕비 합장릉 : 왕과 왕비의 장신구 출토 → 백제 미술의 귀족적 특성을 보여줌
- 금제 관식과 ___9 (돌짐승) 및 ___10 (양의 화폐) 출토
- 무덤 지석 : 묘지터 매입 기록(매지권, ___11 영향), 영동대장군 백제 ___12 (⊕ 양나라로부터 받은 작호)
  → 무령왕릉의 무덤 증거
- 관 : ___13 금송

1) 고대의 고분

고구려		백제			신라 상대	신라 중대·하대		발해	
초기		**한성 시대**			• ___15 무덤	**통일 직전**		22 공주 묘 (문왕 둘째 딸) ⊕ 돈화현 육정산 고분군	26 공주 묘 (문왕 넷째 딸) ⊕ 화룡현 용두산 고분군
___1 무덤(벽화 X) – 만주 집안 일대 ex) 장군총		계단식 ___4 무덤 ex) 석촌동 고분 (백제 건국 세력 = 고구려 계통)			ex) ___16 (천마도), ___17 (호우명 그릇), 황남대총 (금관 출토)	___18 무덤	어숙묘 – 벽화 O		
후기		**웅진 시대**				**통일 이후**		고구려 영향	27 +고구려 영향
___2 무덤(벽화 O) – 만주 집안, 평안도 용강, 황해도 안악		___5 무덤	공주 송산리 1호~5호분				벽화 X, 둘레돌+12지 신상	___23 무덤	___28 무덤
초기 : 생활 표현 → 후기 : 추상화(___3)			송산리 6호분	벽화 O (사신도)	• 특징 : 신라 고유 양식, 벽화 X, 껴묻거리 多	___19 무덤 (→ 조선까지)	ex) ___20 묘, 성덕왕릉, 원성왕릉(괘릉), 흥덕왕릉 등	___24 천장 구조, 돌사자상 출토	평행 고임 천장 구조 (고구려 영향)
안악 3호분	대행렬도	___6 무덤							
덕흥리 고분	견우직녀도		송산리 7호분 (___7)	벽화 8				벽화 25	벽화 29
각저총	씨름도								
무용총	수렵도, 무용도	**사비 시대**							
강서 대묘	사신도(수호신)	___14 무덤	부여 능산리 1호분(벽화 O)			___21 유행	불교 영향 ex) 문무왕릉	묘지석 발견(4·6 변려체)	
쌍영총	기사도, 풍속도								

정답 1 돌무지 2 굴식 돌방 3 사신도 4 돌무지 5 굴식 돌방 6 벽돌 7 무령왕릉 8 X 9 석수 10 오수전 11 도교 12 사마왕 13 일본산 14 굴식 돌방 15 돌무지덧널 16 천마총 17 호우총 18 굴식 돌방 19 굴식 돌방 20 김유신 21 화장 22 정혜 23 굴식 돌방 24 모줄임 25 X 26 정효 27 당 28 벽돌 29 O

02 고대의 고분과 문화유산

2) 고대의 문화유산

구분		고구려	백제	신라 상대	문화 전파	신라 중대	신라 하대	발해
문화유산	불상	▲ 연가 [1] 금동 여래 입상(539, 안원왕)	▲ [2] 삼존불	▲ [3] 석불 입상	미륵보살 반가 사유상 → 日 전파	▲ [7] 본존불	철조 석가여래 좌상 (= 비로자나불상)	▲ [8] – 고구려 양식 계승
	탑	현존 X([9])	▲ [10] 5층 석탑 – 부여, [11] 평제탑	• [16] 9층 목탑 – 선덕여왕, 자장의 건립 건의 – 백제 아비지의 도움으로 건립 – 몽골의 침입으로 소실	[4] 공통 – 금동 미륵 보살 반가 사유상	양식 : 이중 기단 + 3층 석탑 ▲ [20] 3층 석탑	변화 : 기단, 탑신 → 불상 부조 ▲ [22] 3층 석탑	▲ [23] (길림성) – 당 영향, 누각식 전탑
			▲ [12] 석탑 – 현존 우리나라 [13] (最古) [14] 양식 + [15]	▲ [17] 모전 석탑 – 선덕여왕, [18] 모방 – 석재(화강암)를 벽돌 모양으로 다듬어 쌓음 – 신라 [19] (最古) 석탑	日 [5] 미륵보살 반가 사유상 日 [6] 백제 관음상	▲ 화엄사 4사자 3층 석탑 ▲ [21] 3층 석탑 (『무구정광대다라니경』)	승탑 유행 : 선종 영향 → 승탑 多(팔각 원당형, 탑비) ▲ [24] 철감선사 승탑 – 계승 : 고려, 여주 고달사지 승탑	석등 ▲ 발해 석등 ▲ 통일 신라, 법주사 쌍사자 석등
	사찰	–	• [25] (익산, 무왕) • 왕흥사(부여, 무왕) • 부여 [26] 절터 (창왕명 석조사리감, 위덕왕)	황룡사(진흥왕)	–	불국사, 석굴암 (경덕왕, 김대성)	–	–

정답 1 7년명 2 서산 마애 3 경주 배리 4 삼국 5 고류사 6 호류사 7 석굴암 8 이불 병좌상 9 목탑 10 정림사지 11 소정방 12 익산 미륵사지 13 최고 14 목탑
15 석탑 16 황룡사 17 분황사 18 전탑 19 최고 20 감은사지 21 불국사 22 양양 진전사지 23 영광탑 24 쌍봉사 25 미륵사 26 능산리

구분	고구려	백제	신라			발해
			상대	중대	하대	
교육·유학	• 수도(국립) : ___1___ (소수림왕) – 귀족 자제 대상, 유교 경전 + 역사서 • 지방(사립) : ___2___ (장수왕, 평양 천도 이후) – 평민 자제 대상, 한학 + 무술 교육	• ___4___ 제도 – 유교 경전(오경 박사), – 기술학(역박사 · 의박사) • ___5___ 비문(의자왕) – 4 · 6 변려체, 구양순체 기록	• 유교 학습 : ___7___ • 교육 기관 : 화랑도 • 위두의 국서 : ___8___, 전진의 왕(부견)에게 특산물 보냄 → 신라 최초의 중국과의 교역 기록	___10___ (by 신문왕) → 태학감(경덕왕) ※예부 소속 교육 기관, 관등이 없는 자~12관등인 대사까지 입학 가능 (15~30세), 귀족 자제 대상으로 교육	___16___ – 내용 : 독서 성적 → 3등급으로 분류 – 목표 : 관리 임용, 졸업 시험 – 한계 : 골품제(진골의 반대)	• ___23___ (by 문왕) : 왕족 · 귀족 대상으로 유교 교육 • 유교식 6부 명칭 (충 · 인 · 의 · 지 · 예 · 신)
역사서	『유기』 100권 → 간추린 ___3___ 5권 (영양왕, 이문진)	고흥, ___6___ (근초고왕)	거칠부, ___9___ (진흥왕)	**대표 인물**		–
				〈 ___11___ 〉 ___12___, 『한산기』, ___13___ 『고승전』	〈최치원〉 ___17___, 『계원필경』	
6두품의 활약	–	–	–	〈 ___14___ 〉 외교 문서 작성에 능함, 문장가, 「답설인귀서」, 「청방인문표」, 불교 비판(세외교) 〈 ___15___ 〉 신문왕에게 「화왕계」 바침, 이두 정리(한문 교육 보급)	〈최치원〉 도당 유학생, 빈공과 급제, 「토황소격문」, 해인사 묘길 상탑기, 개혁안 10여 조 건의(___18___), ___19___ (쌍계사 진감 선사비, 성주사 낭혜 화상비, 숭복사비, 봉암사 지증 대사비) ※ 신라 3최(최치원, 최승우, 최언위) : ___20___ 합격 – 최승우 : ___21___ 의 책사 – 최언위 : 고려 지지, ___22___ 의 책사	–

정답 1 태학 2 경당 3 『신집』 4 박사 5 사택지적 6 『서기』 7 임신서기석 8 내물 마립간 9 『국사』 10 국학 11 김대문 12 『계림잡전』 13 『화랑세기』 14 강수 15 설총 16 독서삼품과 17 『제왕연대력』 18 진성여왕 19 4산 비문 20 빈공과 21 견훤 22 왕건 23 주자감

1. 고대 문화의 일본 전파

고구려	백제	신라	통일 신라
6C 야마토 정권 성립, 7C 나라 지방의 ___¹ 문화 형성에 영향			7C 후반 ___¹⁰ 문화에 영향
• 7C 　– ___² : 종이·먹 제조법, 맷돌 사용법, 유교 등 전파, 호류사(법륭사) 금당 벽화 제작(영양왕) 　– ___³ : 쇼토쿠 태자의 스승(영양왕) 　– ___⁴ : 삼론종 개조(영류왕) 　– ___⁵ : 삼론종 전파 • 강서 수산리 고분 벽화, 무용총 벽화 　→ 🇯🇵 다카마쓰 고분 벽화에 영향	• 4C 근초고왕 　– ___⁶ (한자, 도도 태자의 스승) 　– ___⁷ (천자문, 논어) • 6C 　– 무령왕 : 단양이, 고안무(유교 경전) 　– 성왕 : ___⁸ 　　(🇯🇵에 최초로 불상, 불경 전달) 　– 위덕왕 : 子 아좌 태자(쇼토쿠 태자의 스승, 그림 전수 – 초상화) • 7C 무왕 : 관륵(천문, 역법, 지리, 방술)	• 조선술 • 축제술 **가야** 가야 철기 문화 → 🇯🇵 ___⁹ 토기에 영향 (4~7C 야마토 정권)	• 원효, 강수, 설총 　→ 불교 및 유교 문화 전파 • ___¹¹ (의상의 제자) 　: 의상의 화엄 사상 전파

▲ 삼국 문화의 일본 전파

2. 고대의 과학 기술·예술

구분	고구려	백제	신라	통일 신라
천문학	• 천문도 → 조선 태조, ___¹² 에 영향 • 고분 벽화의 별자리 그림	–	___¹⁴ – 선덕여왕, 동양 최고(最古) 천문대	• 누각전(물시계 관측 담당) 설치(성덕왕) • 김암(김유신 후손) : 병법, 천문학에 능했음
예술	• 음악 : 왕산악(진의 칠현금을 개량하여 거문고 제작) • 한문학 : 황조가(유리왕)	한문학 : 정읍사	• 그림 : ___¹⁵ , 황룡사 벽의 소나무 그림 • 음악 : 백결 선생의 방아 타령(가난한 아내 위로) ＊ 가야의 ___¹⁶ 에 의해 가야금 전파, 가야의 노래로 '구지가'가 전해짐	• 서예 : 김생(질박하면서도 굳센 신라의 독자적 서체) • 향가 : ___¹⁷ 편찬(888, 진성여왕) 　– 대구 화상 + 각간 위홍 편찬 　– 향가집, 현존 X
건축	___¹³ (평양) – 평지성(안학궁)과 배후산성(대성산성)을 모두 갖춘 쌍성 양식 – 전기 : 안학궁 → 후기(평원왕) : 장안성	궁남지(별궁 연못, 부여) – 우리나라 최고(最古) 궁원지	–	___¹⁸ (= 월지) : 문무왕 때 조성된 인공 연못, 뛰어난 조경술, 14면체 주사위와 목간 발견, 섬 조성(도교)

정답 1 아스카 2 담징 3 혜자 4 혜관 5 도징 6 아직기 7 왕인 8 노리사치계 9 스에키 10 하쿠호 11 심상 12 천상열차분야지도 13 평양성 14 첨성대 15 솔거 16 우륵 17 『삼대목』 18 안압지

고구려	백제	신라

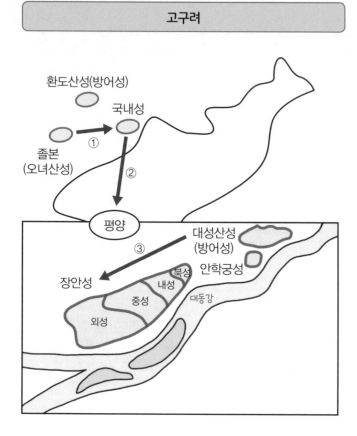

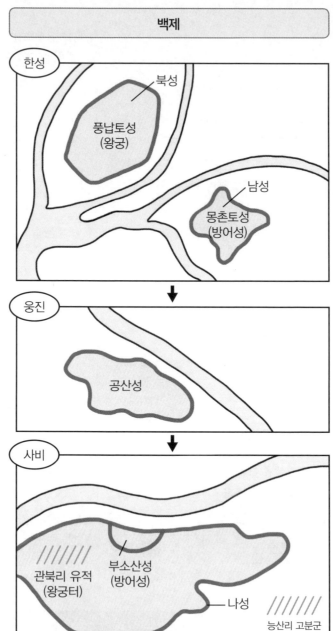

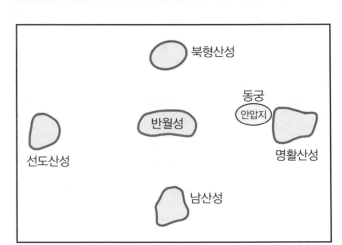

시대 흐름 잡기

| 11C 문벌 귀족기 | → | 12C 무신 집권기 | → | 14C 원 간섭기 |

수신의 도 '불교'   치국의 도 '유교'   불교 문화유산 축적   대장경의 완성   전통 문화 이해   민족적 자주 의식   불교 타락   신진 사대부 성장

구분	11C	12C	14C
불교 정책	왕실과 귀족의 지원	선종 후원	불교 타락
대표 승려	의천(교관겸수, 내외겸전)	지눌(돈오점수, 정혜쌍수)	보우(공민왕, 9산 선문 통합)
유학 교육	국자감(성종) → 사학 발전(최충, 9재 학당)	유학 침체	경사교수도감 설치(충렬왕), 성균관 개편(공민왕)
인쇄술	초조대장경	팔만대장경	『상정고금예문』(현존 X) → 『직지심체요절』
불상	관촉사 석조 미륵보살 입상	부석사 소조 여래 좌상(11C~12C 사이 추정)	금동 관음보살 좌상(라마교 양식 유행)
탑	평창 월정사 8각 9층 석탑	–	개성 경천사지 10층 석탑
자기 공예	순수 청자	상감 청자	분청사기

01 고려의 불교와 도교·풍수지리설

1. 불교

1) 고려 초기 불교 정책(국가 차원의 적극적 지원)

- 태조 : 숭불 정책(사찰 건립 – 법왕사, 왕륜사, 흥국사), ___1___·___2___ 개최 당부(in 훈요 10조)
- 광종 : ___3___ 제도, 국사·왕사 제도 실시(국교적 지위 확립)
- 성종 : ___4___ 정책(유교 정치 사상 확립), 연등회·팔관회 일시 ___5___
- 현종 : 연등회·팔관회 ___6___, 현화사 등 건립

※ 시기별 주요 point
① ___7___ 승려 ② ___8___ ③ ___9___ 사찰 ④ ___10___

2) 고려 불교의 과제 : 교·선 통합의 노력

3) 고려 불교의 전개

호족 연합기	① ___11___ (광종) – 보살의 실천행 강조 – ___12___ 창건(광종) – ___13___ 저술(성속무애)	통합운동	교종 통합(균여)	___14___ (북악 + 남악) + 법상종 → ___15___	② ___19___ : 중국 천태종의 16대 교조 ③ ___20___ : 『천태사교의』 저술
선종과 교종 유행			선종 통합	___16___ 중심(혜거)	
			교·선 통합	교·선 일치 → ___17___ 강조	
			→ 실패 : ___18___ 사후 쇠퇴, 천태학, 법안종 약화	

문벌 귀족 집권기	대각 국사 ___21___ (문종의 넷째 아들, 송 유학) – 왕실과 귀족의 지원 – 『신편제종교장총록』 편찬 – 화폐 사용 주장(숙종 때 주전도감 설치 건의) * 대각국사비 : 김부식이 비문 작성	통합운동	교종 통합	화엄종 중심 통합 시도(___22___)
교종 유행 (화엄종 VS 법상종)			교·선 통합	• 천태종 창시(___23___) • ___24___, ___25___
			→ 불완전 통합 → 의천 사후 쇠퇴, 선종 독립, 화엄종 분열

무신 집권기	① 보조 국사 ___26___ (최충헌 집권기) : 수선사 결사 운동(___27___ = ___28___, 전라남도 순천 중심) : 타락한 불교계 개혁 운동 '승려들이여 산으로! 독경과 선 수행(정혜결사), 노동에 힘쓰재'	통합운동	• 선·교 일치 사상(선종 중심 + 교종) → ___29___ 창시 • ___30___, ___31___, ___32___ 본격 수용 → 최씨 무신 정권의 조계종 후원 : 최우·최항이 송광사에 입사 (송광사 분사 설치 in 강화도)
선종 후원 (1174, 교종 승려들의 난 : 교종 탄압)	② ___33___ (최충헌 집권기) : 천태종 승려, ___34___ 의 정토 신앙 수용 → 지방민들의 호응 : ___35___ 운동(강진 만덕사), 법화 신앙 중시(___36___ + 염불 강조)
	③ ___37___ (최우 집권기) : 지눌의 제자, ___38___ 주장(유교의 뿌리), 심성의 도야 강조(→ 성리학 수용의 사상적 토대 마련), 화두를 정리한 『선문염송집』 저술

정답 1 연등회 2 팔관회 3 승과 4 억불 5 폐지 6 부활 7 대표 8 사상 9 중심 10 후원자 11 균여 12 귀법사 13 『보현십원가』 14 화엄종 15 성상융회 16 법안종 17 천태학 18 광종 19 의통 20 제관 21 의천 22 흥왕사 23 국청사 24 교관겸수 25 내외겸전 26 지눌 27 송광사 28 수선사 29 조계종 30 돈오점수 31 정혜쌍수 32 간화선 33 요세 34 원효 35 백련 결사 36 참회 37 혜심 38 유불 일치설

권문세족 집권기	• 사원 수공업	• 결사 운동 쇠퇴
불교 타락	• 고리대금업 • ___[1] 유입(티베트 불교)	- 수선사 위축(원의 탄압) - 백련사 변질(왕실 원찰과 밀착)

신진 사대부 집권기	• ___[2] (공민왕) : 9산 선문 통합 시도 → 실패
	cf) 공민왕 때 왕사 → 우왕 때 국사로 임명
		• ___[3] (원) 도입
		    - 선종의 일파(→ 조선 시대에 발전)
		    - 참선 운동
		    - 화두를 통한 간화선
			• ___[4] (1398, 정도전)

불교 비판			

2. 도교와 풍수지리설

도교	• 불로장생과 현세구복 추구, 나라의 안녕과 번영 추구 • 도관(예종) : 최초의 도교 사원인 ___[5] (복원관) 건립 • 교단 : 성립 X → 민간 신앙으로 발전 • ___[6] 거행 : 민간과 궁중에서 신과 하늘에 제사 • ___[7] : 불교 + 도교(초제) + 민간 신앙	풍수지리설	• 통일 신라 말기 ___[8] 에 의해 수용 • 도참 신앙과 결부, 『도선비기』(현존 X) • ___[9] 길지설 : 훈요 10조, 북진 정책, 묘청의 난에 영향 • ___[10] 길지설 : 남경 설치(___[11]), 남경개창도감 설치(___[12]) • 공민왕, 우왕 시기 한양 천도 주장 근거

🔗 연계 빈출 사료

지눌

지금의 불교계를 보면 아침저녁으로 행하는 일들이 비록 부처의 법에 의지하였다고 하나 자신을 내세우고 이익을 구하는 데 열중하며 세속의 일에 골몰한다. 도덕을 닦지 않고 옷과 밥만 허비하니 비록 출가하였다고 하나 무슨 덕이 있겠는가. 하루는 같이 공부하는 사람 10여 인과 약속하였다. 마땅히 명예와 이익을 버리고 산림에 은둔하여 같은 모임을 맺자. 항상 선을 익히고 지혜를 고르는 데 힘쓰고, 예불하고 경전을 읽으며 힘들여 일하는 것에 이르기까지 각자 맡은 바 임무에 따라 경영한다. 인연에 따라 성품을 수양하고 평생을 호방하게 고귀한 이들의 드높은 행동을 좇아 따른다면 어찌 통쾌하지 않겠는가.

– 『권수정혜결사문』

요세

그(요세)는 『묘종초』를 설법하기 좋아하여 언변과 지혜가 막힘이 없었고, 대중에게 참회를 닦기를 권하였다. …… 대중의 청을 받아 교화시키고 인연을 맺은 지 30년이며, 결사에 들어온 자들이 3백여 명이 되었다.

– 『동문선』

02 고려의 유학 교육 기관

綱(강) 큰 개념을 그리다

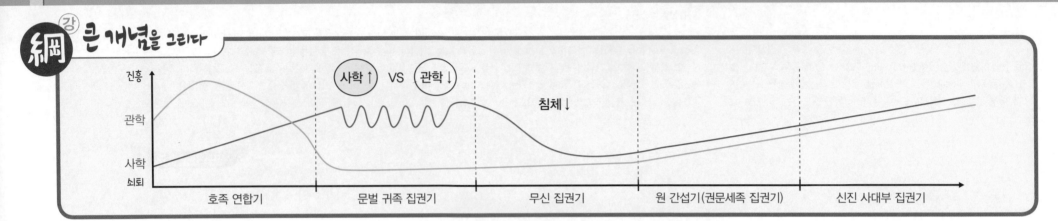

目(목) 세부 개념을 정리하다

호족 연합기
관학 진흥

중앙 : 국자감 (성종)

구분		학과 (내용)	입학 자격
유학부		[1]	문무 [2] 이상 관료 자제
		태학	문무 [3] 이상 관료 자제
		사문학	문무 [4] 이상 관료 자제
기술학부		[5] (법률) [6] (서예) [7] (산수)	문무 [8] 이하 서민 자제

지방

[9] (성종 → 인종)	박사 파견
지방 관리·서민 자제 입학	12목에 경학·의학 박사 파견

문벌 귀족 집권기
사학 발전

최충의 [10] 학당

- [11], 9경과 3사 공부 (유교 경전, 역사)
- 사학 [12] → 관학 위축

↕

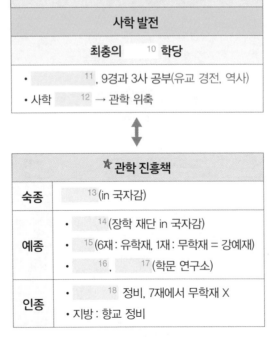

❋ 관학 진흥책	
숙종	[13] (in 국자감)
예종	• [14] (장학 재단 in 국자감) • [15] (6재 : 유학재, 1재 : 무학재 = 강예재) • [16], [17] (학문 연구소)
인종	• [18] 정비, 7재에서 무학재 X • 지방 : 향교 정비

무신 집권기
유학 침체

원 간섭기
관학 진흥책

충렬왕

- [19] 설치 (회헌 안향, 양현고 보충)
- [20] 설치

신진 사대부 집권기
관학 진흥책

공민왕

- [21] 을 순수 유교 교육 기관으로 개편 (기술학부 분리)
- 신진 사대부 육성

❋ **국자감의 명칭 변화**
- 충렬왕 : 국자감 → 국학
- 충선왕 : 국학 → 성균감 → 성균관
- 공민왕 : 성균관 → 국자감 → 성균관

정답 1 국자학 2 3품 3 5품 4 7품 5 율학 6 서학 7 산학 8 8품 9 향교 10 9재 11 문헌공도 12 12도 13 서적포 14 양현고 15 7재 16 청연각 17 보문각 18 경사 6학 19 섬학전 20 경사교수도감 21 성균관

綱 큰 개념을 그리다

과거 | 고려 | 음서 | 과거 | 조선 | 음서

目 세부 개념을 정리하다

1) 과거 제도

① **실시** : ___[1]___ 때 후주에서 귀화한 ___[2]___ 의 건의로 최초 실시(958), 왕권 강화 목적, 식년시(___[3]___)가 원칙이나 실제로는 격년시(2년) 시행

② **응시 자격** : ___[4]___ 이상이면 누구나 응시 가능

③ **종류**

___[5]___ (문관 채용)	• ___[6]___ : 논술 시험으로 문학적 재능과 정책 시험, ___[7]___ 이 명경보다 중시 ⎫ 주로 귀족, 향리의 자제 응시 • ___[8]___ : 유교 5경(『시경』, 『서경』, 『역경』, 『예기』, 『춘추』)의 이해 정도를 평가 ⎭
___[9]___ (기술관 채용)	법률 · 회계 · 지리 등의 시험, 주로 백정 농민이 응시
___[10]___ (법계 부여)	• 교종선 : 화엄경 등을 왕륜사에서 실시 → ___[11]___ • 선종선 : 전등록 등을 광명사에서 시행 → ___[12]___ * ___[13]___ : ___[14]___ 때 실시되었으나, 거의 시행되지 못함

④ **응시 절차**

1단계 : ___[15]___	→	2단계 : ___[16]___	→	3단계 : 예부시 (동당시)	→	복시
• 별칭 : 향시 • 대상 : 상공(개경), 향공(지방), 빈공(외국인)으로 구분		• 별칭 : 사마시, 진사시 • 대상 : 계수관시 합격자, 국자감생, 12공도생 등		• 대상 : 국자감시 합격자, 현직 관리 • 최종 합격자에게 홍패 수여		• 대상 : 예부시 합격자 • 국왕의 주재하에 순위 결정, 주기적 시행 X

⑤ **특징** : 시험관인 지공거(___[17]___)와 합격자(___[18]___) 간에 사제 관계가 형성됨

2) 음서 제도

① **실시** : 공신, 왕족 및 ___[19]___ 이상 고위 관리의 자손이 과거를 거치지 않고 관리가 될 수 있는 제도

② **특징** : ___[20]___ 에 제한이 없어 대부분이 5품 이상 관직에 오를 수 있었음, 과거보다 ___[21]___ 를 중시(고려 관료 체제의 귀족적 특성), 연령은 18세 이상으로 규정, but ___[22]___ 세 미만의 경우도 多

③ **범위** : 공신과 종실의 자손 외 5품 이상 관료의 아들, 손자, ___[23]___, ___[24]___, 조카 등에게도 음서 혜택

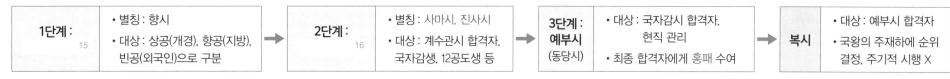

정답 1 광종 2 쌍기 3 3년 4 양인 5 문과 6 제술과 7 제술 8 명경과 9 잡과 10 승과 11 승통 12 대선사 13 무과 14 공양왕 15 계수관시 16 국자감시 17 좌주 18 문생 19 5품 20 승진 21 음서 22 10 23 사위 24 동생

04 고려의 불교 문화유산

 큰 개념을 그리다

| 인쇄술 | 목판 인쇄 → 금속 활자 | 불상 | 거대·개성적 | 탑 | 다각 다층 | 건축 | • 주심포 VS 다포 • 맞배 VS 팔작 |

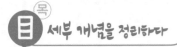 세부 개념을 정리하다

구분	전기	중기	후기
인쇄술	___1___ 인쇄술(송의 영향, 같은 책을 대량 인쇄) cf) 경(교리), 율(교단 윤리), 논(경·율 해석) → 불교 경전 집대성(불교의 깊은 이해) • 목판 인쇄술 – _____2 : 제작 시기 8C 초 추정, 현존 세계 최고(最古) 목판 인쇄본 • 초조대장경(현종~선종) – 제작 : __3 침입기 때 70여 년간 목판에 새김 (in 대구 부인사) – 소실 : __4의 __5 침입 때 소실, 인쇄물 일부 현존	• 교장(속장경 편찬, 선종~숙종) – 제작 : __6 설치(in 흥왕사) → __7, 초조대장경에 누락된 것을 보완한 ____8, __9 + __10 + __11 + __12의 대장경 주석서를 모아 편찬 → ____13(경전 목록집) – __14의 침입 때 소실 • _____15(= 재조대장경, 고종, 최우~최항) – 제작 : 초조대장경, 속장경 소실 → __16(in __17, 화엄종의 승통 수기가 주도), __18(in __19 목 남해현 분사) 설치 – 보관 : 합천 __20 장경판전, 유네스코 세계 기록유산	_____21 인쇄술(12C~13C 초, 여러 책을 소량 인쇄) – 목판 인쇄술 + 청동 주조 기술 발달 + 먹과 종이 발달 • _____22 (1234, 고종, __23 천도기) – 12C 인종 때 최윤의 등이 지은 의례서(현존 X)로, 강화 천도 당시 최우가 보관한 것으로 인쇄 → ____24로 28부 인쇄하였으나 __25 X, 이규보의 _____26에 인쇄 사실 기록 • _____27(1377, __28, __29 흥덕사) – 현존 __30 최고(最古) 금속 활자본 – 현재 __31 국립 도서관에 소재 • 제지술 : 닥나무를 재배, 종이 제조의 전담 관서를 설치하여 우수한 종이를 만듦(중국에 수출, 호평)
불상	 ▲ 광주 춘궁리 __32 (= 하남 하사창동 철조 석가여래 좌상)	 ▲ 관촉사 __33 입상 (거대, 개성적, 지역적 특색)　　 ▲ 용미리 __34 입상	 ▲ __35 소조 아미타여래 좌상 (신라 계승, 균형미)　　 ▲ 금동 관음보살 좌상 (후기 __36의 영향)

구분	전기			후기		

특징 : ¹ 계승 + ², ³, 안정감은 떨어지나 자연스러움, 석탑의 몸체를 받치는 기단의 보편화

석탑

→ ⁷ 양식 영향
- 부여 무량사 5층 석탑
- 익산 왕궁리 5층 석탑

▲ 개성 ⁴ 5층 석탑
(고구려의 영향)

▲ 개성 ⁵ 7층 석탑
(신라의 영향 +
고려 특유의 둥근 양식)

▲ 평창 ⁶
8각 9층 석탑
(송의 영향)

▲ 개성 ⁸ 10층 석탑
(원의 영향, 라마교)
→ 조선 시대, ⁹ 10층 석탑에 영향

▲ ¹⁰ 승탑
(팔각 원당형 계승,
¹¹ 의 양식 계승)

▲ ¹²
지광 국사 현묘탑
(평면 사각형, 조형미)

건축물의 특징

▲ 주심포 양식(고려 전기·후기 유행)
송의 영향, 균형 잡힌 외관, 단아함

▲ ¹³ 양식(고려 후기 유행)
원의 영향, 웅장·화려함

▲ ¹⁴ 지붕
(지붕이 마주보고 있는 형태)

▲ ¹⁵ 지붕
(건물 정면에서 볼 때 팔(八)자로 보이는 형태)

궁궐·사원

전기	후기 : 주심포 양식 + 다포 양식 도입

- 궁궐 건축 : 개성 ¹⁶ 의 궁궐터 경사면에 계단식 배치, 유네스코 세계 문화유산
- 사원 건축 : 현화사, 흥왕사

	특징	구분	주심포 양식	다포 양식	맞배 지붕	팔작 지붕
	현존 우리나라 ¹⁷(最古) 목조 건물	안동 봉정사 극락전			24	25
¹⁸ 기둥	충렬왕(건립 시기 명확), 백제 계통의 양식	예산 수덕사 대웅전	22	23		
	고려 ¹⁹(in 조사당)	영주 부석사 무량수전			26	27
행정 구역 북한	황해도 사리원	성불사 20	28	29	30	31
	함경남도 안변	석왕사 21				

정답 1 신라 2 독창적 3 다각 다층 4 불일사 5 현화사 6 월정사 7 백제 8 경천사지 9 원각사지 10 고달사지 11 통일 신라 12 법천사지 13 다포 14 맞배 15 팔작 16 만월대 17 최고 18 배흘림 19 사천왕상 20 응진전 21 응진전
22 ○ 23 × 24 ○ 25 × 26 ○ 27 ○ 28 × 29 ○ 30 ○ 31 ×

OS 고려의 역사서

綱 큰 개념을 그리다

분류	서술 방식	사서
1	2 중심 : 본기(황제 or 왕) · 세가(제후) · 지(법률 · 풍속) · 연표 · 열전(인물)으로 구성	『삼국사기』(김부식), 『고려사』(조선 전기, 김종서)
3	4 (시간) 중심 : 역사 기록을 연 · 월 · 일순으로 정리	『고려사절요』(조선 전기, 김종서), 『동국통감』(조선 전기, 서거정), 『조선왕조실록』
5	6 중심 : 사건의 배경과 결과 서술	『삼국유사』(일연), 『연려실기술』(조선 후기, 이긍익)
7	8 중심 : 성리학적 가치관에 따라 강(큰 글씨) + 목(작은 글씨)으로 구성	『동사강목』(조선 후기, 안정복)

目 세부 개념을 정리하다

시기	사관	역사서		
호족 연합기	9 계승 의식	10 – 태조~목종(7대)까지의 기록 – 거란의 침입으로 소실 → 현종 때 재편찬	11 – 『7대실록』 + 『공양왕실록』으로 구성 → 임진왜란 때 소실 – 조선 초기 편찬된 『고려사』, 『고려사절요』의 참고 자료로 사용됨	12 – 삼국에 관한 역사서 – 『동명왕편』과 『제왕운기』에 일부 전해짐
문벌 귀족 집권기	13 계승 의식	14 (15 등이 집단 편찬, 인종) – 특징 : 삼국의 역사서, 『구삼국사』를 기본으로 서술, 16 진압 이후 사회 통합 · 정치적 교훈 목적으로 편찬, 현존 우리나라 17 (最古) 역사서, 18 부터 역사 시작(신라 계승 의식) – 사관 : 19 사관 → 20 (怪力亂神)의 신화, 전설 수록 X – 서술 방식 : 사실과 21 구분, 기전체 – 구성 : 22 28권(왕)[고구려 10권, 백제 6권, 23 12권], 열전 10권(영웅, 신라 24 강조), 지 9권(법률, 풍속), 연표 3권		

연계 빈출 사료

신 부식은 아뢰옵니다. 옛날에는 여러 나라들도 각각 사관을 두어 일을 기록하였습니다. …… 해동의 삼국도 지나온 세월이 장구하니, 마땅히 그 사실이 책으로 기록되어야 하므로 마침내 늙은 신에게 명하여 편집하게 하셨사오나, 아는 바가 부족하여 어찌할 바를 모르겠습니다. …… 그러므로 마땅히 재능과 학문과 식견을 겸비한 인재를 찾아 권위 있는 역사서를 완성하여 만대에 전하여 빛내기를 해와 별처럼 하고자 한다."라고 하였습니다.
– 『진삼국사기표』(김부식이 『삼국사기』를 인종에게 바치면서 올린 글)

신라 · 고구려 · 백제가 나라를 세우고 솥발처럼 대립하면서 예를 갖추어 중국과 교통하였으므로, …… 중국의 일만을 자세히 기록하고 외국의 일은 간략히 하여 갖추어 싣지 않았습니다. 또한 그 고기라는 것은 글이 거칠고 졸렬하며 사적이 누락되어 있어서, 임금된 이의 선함과 악함, 신하된 이의 충성과 사특함, 나라의 평안과 위기, …… 등을 모두 드러내어 경계로 삼도록 하지 못하였습니다.
– 『삼국사기』 서문

정답 1 기전체 2 인물 3 편년체 4 연도 5 기사본말체 6 사건 7 강목체 8 사관 9 고구려 10 『7대실록』 11 『고려왕조실록』 12 『구삼국사』 13 신라 14 『삼국사기』 15 김부식 16 묘청의 난 17 최고 18 신라 19 유교적 합리주의 20 괴력난신 21 평가 22 본기 23 신라 24 김유신

05 고려의 역사서

시기	사관	역사서
무신 집권기	민족적 자주 의식을 바탕으로 ____1____를 이해	• ____2____ (____3____, 명종) – 내용 : ____4____ (= 주몽) 찬양, ____5____ 3권에 수록 – 서술 방식 : 영웅 서사시(5언시체) – 사관 : 유교적 합리주의 비판 → 유, 불, 도교의 ____6____ 포용 – ____7____ 계승 의식 • ____8____ (각훈, 고종) – 내용 : 삼국 시대~고려 시대의 승려 기록
원 간섭기 (권문세족 집권기)		• ____9____ (일연, ____10____) – 내용 : ____11____ 를 중심으로 민간 설화(야사) 多, 신라 ____12____ 14수 수록 – 서술 방식 : 기사본말체 – 구성 : ____13____ (연표), ____14____ (단군~후삼국, ____15____ , 설화), ____16____ (불교 전래), ____17____ (사찰, 탑) 등 – 사관 : 우리 ____18____ 와 ____19____ 중시, ____20____ 최초 기록 • ____21____ (____22____, ____23____) – 내용 : 상편(____24____ , 7언시) 　　　　하편(____25____ ~ ____26____ , 7언시 + 5언시) – 사관 : 사대적 + 자주적(____27____ 과 대등하게 서술), ____28____ 계승 의식 확립(단군 신화, 단군 기년 사용), ____29____ 를 우리 역사로 최초 언급 • 『본조편년강목』(민지, 충숙왕) – 고려 왕조의 역사 기록, 최초의 ____30____ , 성리학적 서술의 효시
신진 사대부 집권기	사관 (대의명분, 정통 의식) ____31____	____32____ (____33____, 공민왕) – 유교적 왕도 정치 이념을 반영 – 태조~숙종까지의 치적을 정리

연계 빈출 사료

『구삼국사』를 얻어서 동명왕 본기를 보니, 그 신이한 사적이 세상에서 이야기되고 있던 것보다 더 자세하였다. 그러나 역시 처음에는 그를 믿지 못하였으니 …… 여러 번 음미하면서 탐독하여 근원을 찾아가니, 환(幻)이 아니라 성(聖)이며, 귀(鬼)가 아니고 신(神)이었다. …… 동명왕의 사적은 변화, 신이하여 사람의 눈을 현혹시키는 것이 아니라, 실로 나라를 창시하신 신의 자취인 것이다. 이런 까닭에 시를 지어 기록하여 천하 사람들로 하여금 우리나라의 근본이 성인의 나라임을 알게 하려 할 뿐이다.　　　－『동명왕편』

연계 빈출 사료

대체로 성인은 예악으로써 나라를 일으키고, 인의로써 가르침을 베푸는데 괴이하고 신비한 것은 말하지 않는 것이었다. 그러나 제왕이 장차 일어날 때에는 천명과 비기록을 받게 되므로 반드시 남보다 다른 일이 있었다. 그래야만 능히 큰 변화를 타서 대기를 잡고 큰일을 이룰 수 있는 것이다. …… 삼국의 시조가 모두 신비스러운 데서 탄생하였다는 것이 무엇이 괴이하랴.　　　－『삼국유사』

요동에 또 하나의 천하가 있으니 중국의 왕조와 뚜렷이 구분된다. 큰 파도가 출렁이며 3면을 둘러쌌고, 북으로는 대륙으로 면면히 이어졌다. 가운데 사방 천 리 땅 여기가 조선이니, 강산의 형성은 천하에 이름났도다.　　　－『제왕운기』

신이 이 책을 편수하여 바치는 것은 …… 중국은 반고부터 금국에 이르기까지, 동국은 단군으로부터 본조에 이르기까지 처음 일어나게 된 근원을 간책에서 다 찾아보아 같고 다른 것을 비교하여 요점을 취하고 읊조림에 따라 장을 이루었습니다.　　　－『제왕운기』

정답 1 전통 문화　2 『동명왕편』　3 이규보　4 동명왕　5 『동국이상국집』　6 민간 신앙　7 고구려　8 『해동고승전』　9 『삼국유사』　10 충렬왕　11 불교사　12 향가　13 왕력　14 기이　15 가야사　16 흥법　17 탑상 18 고유 문화　19 전통　20 단군　21 『제왕운기』　22 이승휴　23 충렬왕　24 중국사　25 고조선　26 고려　27 중국　28 고조선　29 발해사　30 강목체　31 성리학적 유교　32 『사략』　33 이제현

06 고려의 과학 기술과 예술

1. 과학 기술

천문	• ___1___ : 천문과 역법 담당 관청 → 서운관(충렬왕)
	• 첨성대(개성) : 일식, 혜성, 흑점 등의 관측 내용 기록
역법	• ___2___ (당, 신라 때부터 사용)
	→ 후기 : ___3___ (원, 충선왕), ___4___ (명, 공민왕)
	→ 조선 : ___5___ (세종)
의학	• 태의감 : 의학 교육, 의과 시행
	• 고려 후기 : ___6___ (1236, 고종, 최우 집권기)
	– 현존 우리나라 최고(最古) 의서, 국산 약재 180여 종 소개
화약 무기	• 최무선 : 중국인에게 화약의 중요한 원료인 염초 제작법을 배워 화약 제조법 연구
	• ___7___ : 최무선을 중심으로 화약, 화포 제작을 맡은 임시 관청
	• 진포(금강 하구) 대첩(1380, 우왕)에서 왜구 격퇴
조선술	• 송과의 무역 활발 → 대형 범선(길이 96척)
	• 대형 ___8___ 제작(조세미 1,000석)
	• 배에 화포 설치 : 왜구 격퇴에 활용, 흔들림이 적게 개선

2. 예술

구분	전기	중기	후기
문학	• 한문학 발달 • 향가 : 균여, 『보현십원가』 11수 (불교 사상 표현) * ___9___ 에 수록된 14수를 포함, 총 25수가 현전함	귀족화 → 당, 송의 문학 숭상	• 무신 집권기 – 패관 문학 : 민간에 구전되는 이야기를 기록, 『역옹패설』(___10___), 『파한집』(___11___) – 가전체 문학(사물을 의인화) : 『국선생전』(___12___), 　　　　　　　　　　　　『국순전』(임춘), 　　　　　　　　　　　　『죽부인전』(___13___) – 시 : 진화의 시(___14___ 와 동시대 활동) 　　"서쪽 송나라는 이미 기울고 북쪽 오랑캐는 아직 잠자고 있네… 　　하늘의 동쪽에서 태양이 떠오르네" • 말기 – ___15___ (향가 계승) : 한림별곡, 관동별곡(안축) 등 – 고려 가요(장가, 속요) : 청산별곡, 가시리, 쌍화점 등 　　　　　　　　　　　　　(자유분방한 형식)
글씨	___16___, ___17___ 유행 → 유신, 탄연이 뛰어남 * 신품 4현(유신, 탄연, ___18___, 통일 신라의 김생)		___19___ (조맹부체) → 이암이 뛰어남 └ 원나라 문인
음악	• 송의 대성악 → ___20___ : 궁중 음악으로 발전 ex) 문묘 제례악 • 당의 향악 → ___21___ : 민중 속요와 어울려 발전 ex) 동동, 대동강, 한림별곡		
그림	예성강도 : 고려 인종 때 이령이 그린 그림, 현존 X * 아들 이광필도 뛰어난 솜씨로 유명		• ___22___ : 공민왕, 원대 북화의 영향, 현존 O • ___23___ : 혜허, 일본 센소사 소장 • 사경화 유행 : 경전 내용을 쉽게 표지에 그림 • 영주 부석사 조사당 벽화 : 현존 우리나라 최고(最古) 벽화 – 사천왕상과 보살상

정답 1 사천대 2 선명력 3 수시력 4 대통력 5 『칠정산』 6 『향약구급방』 7 화통도감 8 조운선 9 『삼국유사』 10 이제현 11 이인로 12 이규보 13 이곡 14 이규보 15 경기체가 16 구양순체 17 왕희지체 18 최우 19 송설체 20 아악 21 속악 22 천산대렵도 23 양류관음도

해커스공무원학원·공무원인강·교재 Q&A gosi.Hackers.com

해커스 공무원 이중석 깜지 한국사 합격노트 178

07 고려의 청자와 공예

綱 큰 개념을 그리다

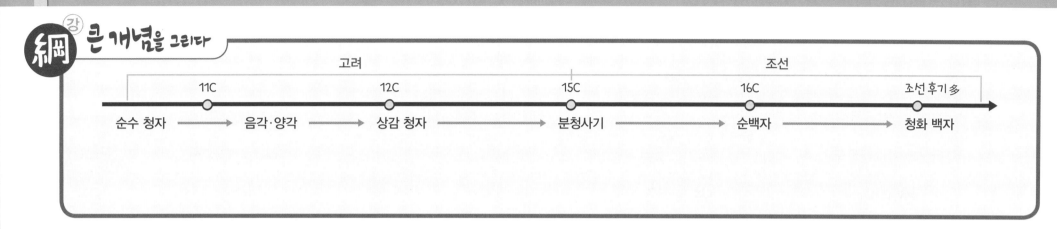

	고려		조선		
	11C	12C	15C	16C	조선 후기 多
순수 청자 →	음각·양각 →	상감 청자 →	분청사기 →	순백자 →	청화 백자

目 세부 개념을 정리하다

구분	전기	중기		후기
자기 공예	신라, 발해 기술 + 송 기술	[1] 발전의 경지		원으로부터 북방 가마 기술 도입으로 청자 빛깔 퇴조
		문벌 귀족기 (11C)	**무신 집권기** (12C 중반 이후)	**원 간섭기** (~15C 조선)
		순수 비취색 [2] (부안·강진)	[4] (독창적)	[5]
		– 인종 때 송나라 사신 서긍이 [3] 에서 극찬	– 그릇 표면을 파낸 자리에 백토, 흑토를 메워 무늬를 내는 방법	– 그릇 표면을 백토로 분장하고 소박한 무늬가 그려짐
일반 공예	• 금속 공예 : 은입사 기술(청동 표면을 파내고 실처럼 만든 은을 무늬로 채워 넣음) ex) 청동 [6] 포류수금문 정병 • [7] 칠기 공예 : 옻칠 나무 + 자개 무늬			

🔍 연계 빈출 사료

송나라인이 본 고려 청자

송나라인이 본 고려 청자 도자기의 빛깔이 푸른 것을 고려 사람들은 비색(翡色)이라 부른다. 근년에 와서 만드는 솜씨가 교묘하고 빛깔도 더욱 예뻐졌다. 술그릇의 모양은 오이 같은데, 위에 작은 뚜껑이 있어서 연꽃에 엎드린 오리 모양을 하고 있다. …… 여러 그릇들 가운데 이 물건이 가장 정밀하고 뛰어나다. — 서긍, 『고려도경』

▲ 음각 청자

▲ 청자 상감 운학문 매병

▲ 청동 은입사 포류수금문 정병

▲ 나전 국당초 염주 합

정답 1 독자적 2 고려 청자 3 『고려도경』 4 상감 기법 5 분청사기 6 은입사 7 나전

시대 흐름 잡기

15C 관학파	→	16C 사림파	→	17~19C 신분제 동요

| 1 | 2 | 3 | | 4 | 5 | 6 | | 7 문화 | 8 | 9 확장 |

	15C		16C		17~19C		
과학	• 측우기(강우량), 앙부일구(해), 자격루(물) • 의학 : 『향약집성방』(세종) • 역법 : 『칠정산』(세종, 한양)	성리학	이기 논쟁 – 이황, 『성학십도』 – 이이, 『성학집요』	실학	중농학파	유형원(균전론), 이익(한전론), 정약용(여전론)	
					중상학파	박지원(수레), 박제가(소비)	
				서민 문화		한글 소설 「홍길동전」, 한문 소설 「양반전」	
				새로운 사상		서학(천주교), 동학(최제우), 예언 사상	
건축	궁궐, 성곽		서원	건축		사원 규모 확대, 화려	
유학 중심	『삼강행실도』(세종), 『국조오례의』(성종)		『소학』, 『주자가례』의 보급	중국 중심 탈피		지전설, 시헌력	
자기	분청사기		백자	자기		청화 백자	
그림	고사관수도, 몽유도원도		사군자	그림		진경산수화, 풍속화, 민화	
역사	『고려사』, 『고려사절요』		『기자실기』(이이, 선조)	국학	역사	『동사강목』(안정복), 『발해고』(유득공)	
지도	혼일강리역대국도지도		군현 읍지		지도	곤여만국전도, 대동여지도(김정호)	
지리지	『동국여지승람』				지리지	『택리지』(이중환)	

정답 1 부국강병 2 실용 3 소박 4 성리학 5 명분 6 절개 7 서민 8 현실 9 세계관

01 조선 전기 과학 기술의 발달

천문학	• 천체 관측 기구 : 혼의 · 간의 제작, 간의대(천문대) 설치(경복궁), 규표 설치(계절의 변화, 1년의 길이 측정) • 시간 측정 기구 : ____¹(물시계, 자동 시보 장치 탑재, by 노비 출신 장영실), 앙부일구 · 현주일구 · 천평일구(____²) 제작 • 강우량 측정 기구 : 수표(청계천 수위 측정), 측우기[1441, 세계 최초, 궁궐(관상감)과 지방 부 · 목 · 군 · 현에 설치] • 토지 측량 기구 : ____³ · 규형(세조) • 천문도 제작 : ____⁴(태조, 고구려의 천문도 바탕) ▲ 천상열차분야지도
역법	____⁵(세종 대 한양을 기준으로 한 자주적 역법) : 「내편」(원의 수시력 + 명의 대통력 참조), 「외편」(아라비아의 회회력 참조)
의학	• ____⁶(1431, 세종) : 일반 대중이 향약 채취를 쉽게 할 수 있도록 간행 • ____⁷(1433, 세종) : 중국의 의서 참고 + 전통 의약법 종합 → 우리 풍토에 알맞은 약재와 치료 방법을 개발 · 정리 • 「태산요록」(1434, 세종) : 출산과 영아의 질병 관리를 정리 • ____⁸(1445, 세종) : 동양 의학을 집대성한 의학 백과사전(중국과 국내 의서 총망라)
활자 인쇄술	• 태종 : ____⁹ 설치 → ____¹⁰(구리) 주조 • 세종 : ____¹¹(구리), 갑인자(구리), 병진자(납) → 세종 대 밀랍 대신 ____¹²을 조립하는 방식 → 인쇄 능률 향상
제지술	(태종 대 조지소 →) 세종(or 세조) 대 ____¹³ : 종이 생산
무기 제조	• 최해산(최무선의 子) 활약(태종) : 특채 채용, 화약 무기 제조 • 화포(사정거리 1000보), ____¹⁴(세종, 화살 100개 연속 발사), 화차(문종)
병서 편찬	• 조선 초기 국방력 강화 목적으로 다수의 병서 편찬 • ____¹⁵(=「진도」, 태조) : 정도전, 요동 정벌을 위해 독특한 전술과 부대 편성 정리 • 「진법」(성종) : 군사 훈련 지침 교본 → 영조, 「병장도설」로 책명 개편 　＊구차 교육 과정 : 「병장도설」(문종) 편찬 • ____¹⁶(세종) : 화포의 제작과 사용법 정리(그림 + 글) • ____¹⁷(문종) : 고조선~고려 말까지 중국과의 전쟁사 정리
병선 제조	비거도선(날쌘 배) · ____¹⁸(태종 대 최초, 돌격용 배) → 수군의 전투력 향상

정답 1 자격루 2 해시계 3 인지의 4 천상열차분야지도 5 「칠정산」 6 「향약채취월령」 7 「향약집성방」 8 「의방유취」 9 주자소 10 계미자 11 경자자 12 식자판 13 조지서 14 신기전 15 「진법」 16 「총통등록」 17 「동국병감」 18 거북선

02 한글 창제와 조선 전기 편찬 사업

1. 한글 창제

배경	• _____1의 부재(한자, 이두, 향찰로는 우리말을 제대로 표현 X) • 피지배층의 도덕적 교화(양반 중심의 사회 유지 목적) • 농민의 사회적 지위 상승(의사소통의 필요성 증가)
과정	집현전에 정음청 설치 → _____2 창제(1443) → 반포(1446) → 최만리 등 양반들의 반발
한글 서적 보급	• _____3(6대조 왕실 조상의 덕을 찬양) • _____4(수양대군, 석가의 전기를 엮음) • _____5(세종, 부처님의 덕을 기림)
활용	_____6 채용 시 훈민정음 시험

[조선 전기 국어 연구]

저서	시기·저자	내용
_____7	세종	한글에 대해 설명한 한자 해설서
_____8	세종	최초의 한글 음운서
_____9	중종(최세진)	한자 학습서, 자음 최초 설명

2. 법전

목적	유교적 통치 규범의 성문화 목적
정비 과정	_____10(정도전, 6전 체제) · 『경제문감』(정도전, 정치 체제 초안) → 『경제육전』(조준, 공식 기본 법전, 현존 X) → 『속육전』(하륜, 『경제육전』 보완) → _____11(세조~성종): 이 · 호 · 예 · 병 · 형 · 공전의 6전 구성, 유교적 통치 질서의 완성 → _____12(영조) → _____13(정조) → 고종 대 흥선 대원군의 법전 편찬: _____14(조선 최후 · 최대의 법전), 『육전조례』(관청 행정 법규 및 사례 추가)

3. 윤리·의례서

15C	윤리서	_____15(세종): 세종 때 모범이 될만한 충신 · 효자 · 열녀 등의 행적을 그림으로 그리고 설명을 덧붙인 윤리서
	의례서	_____16(세종~성종): 성종 때 신숙주 · 정척 등이 편찬, 국가의 여러 행사에 필요한 의례(군례 · 빈례 · 길례 · 가례 · 흉례)를 정비한 의례서
16C		• 『소학』, 『주자가례』의 보급과 실천에 주력 • _____17(중종): 김안국, 연장자와 연소자, 친구 사이에 지켜야 할 윤리를 강조한 책 • 『동몽수지』(중종): 아동 교육용 윤리서로 사림들이 적극 간행

정답 1 고유 문자 2 훈민정음 3 『용비어천가』 4 『석보상절』 5 『월인천강지곡』 6 서리 7 『훈민정음(해례본)』 8 『동국정운』 9 『훈몽자회』 10 『조선경국전』 11 『경국대전』 12 『속대전』 13 『대전통편』 14 『대전회통』 15 『삼강행실도』 16 『국조오례의』 17 『이륜행실도』

02 한글 창제와 조선 전기 편찬 사업

4. 역사서

<table>
<tr><td rowspan="4">건국
초기</td><td>특징</td><td colspan="2">왕조의 정통성에 대한 명분을 밝힘, 성리학적 통치 규범 정착 목적</td></tr>
<tr><td rowspan="3">역사서</td><td colspan="2">• ___1___ (1395, 정도전) : 고려 시대 역사 정리(고려 멸망의 당위성 + 조선 건국의 정당성)</td></tr>
<tr><td colspan="2">• 『동국사략』(1402, 권근) : 단군 조선~신라 말까지의 역사를 편년체로 정리, 불교 비판</td></tr>
<tr><td colspan="2">• ___2___ : 태조~철종까지의 역사를 편년체로 서술, 왕 사후 실록청에서 편찬</td></tr>
<tr><td rowspan="5">15C
중엽</td><td>특징</td><td colspan="2">고려 시대 역사를 자주적 입장에서 재정리</td></tr>
<tr><td rowspan="4">역사서</td><td colspan="2">• ___3___ (김종서, 정인지) : 문종 대 완성, ___4___, 정도전의 『고려국사』를 바탕으로 편찬, '종', '폐하', '태후' 등 칭호를
그대로 사용(자주적), 본기가 없고 국왕의 역사를 세가에서 서술, 신우(___5___)와 신창(___6___)은 열전에 서술</td></tr>
<tr><td colspan="2">• ___7___ (김종서, 정인지) : 문종 대 『고려사』를 편년체로 재서술</td></tr>
<tr><td colspan="2">• ___8___ (서거정, 노사신) : 성종 대 편년체로 완성, ___9___ ~삼국 시대 멸망까지 기록</td></tr>
<tr><td colspan="2">• ___10___ (서거정, 이극돈) : 성종 대 편년체로 완성, 「외기」, 「삼국기」, 「신라기」, 「고려기」로 구성,
___11___ ~고려 말까지의 역사를 모두 기록 + 「외기」에 고조선 건국 내용 수록, 사림의 성향 반영(사론 多)</td></tr>
<tr><td rowspan="2">16C
이후</td><td>특징</td><td colspan="2">___12___ 사관(명분론, 단군 조선 부정 → ___13___ 중시)</td></tr>
<tr><td>역사서</td><td colspan="2">『동국사략』(박상, 16C 초), 『표제음주동국사략』(유희령, 단군 조선~고려까지 서술), ___14___ (이이, 선조, 사림의 역사의식 반영)</td></tr>
</table>

※ 『조선왕조실록』
• 유네스코 세계 기록유산으로 지정
• ___15___ ~ ___16___ 까지 기록한 편년체 역사서,
  연산군과 광해군은 ___17___ 로 표시
• 왕 사후 춘추관에 실록청 설치, 「사초」, ___18___,
  ___19___ 등을 바탕으로 편찬
• 국왕의 열람이 금지되어 있음
• 『실록』 중 후대 왕에게 귀감이 될만한 치적과 정치를
  추려 ___20___ 으로 간행(편년체 사서)
• 사고에 보관
  – 세종 : 4대 사고(춘추관, 충주, 성주, ___21___)
    → 임진왜란 이후 전주 사고본만 보존
  – 광해군 : ___22___ 사고 정비
    ① 춘추관 → 소실(이괄의 난)
    ② 오대산 : 도쿄대 → 국립 고궁 박물관
    ③ 태백산 : 국가 기록원 부산 기록관
    ④ 마니산 → 정족산 : 서울대 규장각 보관
    ⑤ 묘향산 → 적상산 : 김일성 대학 보관

5. 지도와 지리서

1) 지도

<table>
<tr><td rowspan="4">___23___
(태종)</td><td>김사형 · 이회 · 이무가 국왕의 명을 받아 제작</td></tr>
<tr><td>[현존 동양 최고(最古) 세계 지도, 모사본은 ___24___ 에 현존]</td></tr>
<tr><td>→ 우리나라를 실제보다 크게 그림(자주성 표현)
→ ___25___ 세계 지도 + ___26___ 지도 + ___27___ 지도</td></tr>
<tr><td>→ 유럽 · 아프리카 대륙까지 표기(___28___ 대륙 X → 지리상의 발견 이전에 제작)</td></tr>
<tr><td>팔도도</td><td>조선 최초의 전국 지도(1402) → 현존 X(혼일강리역대국도지도의 조선 지도는 팔도도를
옮긴 것) → 세종 대 팔도도를 보완하여 다시 간행(현존 X)</td></tr>
<tr><td>___29___ (세조)</td><td>양성지, 전국을 실측한 지도를 모아 제작 → 조선방역지도에 영향</td></tr>
<tr><td>조선방역지도 (명종)</td><td>8도별 다른 색으로 표시, 만주와 대마도를 우리 영토로 표기</td></tr>
</table>

2) 지리서

<table>
<tr><td>『신찬팔도지리지』
(『세종실록지리지』)</td><td>___30___ 관련 최초 기록, 『팔도지리지』(성종) : 현존 X,
『세종실록지리지』 : 군현 단위로 연혁 · 인물 등 60여
항목 기록, 우산(독도)과 무릉(울릉도) 명시</td></tr>
<tr><td>___31___
(성종)</td><td>군현의 연혁 · 지세 · 교통 · 군사뿐 아니라,
인물 · 시문 · 풍속까지 자세히 수록</td></tr>
<tr><td>『신증동국여지승람』
(중종)</td><td>『동국여지승람』을 수정 · 보완, 최초로 울릉도 · 독도가
표기(위치는 반대)된 지도인 팔도총도 수록</td></tr>
</table>

3) 기타 : 〈견문기〉 ___32___ (성종) : ___33___ 가 세종 대 일본에 다녀온 후 성종
대 간행, 조선 초기 일본에 대한 교빙 및 통상 정리
〈군현 읍지〉 16세기 향토 문화적 유산에 대한 관심 반영

정답 1 『고려국사』 2 『조선왕조실록』 3 『고려사』 4 기전체 5 우왕 6 창왕 7 『고려사절요』 8 『삼국사절요』 9 단군 조선 10 『동국통감』 11 단군 조선 12 존화주의 13 기자 14 『기자실기』 15 태조 16 철종 17 일기 18 『시정기』
19 『승정원일기』 20 『국조보감』 21 전주 22 5대 23 혼일강리역대국도지도 24 일본 25 원나라 26 한반도 27 일본 28 아메리카 29 동국지도 30 독도 31 『동국여지승람』 32 『해동제국기』 33 신숙주

03 조선의 교육 기관과 관리 등용 제도

綱 큰 개념을 그리다

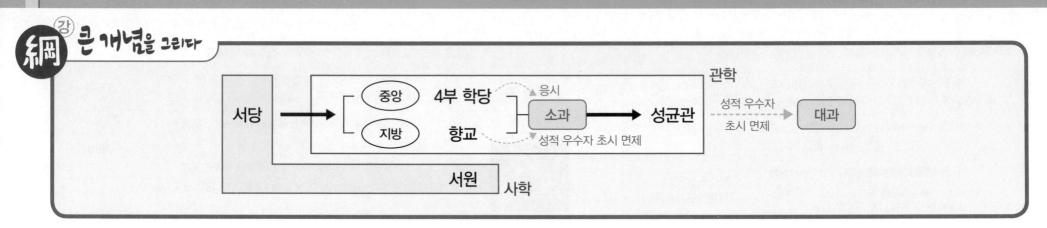

目 세부 개념을 정리하다

1) 교육 기관

교육 단계	초등	중등			최고 학부
		중앙	지방		
교육 기관	___1	___2 (국립)	___3 (사립)	___4 (국립)	___5
교육 내용	___6, 『명심보감』	___7, 4서 5경			4서 5경, ___8 등
설치 지역	마을 단위	한양(동·서·남·중)	군·현	부·목·군·현	한양(서울)
특징	8세~16세의 4학이나 향교에 입학하지 못한 선비와 평민 자제들이 입학	양인 남성이면 입학 가능 * 5부 학당(태종) → 4부 학당(세종)	• ___9 서원이 시초 (주세붕) • 성리학 연구, 향음주례, 향촌 사회 교화 담당	• 지방민의 교화 담당 • 군현 인구에 따라 정원 배정 • 시험 성적이 낮은 교생은 군역에 충정	• 15세 이상의 소과 합격자(생원·진사)가 입학 • 존경각(도서관), 비천당(과거 시험장) 등
특징			구조: ___10 (문묘의 정전, 공자 사당), ___11 (강의실), 동재·서재(기숙사), 동무·서무(공자의 제자와 중국·우리나라 선현들의 사당)		
특징			성적 우수자는 ___12 초시 면제	성적 우수자는 ___13 초시 면제	
특징		교수와 훈도 14	교수와 훈도 15	교수와 훈도 16	–
문묘 여부	X	X	___17 (선현 제사)	___18 (성현 제사)	___19

정답 1 서당 2 4부 학당 3 서원 4 향교 5 성균관 6 『천자문』 7 『소학』 8 『성리대전』 9 백운동 10 대성전 11 명륜당 12 소과 13 문과 14 O 15 X 16 O 17 X 18 O 19 O

03 조선의 교육 기관과 관리 등용 제도

2) 과거 제도

<과거 응시 자격> ___[1]___ 이상이면 응시 가능 cf) 문과의 경우 ___[2]___의 아들, ___[3]___한 여자의 자손, ___[4]___은 응시 제한(무과·잡과는 제한 없음)

구분	문과 (예조 주관)		무과 (병조 주관)	잡과
	___[5]___ (생원·진사)	___6___	* ___[7]___ X	(해당 관청 주관)
시행	정기 시험(식년시, ___[8]___년마다 시행), 부정기 시험(증광시 등)			
시험 단계 (선발 인원)	초시(각 도 ___[9]___로 700명) → 복시(성적순, 생원·진사 각 100명)	초시(각 도 인구 비례로 240명) → 복시(___[10]___명) → 전시(___[11]___ 결정)	초시 → 복시(___[12]___명) → 전시(___[13]___ 결정, 장원 X)	초시 → 복시(46명)
합격자	___[14]___ 지급, ___[15]___ 입학	___[16]___ 지급	___[17]___ 지급	___[18]___ 지급
관직	___[19]___, ___[20]___, 하급 관리	종 ___[21]___품(장원)~정9품	종7품~종9품	종7품~종9품

3) 특별 채용 제도

음서	• 대상: 공신 및 ___[22]___품 이상 관리의 자손, 사위 등 • 고려 시대에 비해 대상 축소, 문과 불합격 시 고관 승진이 어려움
취재	• 간단한 시험을 거쳐 서리 또는 하급 관리(실무직)로 선발 • 산학(호조 주관)·화학(도화서 주관)·악학(장악원 주관)
천거	• 3품 이상 고관의 추천을 받은 관리 등용 • 대개 기존 관리를 대상으로 실시(현량과가 대표적)

[부정기 시험]

___[23]___	국가의 특별한 경사 시 실시, 태종 때 처음 시행
___[24]___	국왕이 성균관 문묘 제례 시 실시, 문과와 무과만 실시
백일장	시골 유생의 학문 장려 목적
춘당대시	국가 경사 시 왕이 창경궁 춘당대에 친림하여 시행, 세조 때 처음 시행

4) 인사 관리 제도

___[25]___ 제도	5품 이하 관리 임명 시 대간이 그 사람을 조사한 뒤 가부를 승인	___[26]___	고관이 하급 관리의 근무 성적을 평가하는 제도, 승진·좌천의 자료로 사용
___[27]___	신분과 직종에 따른 승진의 품계 제한(서얼, 서리 등의 승진 제한)	___[28]___	하급 관리가 상급 관리의 집을 방문하지 못하도록 규정한 법, 태종 때 실시 → 성종 때 법제화
___[29]___	문무 현직자가 당하관 최고 품계(자궁) 이상이 되면 자신에게 별도로 부과된 품계(산계)를 아들, 동생, 사위, 조카 중 한 사람에게 주는 제도		

정답 1 양인 2 탐관오리 3 재가 4 서얼 5 소과 6 대과 7 소과 8 3 9 인구 비례 10 33 11 순위 12 28 13 순위 14 백패 15 성균관 16 홍패 17 홍패 18 백패 19 생원 20 진사 21 6 22 2 23 증광시 24 알성시 25 서경 26 포폄제 27 한품서용제 28 분경 금지법 29 대가제

04 조선 전기의 건축·예술·문학

1. 건축

15C	**공공 건물 건축**	**궁궐**	• ⬚1 (1395, 태조) : 조선의 법궁, 정도전이 이름 지음, 근정전, 경회루, 보루각 등이 있음 • ⬚2 (1405, ⬚3) : 임진왜란 때 소실되어 광해군 때 중건, 조선 후기 주궁 기능 • ⬚4 : 세종 때 지은 수강궁을 성종 때 수리·확장 • 경희궁 : 광해군 때 창건
		4대문	⬚5 (동대문), ⬚6 (서대문), ⬚7 (남대문), ⬚8 (북대문)
		4소문	혜화문(동북 동소문), 광희문(동남 남소문), 창의문(서북 북소문), 소의문(서남 서소문)
		종묘와 사직	• 경복궁 좌측에는 ⬚9 , 우측에는 ⬚10 이 위치(좌묘우사) • 종묘 : 조선의 왕과 왕비의 신주를 모시고 제사를 지내는 유교 사당 • 사직 : 땅의 신과 곡식의 신에게 제사 지내는 사당
	사원 건축		• 강진 무위사 극락전(⬚11 양식) • 합천 해인사 장경판전(⬚12 보관, 유네스코 세계 문화유산)

16C

<서원 건축 활발>

⬚13 (사원) 배치 양식 + ⬚14 양식 결합

: 사당 + 장서각 + 강당 + 동재/서재

ex) 경주 옥산 서원, 안동 도산 서원, 파주 자운 서원

▶ 서원 배치도(안동 병산 서원)

2. 예술

구분			15C		16C
그림		**특징**	⬚15 (도화서 소속)와 문인화	**특징**	15세기 전통 + 다양한 화풍, 산수화나 ⬚16 유행
	몽유도원도 (안견)		안평대군이 꿈꾼 내용을 도화서 화원 안견이 그림	**이상좌** (노비 출신)	⬚17 (바위틈에 뿌리박고 모진 비바람을 이겨내는 늙은 소나무 → 강인한 정신과 굳센 기개 표현)
				3절	이정(대나무 – 묵죽도, 풍죽도), 황집중(포도 – 묵포도도), 어몽룡(매화 – 월매도)
	고사관수도 (강희안)		간결하고 과감한 필치로 인물의 내면 세계 표현(현재 국립 중앙 박물관 소장)	**여류 화가**	⬚18 (풀과 벌레 – 초충도/수박도)
공예	⬚19		청자에 백토의 분을 바름, 소박하고 천진스러운 무늬의 조화	⬚20	순백의 고상함, 사대부 취향에 어울림, 순백의 태토 + 투명한 유약
서예			안평대군(송설체)		양사언(왕희지체와 초서), ⬚21 (석봉체 + 외교 문서 작성으로 유명)
음악	**세종**		악기 제작(박연), 여민락(세종이 직접), ⬚22 (악보, 소리의 장단과 높낮이 표시 가능) 제작, 아악의 체계화 → 궁중 음악으로 발전(문묘 제례악)		민간에서는 당악과 향악을 ⬚24 으로 발전시킴 → 가사, 시조, 가곡 등 우리말로 된 노래를 연주하는 음악, 민요에 활용(서민 음악)
	성종		⬚23 (성현) 편찬 : 음악의 원리와 역사, 악기, 무용, 의상, 소도구 정리(음악 백과사전)		

정답 1 경복궁 2 창덕궁 3 태종 4 창경궁 5 흥인지문 6 돈의문 7 숭례문 8 숙정문 9 종묘 10 사직 11 주심포 12 팔만대장경 13 가람 14 주택 15 화원화 16 사군자 17 송하보월도 18 신사임당 19 분청사기 20 백자 21 한호 22 정간보 23 『악학궤범』 24 속악

3. 문학

구분	15C	16C
한문학	• 관학파 집권(역성혁명 찬양) → ___1 (시 + 부) 중시(격식 존중) • ___2 (성종) : 서거정, 노사신 등, 삼국 시대~조선 초까지의 역대 시와 산문집	사림파 집권 → ___3 경시, 한문학 저조 → 재야 사림, 여류 문인들에 의한 창작(개인의 감정이나 심성 표현)
설화 문학	• ___4 (세조 추정) : 김시습이 지은 우리나라 최초의 한문 소설 • 『필원잡기』(성종) : 서거정, 고대로부터 민간에 떠도는 한담을 모아 간행 • 『용재총화』(중종) : 성현의 수필집, 문담 · 시화 · 서화 · 인물평 · 역사 이야기 등 수록	사장 경시 → 사림 문학을 벗어난 문인도 있음 ex) ___5 (서얼 출신) : 『패관잡기』 저술(문벌 제도와 적서 차별 비판)
시조 문학	• 중앙 고관 : 김종서 '삭풍은 나무 끝에 불고~', 남이 '백두산 돌은 칼~' • 재야 인물 : 길재 '오백 년 도읍지를 필마로 돌아드니~', 원천석 '흥망이 유수하니 만월대도~'	___6 (남녀 간 애정과 이별의 정한) ＊ 여류 문인 활동 : 신사임당(시, 서, 화), 허난설헌(한시)
악장과 가사 문학	「용비어천가」(정인지), 「월인천강지곡」(세종)	정철의 『사미인곡』, 『속미인곡』, 『관동별곡』(관동 지방의 경치와 왕에 대한 충성 노래)

 **연계 빈출 사료**

『악학궤범』

악(樂)은 하늘이 내서 사람에게 보낸 것이니 허(虛)에서 나와 자연히 이루어진 것이다. 이 때문에 사람 마음을 움직이고 맥박을 뛰게 하여 정신을 막힘없이 흐르게 한다. …… 다른 소리를 합하여 하나로 이끄는 것에 따라 커다란 차이가 나며, 풍속이 번영하고 쇠퇴하는 것도 모두 여기에 달려 있다. 따라서 악(樂)이야말로 백성을 다스리고 교화하는 큰 문이라고 할 수 있다.

『동문선』 서문

우리는 상감(上監)의 분부를 우러러 받아 삼국 시대부터 뽑기 시작하여 당대의 사부(辭賦) · 시문에 이르기까지 약간의 글을 합하여서, 글의 이치가 순정하여 백성을 다스리고 가르치는 데 도움이 되는 것을 취하고 부문으로 나누고 종류대로 모아 130권으로 정리하여 올린바, 『동문선』이라고 이름을 내리셨습니다.

– 서거정, 『동문선』

정답 1 사장 2 『동문선』 3 사장 4 『금오신화』 5 어숙권 6 황진이

05 조선 시대 성리학의 흐름과 학파 형성

綱(강) 큰 개념을 그리다

[유학의 전개 과정]

삼국	남북국	고려	조선
훈고학 (한·당 유학)		↓	성리학

구분	문벌 귀족 집권기	무신 집권기	원 간섭기	신진 사대부 집권기
특징	보수적	유학 침체	성리학 전래	실천적, 개혁적
내용	• __1__ (문종) : 해동공자, 훈고학 + 철학적 내용 첨가 • __2__ (인종) : 보수적 · 현실적 성격의 유학	사대부 (__3__ , 최자, 이인로)	• 수용 : __4__ (충렬왕)이 원에서 『주자전서』 도입 • 전파 : __5__ (충선왕)이 __6__ (연경)에서 원의 학자들과 교류 및 성리학 서적 구입, 성리학 심화 • 확산 : __7__ (공민왕)이 정몽주, 권근, 정도전을 가르침 • 성격 : 실천적 기능 강조(일상생활과 관련) → 사장 〈 __8__ 중심 / 『소학』, 『주자가례』 보급

目(목) 세부 개념을 정리하다

1) 조선 시대 성리학의 흐름

구분	15C 관학파	16C 사림파	17C~18C
	타 사상에 __9__ → 성리학 + 타 사상	성리학의 심화 → __12__ 의 발달	이기 논쟁의 심화 → 성리학의 __17__
성향	① 타 사상에 포용적 　: 한 · 당 유학, 불교, 도교, 풍수지리 사상, 민간 신앙 등도 포용 ② __10__ 를 국가 통치 이념으로 중시 　└주나라 제도를 기록한 유교 경전 ③ __11__ 중시 　└과거를 치르는 데 필요한 한문학·시무책 ④ 민족적 · 자주적 성격의 민족 문화 발전	① 형벌보다 __13__ 에 의한 통치 ② 공신과 외척 등 훈구 세력의 비리 · 횡포 비판 ③ 성리학 이외의 학문 __14__ ④ __15__ 중시 　: 유학 자체를 연구하는 학풍 ⑤ 존화주의 경향 　: __16__ 의식, 기자 중시	① 이기 논쟁의 심화 ② 예학과 보학의 발달 　→ __18__ 논쟁 ③ 성리학의 교조화 　→ __19__ 으로 매도 ④ 18C __20__ 논쟁, 　__21__ 발달

2) 성리학의 학파 형성

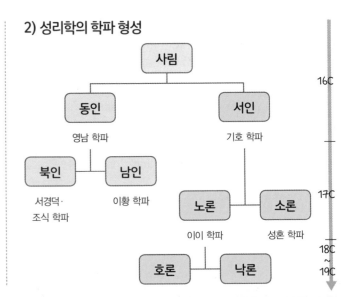

정답 1 최충 2 김부식 3 이규보 4 안향 5 이제현 6 만권당 7 이색 8 경전 9 포용적 10 『주례』 11 사장 12 이기론 13 교화 14 비판 15 경학 16 소중화 17 교조화 18 예송 19 사문난적 20 호락 21 실학

1. 이기 논쟁의 전개

구분	주리론 (이 중심)	주기론 (기 포용)
구분		
개념	우주의 근원은 ___1___ (理)	우주의 근원은 기(氣), 이(理)의 절대성 부정
중시	이상, ___2___, ___3___, ___4___ 관념 중시	인간, ___5___, ___6___ 세계 중시
학자	이언적이 선구 → 이황이 집대성, ___7___	서경덕이 선구 → 이이가 집대성, ___8___
학자	★이황 : ___9___ (이와 기는 섞일 수 X), 경(敬)의 실천 중시(수양 방법), ___10___ 동방의 주자, 예안 향약, 『전습록논변』	★이이 : ___11___ 적 이기이원론(이와 기의 조화), ___12___ (이는 통하고 기는 국한된다), 10만 양병설, 『동호문답』, 수미법, 동방의 공자, 해주 향약, 『만언봉사』, 『격몽요결』
학파	영남 학파 → ___13___	기호 학파 → ___14___
특징	• ___15___ 적 원리에 대한 인식, 실천 중시 • ___16___ 유지와 도덕 규범 확립 강조	• ___17___ 적 도덕 세계 중시 • ___18___ 적 현실 세계 중시
영향	일본 ___19___ 에 영향	실학과 ___20___ 사상에 영향 → ___21___ 운동

2. 4단 7정 논쟁

이황 (이기호발설)	기대승 (기발설)
• 4단 – ___22___ (이가 발하고 기가 따름) • 7정 – 기발이승(기가 발하고 이가 탐)	• 4단 7정 – 모두 ___23___ (이는 발할 수 X) • ___24___ : 기대승의 학설 지지(기발이승일도설)

※ 성리학 연구의 선구자

- 회재 이언적(1491~1553)
  : 일강십목소(중종, 정치 도리에 관한 상소)

- 화담 서경덕(1489~1546)
  : 태허설, 불교 노장 사상에 개방적

- 남명 조식(1501~1572)
  : 경(敬)과 의(義)를 강조, 실천적 성리학풍
  → 정인홍, 곽재우 등 의병장 배출

※ 4단 7정

구분		4단	7정
의미		인·의·예·지의 착한 본성에서 나오는 정감	인간의 본성이 사물에 접하면 표현되는 감정
감정		측은지심, 수오지심, 사양지심, 시비지심	기쁨, 노여움, 슬픔, 두려움, 애착, 미움, 욕심
논쟁	주리론	이가 발하여 기가 따르는 것	기가 발하여 이가 타는 것
논쟁	주기론	기만이 스스로 작용, 기가 발하며 이가 타는 것	

정답 1 이 2 본질 3 원리 4 도덕 5 경험 6 현실 7 『성학십도』 8 『성학집요』 9 이기이원론 10 『주자서절요』 11 일원론 12 이통기국론 13 동인 14 서인 15 도덕 16 신분 질서 17 관념 18 경험 19 성리학 20 개화 21 애국 계몽 22 이발기승 23 기발 24 이이

07 조선 후기 성리학의 교조화와 양명학 수용

1. 17C 성리학 해석 논쟁

구분	절대화 (교조화)	상대화
배경	[ ][1] 강화	[ ][2], [ ][3]에서 해결 모색
주장	주자 중심의 성리학 절대시	성리학적 이해에 탄력성 보임
인물	[ ][4] (서인, 노론)	[ ][5] (남인), 『중용주해』 / [ ][6] (소론), 『사변록』 → 노론 계열에 의해 [ ][7]으로 매도

2. 18C 호락 논쟁

구분	호론 ([ ][8] 노론)	낙론 ([ ][9] 노론)
사상	[ ][10] (人物性異論, 氣의 차별성 강조)	[ ][11] (人物性同論, 理의 보편성 강조)
주장	청을 [ ][12] (중화 ≠ 오랑캐), 배타적 입장	청을 [ ][13] (중화 = 오랑캐), 중화사상 극복
영향	[ ][14], 지주제, 신분제, 위정척사 사상	[ ][15], 개화파
대표 인물	권상하, 한원진, 윤봉구 등	이간, 이재, 김창협 등

3. 양명학 수용 (교조화에 대한 대안)

창시	명나라 왕수인(양명)이 성리학에 대한 반발로 [ ][16] 저술	
사상	**양명학**	**성리학**
	[ ][17] 설(理는 마음에 따라 깨우침)	성즉리(理는 본성 원리에 따라 결정)
	치 [ ][18] 설(선험적인 知를 강조)	거경궁리(학문 수양 강조)
	[ ][19] 합일	선지후행
	친민설(親民設, 백성은 도덕 실천의 주체)	신민설(新民說, 백성은 교화의 대상)
주장	일반민을 도덕 실천의 주체로 인식, [ ][20] 폐지	
발전	[ ][21] 소론, 불우한 종친들에 의해 연구 → 정제두 중심의 [ ][22] 형성(이광사, 이긍익), 가학의 형태로 계승 → 19C [ ][23], 『유교구신론』 ㄴ동국진체 ㄴ『연려실기술』	
	※ 정제두 저서 : [ ][24], 『존언』, 『하곡집』, 『변퇴계전습록변』 ㄴ "나의 학문은 안에서만 구할 뿐이고 밖에서는 구하지 않는다 …"	

정답 1 화이론적 명분론 2 6경 3 제자백가 4 송시열 5 윤휴 6 박세당 7 사문난적 8 충청 9 서울 10 인물성이론 11 인물성동론 12 배척 13 수용 14 북벌론 15 북학파 16 『전습록』 17 심즉리 18 양지 19 지행 20 신분제 21 재야 22 강화 학파 23 박은식 24 『만물일체설』

08 조선 후기 실학의 발달 (17~18세기)

1. 실학의 등장

1) 배경 : 양반 사회의 모순을 개혁하기 위해 등장

2) 성격 : 사실을 기반으로 진리를 탐구하는 _____¹의 학문, 실용적·개혁적 성격

3) 선구자 : 이수광, _____² 저술(세계 50여 개국의 정치·문화를 다룸) / _____³, 『동국지리지』 저술(고대 국가의 지명 고증)

4) 한계 : 당시 정책에 _____⁴

2. 대표 학자

1) 농업 중심의 개혁론 (_____⁵ 학파, _____⁶ 학파) <특징> 경기 _____⁷ 출신, 농업 중심의 개혁과 지주 전호제의 혁파 주장, _____⁸ 제도의 개혁(분배 강조)을 가장 중시

학자	저서	사상
(반계)⁹	_____¹⁰ 『동국여지지』	_____¹¹ 주장 : 토지를 신분(관리 – 선비 – 농민 – 상민)에 따라 차등 재분배 → 문제점 : 비현실적, 토지의 재분배를 위한 양반 지주들의 토지 몰수 불가능 • 토지 측량법으로 _____¹²(토지 절대 면적 단위) 사용 주장(결부법 X) • 병농일치제 주장(양반, 학생, 관리는 병역 면제) • 양반 문벌 제도 · 과거 제도 · 노비 제도의 모순 지적 cf) 양반 제도 자체를 부정하지는 않음 • 노비 세습제 부정 → 노비 고공제 주장(한 집에 예속 X, 품을 자유롭게 팔 수 있도록 허용)
(성호)¹³	_____¹⁴ 『곽우록』	_____¹⁵ 주장 : 영업전 매매 금지(하한선 설정, 그 외의 토지는 매매 허용) → 문제점 : 빈부 격차는 계속 생길 수밖에 없음 • 성호 학파 형성 : 학문 연구 · 제자 육성(안정복) • _____¹⁶ 지적 : 노비제, 과거제, 양반 문벌제, 사치와 미신 숭배, 승려, 게으름 • _____¹⁷ : 화폐의 폐단 지적 → 없애자! • _____¹⁸ : 선비도 농사, 과거를 3년 → 5년에 1번 실시, 천거 제도 병행
(다산)¹⁹	『경세유표』 『목민심서』 『흠흠신서』 『마과회통』	_____²⁰ 주장 : 경자유전, 마을 단위로 토지를 공동 경작하여 여장의 통제 아래 노동량에 따라 수확물을 차등 분배 → 문제점 : 실현 불가능 → 타협안으로 _____²¹ 주장 : 구획이 불가능한 곳은 계산상으로 구획, 노동력에 따라 차등 분급 • 과학 기술 중시(기예론) : _____²²(화성 축조) · _____²³(배다리) 등 제작 • 천자 추대설, _____²⁴(민에 의해 왕이 추대) • _____²⁵(통치자는 백성을 위해 존재), _____²⁶(토지 제도 개혁론, 여전론 주장)

정답 1 실사구시 2 『지봉유설』 3 한백겸 4 미반영 5 중농 6 경세치용 7 남인 8 토지 9 유형원 10 『반계수록』 11 균전론 12 경무법 13 이익 14 『성호사설』 15 한전론 16 6종 17 폐전론 18 붕당론 19 정약용 20 여전론 21 정전론 22 거중기 23 주교 24 『탕론』 25 『원목』 26 『전론』

해커스공무원학원·공무원인강·교재 Q&A gosi.Hackers.com

해커스공무원 연미정 강목 한국사 합격노트 191

08 조선 후기 실학의 발달(17~18세기)

2) 상업 중심의 개혁론([1] 학파, [2] 학파)

<특징> 서울 [3] 출신, 토지 생산성 증대와 상공업의 활성화 추구, 청나라 문물을 수용하여 부국강병과 이용후생에 힘쓸 것을 주장

학자	저서	사상
(농암) [4]	『우서』	• 북학 사상의 선구자, 상공업 진흥 · 기술 혁신 강조 • [5] 의 직업적 평등화와 전문화를 강조, 상인 간의 합자를 통한 경영 규모 확대 주장 "상공업을 두고 천한 직업이라 하지만 본래 부정하거나 비루한 일은 아니다." • 토지 제도의 개혁보다는 농업의 상업적 경영과 기술 혁신을 통해 생산성을 높일 것 강조
(담헌) [6]	『임하경륜』 『의산문답』	• [7] : 성인 남성에게 2결씩 토지 분배 주장, 병농일치 군대 조직 제안, 균전제 주장, 양반의 무위도식을 비판 • [8] : 지전설 · 무한 우주론을 주장하며 중국 중심의 세계관 비판, 성리학 극복 강조 "중국은 서양과 180도 정도 차이가 있다. 중국인은 중국을 중심으로 삼고 서양을 변두리로 삼으며, 서양인은 서양을 중심으로 삼고 중국을 변두리로 삼는다. …… 중심도 변두리도 없이 모두가 중심이다." • 『연기』 : 『담헌서』에 수록된 청나라 견문록
(연암) [9]	[10] 『과농소초』 「한민명전의」	• 한전론 : 토지 소유의 [11] 설정 "토지 소유를 제한하는 법령을 세우십시오. 제한된 토지보다 많은 자는 더 가질 수 없고…" • 양반 문벌 제도의 비생산성 비판([12] , [13] , 「허생전」) • [14] 와 [15] 의 이용 주장, [16] (화폐 유통 필요) 주장
(초정) [17]	[18] 「종두방서」	• 서얼, 규장각 검서관 출신 • 청과의 통상 강화 강조([19] 을 파견하여 국제 무역 참여 증대) • 절약보다 [20] 중시(우물론) "대체로 재물은 비유하건대 샘과 같은 것이다. 퍼내면 차고 버려두면 말라 버린다." • [21] 와 [22] 의 이용 주장
(풍석) (19C) [23]	『임원경제지』	• 조선 후기의 농업 경영, 기술 혁신을 종합 • [24] : 주요 도시에 국가 시범 농장인 둔전을 설치, 혁신적 농법 · 경영으로 수익을 올려서 국가 재정 보충

정답 1 중상 2 이용후생 3 노론 4 유수원 5 사농공상 6 홍대용 7 『임하경륜』 8 『의산문답』 9 박지원 10 『열하일기』 11 상한선 12 『양반전』 13 「호질」 14 수레 15 선박 16 용전론 17 박제가 18 『북학의』 19 무역선 20 소비 21 수레 22 선박 23 서유구 24 둔전제

09 조선 후기 새로운 사상의 등장

1. 서학 (= 천주교)

1) 전파 : 중국에 다녀온 우리나라 사신들에 의해 학문(서학)으로 소개 ex) □□□□□[1]

2) 확산 : □□[2] 계열 실학자(이가환)에 의해 신앙으로 수용(18세기 후반) → 백성들 사이에서 인간 평등의 논리·내세 신앙의 교리에 대한 공감을 이끌며 확산

3) 탄압

□□[3]	을사 추조 적발 사건(1785)	• □□□[4], 이벽 등이 김범우의 집에서 미사를 드리다가 발각된 사건 • 정조는 김범우만 유배 보냄(천주교에 관대)
	신해박해 (1791)	• □□[5] 사건(윤지충이 모친상에서 신주를 불사르고 천주교식으로 장례를 치른 사건) • 윤지충, 권상연 처형(2명만 처형, 대대적인 박해는 이루어지지 않음)
순조	□□□□[6] (1801)	• 노론 벽파가 □□ □□[7] 탄압 목적으로 정약용·정약전 형제를 비롯한 약 400명을 유배 보냄 • 중국인 신부 주문모와 이승훈, 정약종 등 처형 • □□□ □□[8] 사건으로 박해가 더욱 심화됨
헌종	기해박해 (1839)	• 천주교 신자 색출을 위해 오가작통법 시행, 척사윤음 반포 • 정하상(『상재상서』)과 프랑스 신부들이 희생됨
	병오박해 (1846)	김대건 처형(한국인 최초의 천주교 신부)
고종	□□□□[9] (1866)	남종삼 등 수천 명이 순교, 병인양요의 원인이 됨

2. 동학

창시	□□[10] 때 경주 지역 잔반 출신 □□□[11]가 창시(1860)
성격	유교 + 불교 + 도교 + 천주교의 일부 교리 + 민간 신앙 융합
사상	평등 사상(□□□[12], 인내천 사상), □□□□[13](반외세), □□□□[14](반봉건)
확산	민중들의 지지, 삼남 지방을 중심으로 확산됨
탄압	혹세무민이라는 죄목으로 1대 교주 최제우가 처형됨(1864)
교단 정비	2대 교주 □□□[15]이 최제우가 지은 □□□□[16]과 □□□□[17]를 간행하여 교리 정리, 포접제를 통해 교단 조직 정비

연계 빈출 사료

천주교의 탄압

우리나라에서 천주교를 금하시는 것은 그 뜻이 정녕 어디에 있습니까? 먼저 그 뜻과 이치가 어떠한지 물어보지도 않고 지극히 죄악이라는 말로 사교(邪教)라 하여 반역의 법률로 다스려 신유년 앞뒤로 인명이 크게 손상하였으나 한 사람도 그 원인을 알아보지 않았습니다. ······ 이 도는 천자로부터 서민에 이르기까지 날마다 사용하고 늘 실행해야 할 도리이니 가히 해가 되고 난(亂)으로 된다고 할 수 없습니다.
– 정하상, 『상재전서』

동학의 사상

사람이 곧 하늘이라. 그러므로 사람은 평등하며 차별이 없나니, 사람이 마음대로 귀천을 나눔은 하늘을 거스르는 것이다. 우리 도인은 차별을 없애고 선사의 뜻을 받들어 생활하기를 바라노라.
– 최시형의 최초 설법

정답 1 『지봉유설』 2 남인 3 정조 4 이승훈 5 진산 6 신유박해 7 남인 시파 8 황사영 백서 9 병인박해 10 철종 11 최제우 12 시천주 13 보국안민 14 후천개벽 15 최시형 16 『동경대전』 17 『용담유사』

10 조선 후기 과학 기술의 발달

서양 문물 수용	• 17세기 청을 왕래하던 사신들이 전래 　: 화포 · 천리경 · 자명종(＿＿＿¹, 정두원) → 이익과 제자들(경기 남인) + ＿＿＿² 실학자들이 수용 • 서양인의 표류 　– ＿＿＿³(= 박연) : 인조 대 표착, 훈련도감에 소속되어 서양식 대포 제조법 · 조종법 전수 　– ＿＿＿⁴ : 효종 대 제주도에 표착, 15년간 억류되었다가 탈출 → 네덜란드로 돌아가 『하멜표류기』(현종)를 지어 조선을 서양에 알림			

	이익	김석문	홍대용	최한기
천문학	서양 천문학에 큰 관심	＿＿＿⁵ 최초 주장, 『역학도해』	지전설 발전 → 무한 우주론 주장, 『담헌서』, ＿＿＿⁶ 제작	19세기 서양 과학 기술 도입의 선구적 역할, 『명남루총서』(최한기의 과학 총서), ＿＿＿⁷(코페르니쿠스의 지구 자전설 · 공전설 소개) ⇒ 성리학적 세계관 비판

역법	＿＿＿⁸(청나라 선교사 아담 샬이 제작) → 김육 등의 노력으로 ＿＿＿⁹ 대 채택

수학	『기하원본』	마테오 리치가 유클리드의 『기하학서』 일부 번역 · 도입
	『주해수용』	＿＿＿¹⁰, 우리나라 · 중국 · 서양 수학 연구 성과 정리

의학	17C	＿＿＿¹¹	＿＿＿¹²(광해군), 한자와 한글을 사용하여 전통 한의학 체계적 정리(우리나라뿐 아니라 중국, 일본에서도 간행) → 유네스코 세계 기록유산
		『침구경험방』	허임(인조), 침구술 집대성
	18C	＿＿＿¹³	＿＿＿¹⁴, 마진(홍역) 연구 → 치료법을 상세히 기술(제너의 우두 종두법 최초 소개) ⇒ 부록 「종두방서」(정약용, 박제가)
	19C	＿＿＿¹⁵	＿＿＿¹⁶, 사상 의학(태양 · 태음 · 소양 · 소음) 체계 확립
		『방약합편』	황도연의 의서를 아들 황필수가 정리

농서 편찬	『농가집성』(신속), 『색경』(박세당), 『산림경제』, 『임원경제지』

기술 개발	「기예론」	정약용 "인간이 짐승과 다른 점은 기예(기술)가 있다는 점" → ＿＿＿¹⁷ 제작(『기기도설』 참조) → 화성 축조, 배다리(주교) 설계
	『자산어보』	＿＿＿¹⁸(정약용의 형), 흑산도 유배 중 근해 155종 어류 생태 조사

정답 1 인조 2 북학파 3 벨테브레 4 하멜 5 지전설 6 혼천의 7 『지구전요』 8 시헌력 9 효종 10 홍대용 11 『동의보감』 12 허준 13 『마과회통』 14 정약용 15 『동의수세보원』 16 이제마 17 거중기 18 정약전

해커스공무원학원·공무원인강 교재 Q&A gosi.Hackers.com

11 조선 후기 국학 연구

1. 역사 연구 : <특징> 우리 역사에 대한 관심이 높아지고 민족 자주적인 역사 인식이 확산되면서 _____¹ 중심의 사관을 비판하기 시작 → _____² 연구 발달

구분	저서	저자	특징
17C	_____³ (東事)	허목(현종)	• 단군 조선~삼국까지의 역사를 기전체로 서술 • 조선의 자연 환경과 풍속의 독자성 강조 • 남인 입장에서 서술 • 『기언』: 붕당 정치와 북벌 정책의 폐단 지적 → 왕과 육조의 기능 강화, 호포제 반대
18C	_____⁴	이익(영조)	실증적, 비판적인 역사 서술 중시 → 중국 중심의 사관 탈피, 우리 역사의 체계화 주장 / 도덕 중심 사관 비판(시세 – 행·불행 – _____⁵ 순서로 인식)
18C	_____⁶	안정복(정조)	• 이익의 역사의식 계승, 고조선~고려 말까지의 역사를 _____⁷ 서술 형식의 편년체 통사로 서술 • 독자적인 삼한(_____⁸) 정통론(단군 조선 – 기자 조선 – 마한 – 통일 신라 – 고려) 제시, 삼국 시대는 _____⁹으로 처리 └ 김부식의 신라 중심 서술인 _____¹⁰에 비판적 • 고증 사학의 토대 마련, 발해사 기록(외기에 말갈의 역사로 기술)
18C	_____¹¹	유득공(정조)	• 고대사 연구의 시야를 만주 지방까지 확대 • 최초로 _____¹² 시대 용어 사용
19C	_____¹³	이긍익(정조~순조)	조선의 정치·문화사를 객관적·실증적으로 서술한 야사 총서, 기사본말체로 서술
19C	_____¹⁴	한치윤(순조)	• 고조선~고려 말까지의 역사를 기전체로 서술 • 540여 종의 중국·일본 자료 참고 → 민족사 인식의 폭 확대에 기여
19C	_____¹⁵ (東史)	이종휘(순조)	• _____¹⁶ (최초로 단군 조선을 본기에 수록)~고려 말까지의 역사를 기전체로 서술 • 고대사 연구의 시야를 만주 지방까지 확대 • 발해를 고구려를 계승한 나라로 봄(고구려사 강조)
19C	_____¹⁷	김정희(철종)	_____¹⁸ · _____¹⁹가 진흥왕 순수비임을 고증

[기타 역사 연구(심화)]

구분	저서	저자	특징
17C	_____²⁰	홍여하(인조)	• 기전체 형식의 고려사 + 외이부록(거란, 여진, 일본사) • 기자 → 마한 → 신라 정통 인식
17C	_____²¹	유계(현종)	• 강목체 형식의 편년체, 서인 입장에서 서술 • 고려가 북방 민족에게 강력히 항전한 것을 강조, 병자호란 이후 대두된 북벌 운동 고취
18C	_____²²	홍만종(숙종)	편년체 역사서, 단군 조선(우리 역사의 시작) – 기자 조선 정통론
18C	_____²³	임상덕(숙종)	강목체 형식의 편년, 기자와 마한은 정통 인정 X, 삼국 이전을 삭제, 삼국 시대는 무통 – 통일 신라와 고려 이후가 정통

[중인층의 역사서]

저서	내용
_____²⁴	정조 때 향리들의 사적을 모아 엮은 역사서
_____²⁵	헌종 때 위항인(몰락 양반, 중인)들의 전기를 수록
_____²⁶	철종 때 역대 _____²⁷들의 사실을 기록한 역사서
_____²⁸	철종 때 중인 유재건이 중인층 인물의 행적을 기록

정답 1 중국 2 국학 3『동사』 4『성호사설』 5 시비 6『동사강목』 7 강목체 8 마한 9 무통 10『삼국사기』 11『발해고』 12 남북국 13『연려실기술』 14『해동역사』 15『동사』 16 고조선
17『금석과안록』 18 북한산비 19 황초령비 20『휘찬여사』 21『여사제강』 22『동국역대총목』 23『동사회강』 24『연조귀감』 25『호산외기』 26『규사』 27 서얼 28『이향견문록』

2. 지리 연구

1) 지리서

구분	저서	저자	특징
역사 지리서	___1___	한백겸(광해군)	고대 지명을 새롭게 고증, 북방계 정통론 제시(고구려의 발상지가 만주 지방임을 최초로 고증)
	___2___	정약용(순조)	백제의 수도가 한성이고 발해의 중심지가 백두산 동쪽임을 고증
인문 지리서	___3___	이중환(영조)	각 지역의 자연 환경과 물산, 풍속, 인심 등을 분석 → 가거지(사람이 살기 좋은 곳)의 조건 제시

2) 지도

지도	저자	특징
___4___	–	중국에서 활동하는 선교사 마테오 리치가 제작한 세계 지도 전래(선조 때 이광정이 전래) → 세계관 확대에 기여
___5___	이이명(숙종)	군사적 목적으로 비변사에서 제작, 우리나라 북방 지역과 만주, 만리장성을 포함한 중국 동북 지방의 군사 요새지 수록
___6___	정상기(영조)	최초로 100리 척 사용 → 정확하고 과학적인 지도 제작에 공헌
___7___	김정호(철종)	10리마다 눈금 표시, 범례를 이용하여 산맥, 하천, 포구, 도로망을 정밀하게 표시, 분첩절첩식(22첩) 목판 지도 → 휴대 용이
___8___	김정호(순조)	정상기의 동국지도를 참고

▲ 대동여지도

▲ 곤여만국전도

3. 국어 연구

저서	저자	내용
___9___	신경준(영조)	국어 음운 연구서
___10___	이의봉(정조)	방언과 해외 언어 정리
___11___	정약용(순조)	속어와 속담 정리
___12___	유희(순조)	한글 및 한자음 관계 연구

4. 백과사전 편찬

저서	저자	내용
『대동운부군옥』	권문해(선조)	단군~선조(임진왜란 이전)까지의 지리, 역사, 인물, 문학 등 총망라
___13___	이수광(광해군)	우리나라와 중국 문화 비교, 마테오 리치의 『천주실의』 소개
___14___	이익(영조)	천지 · 만물 · 경사 · 인사 · 시문 5개 부분으로 서술
___15___	홍봉한(영조)	영조의 명으로 정치 · 경제 · 문화 등을 정리한 관찬 한국학 백과사전 cf)『증보동국문헌비고』(정조) → 『증보문헌비고』(순종)
___16___	이덕무(정조)	이덕무의 시문 전집, 중국의 역사 · 풍속 · 제도 등을 기록
___17___	서유구(헌종)	농업 백과사전, 농업 경영론 제시
___18___	이규경(헌종)	조선, 중국, 일본 등 외국의 고금 사물 1,400여 항목 고증

정답 1 『동국지리지』 2 『아방강역고』 3 『택리지』 4 곤여만국전도 5 요계관방지도 6 동국지도 7 대동여지도 8 청구도 9 『훈민정음운해』 10 『고금석림』 11 『아언각비』 12 『언문지』 13 『지봉유설』 14 『성호사설』 15 『동국문헌비고』 16 『청장관전서』 17 『임원경제지』 18 『오주연문장전산고』

12 조선 후기의 서민 문화·건축·예술

1. 서민 문화

특징	• 상공업 발달, 농업 생산력 증대, 서당 교육 보급(서민 의식 성장), 서민의 경제적·신분적 지위 향상 • 중인층과 서민층의 참여 활발 → 양반 사회의 모순을 신랄하게 비판 + 인간의 감정을 적나라하게 표현
판소리	_____1 가 판소리 사설을 창작하여 판소리 6마당으로 정리 → 현재는 5마당만 전함(유네스코 세계 무형유산)
가면극	탈놀이, 산대놀이[산대(무대)에서 공연되던 가면극 → 민중 오락으로 정착, 도시 상인·중간층의 지원으로 성장]
한글 소설	_____2 (허균, 최초의 한글 소설, 적서 차별 비판), 「춘향전」, 「토끼전」, 「장화홍련전」, 「구운몽」(김만중)·「사씨남정기」(17세기 말)
_____3	서민 중심, 자유로운 형식, 남녀 간 애정이나 감정을 구체적으로 표현 ex) 청구영언, 해동가요 → 풍자 시인의 등장(김삿갓)
_____4 (詩社)	중인층 중심의 시(詩) 모임 → 위항 문학 발달

2. 건축

17C	양반 지주층의 경제적 성장 반영, 다층 건물 + 내부는 하나로 통하는 구조, 거대 규모 ex) 금산사 미륵전, 화엄사 각황전, 법주사 팔상전
18C	18세기에 성장한 부농·상인의 지원을 받음, 장식성이 강한 사원 ex) 논산 쌍계사, 부안 개암사, 안성 석남사
19C	경복궁 근정전, 경회루 → 흥선 대원군이 권위 과시 목적으로 재건

─────── 17C ───────

 ▲ _____5

 ▲ _____6

─────── 18C ───────

 ▲ _____7

 ▲ _____8

3. 예술

구분	17~18C		19C
그림	• _____9 : 우리 자연을 사실적으로 표현 ex) ____10 의 인왕제색도, 금강전도		• **풍속화, 진경산수화 침체** → ____15 **부활**
	• ____11 : ____12 · ____13 (서민 생활 표현), ____14 (양반·부녀자의 생활 표현)		• ____16 (세한도), ____17 (강렬한 필법·채색법)
	• 18C 후반 서양화 기법 : ____18 (영통동구도 – 서양의 원근법 도입) • ____19 : 호랑이·까치 등이 소재, 서민 문화의 수준 발전		
	▲ 정선, 인왕제색도　　▲ 김홍도, 무동　　▲ 신윤복, 단오풍정 ▲ 강세황, 영통동구도　　▲ 김정희, 세한도		
공예	• ____20 : 주로 양반들이 애호, 서민들은 옹기 사용, 일반 순백자가 민간에까지 널리 사용 • 기타 공예 : 화각 공예, 목공예 ex) 장롱, 책상, 문갑, 소반, 의자, 필통 등		
서예	• 18C ____21 (이광사) : 우리의 정서와 개성을 추구하는 글씨체		• ____22 (김정희)
음악	향유층 ____23 : 양반층은 가곡·시조, 서민층은 민요 애창, 광대·기생들은 판소리·산조·잡가 등을 창작·발전		

정답 1 신재효 2「홍길동전」 3 사설시조 4 시사 5 법주사 팔상전 6 화엄사 각황전 7 쌍계사 대웅전 8 수원 화성 9 진경산수화 10 정선 11 풍속화 12 김홍도 13 김득신 14 신윤복 15 문인화 16 김정희 17 장승업 18 강세황 19 민화 20 청화 백자 21 동국진체 22 추사체 23 다양화

해커스공무원학원·공무원인강·교재 Q&A gosi.Hackers.com

해커스공무원 연미정 강목 한국사 합격노트 197

부록

선사	고창, 화순, 강화의 ¹ 유적 (2000)	• 수백 기 이상의 다양한 형태로 이루어진 고인돌 집중 분포	• 고창, 화순, 강화 지역
고대	² 역사 유적 지구 (2015)	• 백제의 옛 수도였던 공주시 · 부여군과 천도를 시도한 익산시의 역사 유적 • ⁴ (관북리 유적과 부소산성 · 정림사지 · 나성 · 능산리 고분군)	• ³ (공산성 · 송산리 고분군) • ⁵ (왕궁리 유적 · 미륵사지)
	⁶ 역사 유적 지구 (2000)	• 총 5지구로 구성 • ⁷ 지구(나정 · 포석정 · 배리 석불 입상) • ⁹ 지구(계림 · 월성 · 안압지 · 첨성대) • ¹⁰ 지구(황룡사지, 분황사 모전 석탑)	• ⁸ 지구(미추왕릉, 대릉원 일원 등) • ¹¹ 지구(명활산성 등 방어용 산성)
	¹² 과 ¹³ (1995)	• 신라 경덕왕 때 김대성의 발원으로 건립 • 신라인들의 예술 감각과 한국 고대 불교 예술의 정수를 보여주는 건축물	
조선	¹⁴ (1995)	조선의 왕과 왕비의 신주를 모시고 제사를 지내는 유교 사당	
	¹⁵ (1997)	• 광해군~고종이 정사를 보던 정궁(가장 오랜 기간 왕이 거처한 궁궐) • 우리나라 궁궐 건축의 창의성을 보여줌(자연과 건물이 조화롭게 배치)	
	¹⁶ (1995)	• 재조대장경(팔만대장경) 목판을 보관하기 위해 지어진 건축물 • 과학적인 구조로 인해 현재까지 대장경판이 잘 보관되어 있음	
	¹⁷ (2009)	• 조선의 왕 · 왕비 및 추존된 왕 · 왕비의 무덤과 부속 지역	• 총 40기 등재됨(북한 지역 및 광해군 · 연산군 무덤 제외)
	한국의 ¹⁸ : 하회와 양동 (2010)	• 조선 초기의 유교적 양반 문화를 확인할 수 있는 씨족 마을 • ¹⁹ 의 하회 마을과 ²⁰ 의 양동 마을	
	²¹ (2014)	• 조선 시대에 임시 수도의 역할을 담당하도록 축조된 산성 도시	• 병자호란 때 인조가 피난한 곳
	²² (2019)	• 사림에 의해 건립된 조선 시대의 성리학 교육 시설 • 영주 소수서원, 함양 남계서원, 경주 옥산서원, 안동 도산서원, 장성 필암서원, 달성 도동서원, 안동 병산서원, 정읍 무성서원, 논산 돈암서원 등 9곳의 서원	
	²³ (1997)	• 정조가 건설하려던 이상 도시로 군사적 · 행정적 · 상업적 기능 보유 • 중국, 일본, 서구의 성곽을 연구하여 축조(정약용, 거중기 이용)	
기타	²⁴, 한국의 산지 승원 (2018)	• 한국 불교의 깊은 역사성을 보여주는 7곳의 산지 승원 • 순천 선암사, 해남 대흥사, 보은 법주사, 공주 마곡사, 양산 통도사, 안동 봉정사, 영주 부석사	
	²⁵ 과 용암 동굴 (2007)	• 제주도에 위치한 한국 최초의 세계 자연유산 지구 • 대표 유적지 : 한라산 · 성산 일출봉 · 거문오름 용암 동굴계 등	
	한국의 갯벌 (2021)	충남 서천 갯벌, 전북 고창 갯벌, 전남 신안 갯벌, 전남 보성–순천 갯벌	

정답 1 고인돌 2 백제 3 공주 4 부여 5 익산 6 경주 7 남산 8 대릉원 9 월성 10 황룡사 11 산성 12 석굴암 13 불국사 14 종묘 15 창덕궁 16 해인사 장경판전 17 조선 왕릉 18 역사 마을 19 안동 20 경주 21 남한산성 22 서원 23 수원 화성 24 산사 25 제주 화산섬

O2 유네스코 세계 기록유산과 무형 문화유산

1. 유네스코 세계 기록유산

고려		¹ 및 제경판 (2007)	몽골의 침입을 불력으로 막기 위해 강화도에서 제작(팔만대장경이라고도 함)
		² (하권) (2001)	• 청주 흥덕사에서 간행된 불교 서적(1377) • 현존하는 세계 최고(最古)의 금속 활자 인쇄본 • 현재 프랑스에서 소장하고 있음(구한 말 플랑시가 수집해 프랑스로 가져감)
조선		³ (1997)	• 태조~철종까지의 통치 내용을 기록한 편년체 역사서 • 왜란 이전 4대 사고에서 보관 → 왜란 이후 5대 사고에서 보관
	조선 왕조	⁴ (2007)	조선 왕실의 중요 행사를 글·그림으로 기록한 의례서 → 병인양요 때 프랑스가 약탈(2011년에 대여 방식으로 반환)
	조선 왕실	⁵ (2017)	조선 왕실에서 책봉하거나 존호를 수여할 때 제작된 의례용 도장인 어보와 그 교서인 어책
		⁶ (2001)	승정원에서 왕과 신하 간에 오고간 문서와 국왕의 일상 업무 내용을 일지 형식으로 작성한 것
	한국의	⁷ (2015)	조선 시대에 718종의 유교 서책을 간행하기 위해 판각한 책판
		⁸ (1997)	집현전 학자들이 세종의 명으로 훈민정음에 대하여 설명한 일종의 한문 해설서 편찬 → '훈민정음' 또는 '훈민정음 해례본'이라 함
		⁹ (2013)	이순신이 임진왜란 때 쓴 친필 일기(전쟁에서 겪은 이야기 서술)
	조선	¹⁰ 에 관한 기록물 (2017)	1607년부터 1811년까지 일본 에도 막부의 초청으로 총 12회에 걸쳐 파견되었던 조선 통신사에 관한 기록물
		¹¹ (2009)	광해군 때 허준이 편찬한 백과사전적 의서
		¹² (2011)	정조가 세손 시절부터 일기 형식으로 기록 → 정조 즉위 후 국정 기록이 됨(공식 기록으로 전환하여 1910년까지 기록)
근대		¹³ 운동 기록물 (2017)	1907년부터 1910년까지 일어난 국채 보상 운동의 전 과정을 보여주는 기록물
현대		¹⁴ 운동 기록물 (2013)	새마을 운동과 관련된 대통령 연설문, 정부 문서, 편지, 사진 등의 자료
		¹⁵ 민주화 운동 기록물 (2011)	5·18 민주화 운동의 발발과 진압, 이후의 진상 규명·보상 등과 관련된 문서·사진·영상
		'¹⁶ 을 찾습니다' 기록물 (2015)	남한 내에서 흩어진 이산가족을 찾기 위해 방영된 KBS 특별 생방송 관련 기록물(녹화 원본 테이프, 업무 수첩, 신청서 등)

2. 유네스코 무형 문화유산

종묘 제례 및 종묘 제례악(2001), 판소리(2003), 강릉 단오제(2005), 강강술래/남사당놀이/영산재/제주 칠머리당 영등굿/처용무(2009), 가곡/대목장/매사냥(2010), 줄타기/택견/한산 모시 짜기(2011), 아리랑(2012), 김장 문화(2013), 농악(2014), 줄다리기(2015), 제주 해녀 문화(2016), 씨름(2018), 연등회(2020)

정답 1 고려대장경판 2 『직지심체요절』 3 『조선왕조실록』 4 『의궤』 5 어보와 어책 6 『승정원일기』 7 유교 책판 8 훈민정음(해례본) 9 『난중일기』 10 통신사 11 『동의보감』 12 『일성록』 13 국채 보상 14 새마을 15 5·18 16 이산

memo

memo

2022 대비 최신판
해커스공무원 （연미정）

강목 한국사

합격노트

초판 2쇄 발행 2021년 11월 1일

초판 1쇄 발행 2021년 7월 12일

지은이	연미정
펴낸곳	해커스패스
펴낸이	해커스공무원 출판팀

주소	서울특별시 강남구 강남대로 428 해커스공무원
고객센터	02-598-5000
교재 관련 문의	gosi@hackerspass.com
	해커스공무원 사이트(gosi.Hackers.com) 교재 Q&A 게시판
	카카오톡 플러스 친구 [해커스공무원강남역], [해커스공무원노량진]
학원 강의 및 동영상강의	gosi.Hackers.com

ISBN	979-11-6662-552-7 (13910)
Serial Number	01-02-01